国家社会科学基金重大招标项目（10ZD&019）

《中国非公有制经济人士统战研究基地丛书》

主编　范柏乃

我国经济社会协调发展的动态监测与政策支撑体系研究

范柏乃　邵青　张维维　著

中国财经出版传媒集团
中国财政经济出版社

图书在版编目（CIP）数据

我国经济社会协调发展的动态监测与政策支撑体系研究/范柏乃，邵青，张维维著．—北京：中国财政经济出版社，2017.7

（中国非公有制经济人士统战研究基地丛书）

ISBN 978-7-5095-7590-1

Ⅰ.①我… Ⅱ.①范…②邵…③张… Ⅲ. ①区域经济发展—协调发展—研究—中国 Ⅳ. ①F127

中国版本图书馆 CIP 数据核字（2017）第 170776 号

责任编辑：周桂元 牛婧丽　　责任校对：张 凡
封面设计：楠竹文化　　责任印制：张 健

中国财政经济出版社 出版

URL：http：//www.cfeph.cn

E-mail：cfeph @ cfeph.cn

社址：北京市海淀区阜成路甲 28 号 邮政编码：100142

营销中心电话：88190406 北京财经书店电话：64033436 84041336

北京财经印刷厂印刷 各地新华书店经销

787×1092 毫米 16 开 17 印张 210 000 字

2017 年 11 月第 1 版 2017 年 11 月北京第 1 次印刷

定价：51.00 元

ISBN 978-7-5095-7590-1

（图书出现印装问题，本社负责调换）

本社质量投诉电话：010-88190744

打击盗版举报热线：010-88190414、QQ：447268889

《中国非公有制经济人士统战研究基地丛书》

编　委　会

总　序

党的十八届三中全会明确提出，要“支持非公有制经济健康发展”。《中共中央关于全面深化改革若干重大问题的决定》明确指出，公有制经济和非公有制经济都是社会主义市场经济的重要组成部分，都是我国经济社会发展的重要基础。必须毫不动摇鼓励、支持、引导非公有制经济发展，激发非公有制经济活力和创造力。

截至2016年年底，全国拥有各类市场主体8705.4万户，其中，企业2596.1万户，个体工商户5930万户，农民专业合作社179.4万户。在8700多万户市场主体当中，90%以上归属于非公有制经济。据统计，目前非公有制经济税收贡献率超过50%，GDP所占比重超过60%，就业贡献率超过80%。非公有制经济为我国经济社会发展作出了巨大贡献，在促进经济增长、激发创新、扩大就业和增加税收等方面发挥了重要作用。

在中国经济加快转型发展和进入新常态的背景下，非公有制经济的发展形态正由传统工业化向新型工业化转变，发展动力从资源消耗为主向创新驱动为主转变，发展体系由外向型经济向统筹内外、内外结合转变，发展业态由传统集聚为主向现代产业集群为主转变，管理体制从家族管理为主向现代管理为主转变，发展目标从商品输出为主向资本输出为主转变。

非公有制经济的转型发展，离不开非公有制经济人士的智力支持。我国的非公有制经济人士，是适应社会主义初级阶段解放和发展生产力的需要，在改革开放、发展社会主义市场经济过程中出现的一个新的社会群体。经过三十多年的发展，非公有制经济人士的构成主体已发生巨大变化：由过去的主要以农民和城镇待业人员为主，发展到包括从党政机关、国有企事业单位、大专院校、科研单位分流出来的行政干部、中高级知识分子，以及海外归国人员在内的庞大队伍，并且这支队伍仍处于不断发展壮大和变化之中。非公有制经济人士具有较强的社会责任感，为经济建设和社会发展作出了很大贡献，已成为我国社会主义现代化建设的一支积极力量、统一战线的重要成员。

非公有制经济的蓬勃发展以及非公有制经济人士的健康成长、队伍壮大更加离不开围绕非公有制企业、人士的体制机制和制度环境的建设，尤其是政府职能的转变、行政体制的改革以及法治、市场和资本等环境的优化。2015 年 5 月，习近平总书记在中央统战工作会议上指出，促进非公有制经济健康发展和非公有制经济人士健康成长，要坚持团结、服务、引导、教育的方针，引导非公有制经济人士特别是年轻一代致富思源、富而思进，做到爱国、敬业、创新、守法、诚信、贡献。2016 年 3 月 4 日，习近平总书记在看望出席全国政协十二届四次会议的民建、工商联界委员并参加联组讨论时，进一步强调指出，非公有制经济要健康发展，前提是非公有制经济人士要健康成长。

正是基于以上背景，在中国统一战线理论研究会非公有制经济人士统战工作理论浙江研究基地的出版资助下，吸收宁波大学、浙江大学等省内高校和科研机构，长三角乃至全国范围内的非公有制经济和非公有制经济人士的专家学者，以及实际工作部门人员，精心组织并撰写了《中国非公有制经济人士统战研究基地丛书》。从书主要围绕非公有制企业、非公有制人士、非公有制企业（人士）成长环境和体制机制改革等领域进行系统研究，深入探讨非公有制企业的市场拓展、技术创新、企业传承、文化建设、社会责任，非公有制经济人士的成长动力、成长瓶颈、成长机制、营商环境（如法治环境、市场环境和资本环境），以及政府职能转变等一系列重要问题。

《中国非公有制经济人士统战研究基地丛书》出版，可以为非公有制经济企业转型发展提供咨询服务，为党和政府决策提供事实依据，为促进非公有制经济健康发展和非公有制经济人士健康成长提供实际指导。

序

纵观国际社会发展历程，不论是欧美发达国家还是广大发展中国家，在取得经济增长的同时，往往依然存在贫困与失业、健康水平低下、生态环境恶化等社会发展落后现象。这也就是为什么美国著名社会政策学家詹姆斯·米奇利（James Midgley）会在《社会发展：社会福利视角下的发展观》一书中写道："在发展过程中，社会与经济发展构成了一枚硬币的两面。没有经济发展也就没有社会发展，而经济发展如果没有同时改善整体人口的社会福利，也就毫无意义"。有鉴于此，正确地认识经济发展和社会发展之间的关系，进而通过资源配置方式优化和公共政策的调节机制，加大社会发展领域的投入力度，实现经济社会协调发展始终是世界各国在发展过程中面临的难题。

从1978年以来我国改革开放的发展实践来看，经济建设始终是党和政府的中心工作。经过近四十年的改革发展，作为衡量经济发展水平的GDP总量已由1978年的3678亿元增长到2016年的744127亿元，同期人均GDP由385元增至53980元，GDP年均增长率远超过同期世界经济增长水平。根据世界银行发布的《世界发展指标2017》数据显示，我国已处于上中等收入（upper middle income）国家行列（人均GDP处于3956美元至12235美元之间）。可以说，从GDP总量和人均GDP等发展指标来看，我国经济发展取得了举世瞩目的成就。

然而，我国长期保持的经济增长速度，也是在某种程度上依赖于大量的人、财、物资源投入和对环境的高污染排放。从资源配置的角度分析，也就是将大量资源配置于经济发展领域，而忽视或减少社会发展领域的投入，使得社会发展水平滞后于经济发展水平。如当前我国社会结构调整滞后于经济结构调整，教育和医疗卫生事业发展面临种种改革挑战，公共社会保障支出偏低，社会管理体制改革滞后于经济体制改革等发展态势，以及由此带来的收入分配不公平，环境污染危害公众生命健康、弱势群体合法权益得不到有效保护，社会诚信缺失与社会伦理失范，住房、看病、就业、上学等民生难题。从经济发展和社会发展的演变规律来看，当经济发展水平达到一定阶段以后，必须注重对社会发展领域的投入，只有当社会发展与经济发展保持一定的协调状态时，经济发展才会达到一个新发展高度。对我国来说，要成功跨越中等收入陷阱，迈进高收入国家行列，必须在未来一段时期内加大社会发展领域的投入，努力推进经济社会趋向协调发展。而要实现这一发展目标，必须科学地把握我国经济社会协调发展的状态水平，分析公共政策支撑经济社会协调发展的作用机理，为政府制定相关政策提供参考。

《我国经济社会协调发展的动态监测与政策支撑体系研究》一书，是范柏乃教授主持的国家社会科学基金重大招标课题的研究成果，曾荣获浙江省第十八届哲学社会科学优秀成果一等奖。该书主要研究了三大问题：第一，从理论层面阐释了经济社会协调发展的形成机理，构建了具有较高信度和效度的经济社会协调发展监测指标体系，采用离差系数原理建立了经济社会协调发展动态监测模型，并采集了相关数据进行了纵横两个维度的动态监测，编制了我国经济社会协调发展指数。第二，作者认为公共政策作为调节资源分配、影响经济社会发展水平的重要工具，是政府推动经济社会发展的重要手段。本书从政策供给角度，梳理了我国促进经济社会协调发展的政策供给及特征，运用系统动力学政策仿真原理和模拟软件，构建了经济社会协调发展 SD 模型，描述了 2000—2010 年我国经济社会协调发展的系统行为，并进行了政策仿真模拟与系统行为预测。第三，欧美发达国家和拉美国家在工业化、现代化进程中，都遇到推进经济社会协调发展的难题，但不同国家在发展理念和政策价值取向上的差异，导致不同的发展结果。作者在考察分析国外促进经济社会协调发展的政策举措及其经验教训基础上，从公众政策需求角度探讨了促进我国经济社会协调发展的政策设计。

通览全书，不难发现该书具有以下特点。一是研究选题切合中国经济社会发展实际，具有重大现实意义。1978 年以来，为改变我国一穷二白的落后面貌，大力发展经济始终是党和政府工作的重中之重，经济增长取得了举世瞩目的成就。但是经济增长的同时，社会发展的滞后性问题日渐显现，尤以 2003 年应对 SARS 疫情时暴露无遗。自此，如何实现我国经济社会协调发展成为重大时代命题和实践难题，本研究的目的之一就是为破解这个国际难题提供新的思路和视角。二是研究内容深入、研究数据详实。依据系统论理论，经济社会发展是一个超级巨系统，是由若干个子系统构成，子系统又是由若干要素构成，系统的复杂性使得研究经济社会协调发展面临诸多难题。如科学合理地选择能够体现经济发展水平、社会发展水平的指标，构建合适的监测模型，正确地勾勒经济社会协调发展系统及其变量，并通过采集到有效的数据，以较为直观的方式描述我国经济社会协调发展的状态水平等。全书分别构建了经济社会协调发展动态监测模型和 SD 仿真模型，采集了大量的统计数据、调查数据，尝试了将经济社会协调发展这样一个大问题，转变为一个个可以研究的小课题。三是研究方法上具有较强的科学性。对理论研究者而言，将社会科学研究问题实证化、定量化，如何选择科学有效的研究方法是一个不小的挑战。该书运用离差系统原理，通过计算经济发展水平、社会发展水平间的距离，来判断我国经济社会协调发展状态水平；通过公众政策需求调查，来构建促进我国经济社会协调发展的政策支撑体系，使得政策方案具有科学性、有效性和针对性，这些都值得社会科学领域的研究者学习借鉴。

综上所述，我郑重地向所有关心经济社会协调发展的学者和政策制定者推荐本书。也希望通过更多学者和政策制定者的关心和研究，不断完善经济与社会协调发展的动态监测体系，为相关的公共政策提供科学可靠的依据。

薛澜
清华大学公共管理学院
2017年9月18日

前　言

发展是人类历史进程中的永恒主题，经济发展、社会发展则是推进人类社会进步之两翼，其根本目的在于促进人的全面发展。然而，由于经济发展追求效率、社会发展倡导公平，二者在发展动力、运行机制和测度准则上的不同，导致不同历史时期对经济发展、社会发展及二者间关系的认知上出现差异，进而造成一定时期内、一定区域范围内经济发展水平领先于社会发展水平（或者社会发展水平领先于经济发展水平），经济发展和社会发展间的不平衡、不协调现象成为世界各国遇到的普遍性难题。而作为指导发展行动的发展观，自西方资本主义社会兴起以来，经历了早期殖民开发观、经济增长观、综合发展观、可持续发展观和科学发展观等演进历程，表明人类在发展问题的认知上，由早期注重资源开发、经济增长，演变为强调经济、资源、环境、社会等诸要素间的协调发展，反映了人类在发展价值取向上由效率至上向社会公平理念转变。

我国自1978年改革开放以来，社会主义市场经济体制释放了巨大的经济活力，长期保持了较快的增长速度，经济总量跃居世界第二位，2016年GDP总量约为11．06万亿美元、人均GDP为18025美元，迈进中等收入偏上国家行列。然而经济总量和人均水平掩盖了发展领域的失衡现象、收入分配中的不公平难题。以教育、就业、医疗卫生、社会保障为典型的社会发展水平日益滞后于经济发展水平，各种社会矛盾、社会问题在经济快速发展过程中不断暴露出来，深刻警醒着我国亟须在发展理念、发展思路上寻求新的突破，进而科学地指导发展实践。

为此，党的十六届三中全会提出“坚持以人为本，树立全面、协调、可持续的发展观，促进经济社会和人的全面发展”，按照“统筹城乡发展、统筹区域发展、统筹经济社会发展、统筹人与自然和谐发展、统筹国内发展和对外开放”的要求推进各项事业的改革发展。党的十七大将科学发展观写入党章，党的十八大明确科学发展观是党必须长期坚持的指导思想，其中全面协调可持续发展是深入贯彻落实科学发展观的基本要求。党的十八届五中全会通过的《中共中央关于制定国民经济和社会发展第十三个五年规划的建议》，提出“实现‘十三五’时期发展目标，破解发展难题，厚植发展优势，必须牢固树立并切实贯彻创新、协调、绿色、开放、共享的发展理念”。其中，创新是引领发展的第一动力，协调是持续健康发展的内在要求，共享是中国特色社会主义的本质要求。牢固树立并切实贯彻“五大发展理念”，是关系我国发展全局的一场深刻变革，是我国全面建成小康社会的行动指南、实现“两个一百年”奋斗目标的思想指引。

经济社会协调发展作为科学发展观的应有之义、贯彻落实“五大发展理念”的内在要求，实践中因其涵盖内容之广泛、领域之众多、层次之复杂，要达到或处于协调发展状态绝非易事。理论上，准确地测度经济发展水平、社会发展水平及经济社会协调发展水平，也因经济社会系统的复杂性、指标体系设计的科学性、测度模型的合理性，而显现诸多难题。本书围绕着经济社会协调发展的动态监测与公共政策支撑体系研究主题，在经济社会协调发展测度模型开发与动态监测、经济社会协调发展指数编制、经济社会协调发展政策仿真模拟、促进我国经济社会协调发展政策需求调查等方面开展了系统深入的研究，取得了一定的研究成果。

全书主要研究内容如下：基于系统论阐释了经济社会发展

的结构要素、协调与失调两分状态、经济社会协调发展的形成机理；在此基础上，构建了包含12个经济发展指标和14个社会发展指标的我国经济社会协调发展监测指标体系，基于离差系数原理建立了经济社会协调发展动态监测模型；采集了1986—2013年反映我国经济社会发展水平的指标数据，纵向上监测了不同时期国家层面经济社会发展协调度水平，横向上监测了2013年我国31个省（直辖市、自治区）的经济社会发展协调度状态，并编制了我国经济社会协调发展指数。基于系统动力学理论和Vensim PLE软件，构建了我国经济社会协调发展的SD模型，从人口与就业、固定资产投资与经济增长、环境污染与治理层面模拟了2011—2025年我国经济社会领域的发展趋势状态，从提高财政性教育经费比重、缩小城乡收入差距、提高劳动者报酬水平、提高居民消费能力等发展目标出发，通过改变表函数政策变量，得出了较为合理的系统发展状态。考察分析了西方资本主义国家、拉美国家在促进经济社会协调发展方面的政策举措及其经验教训，从政策需求角度开展问卷调查，发现理论上所构建的18项政策条目总体需求强烈。最后，基于经济社会协调发展是一个涵盖内容广泛、涉及领域众多的复杂现实问题，本书以调整经济社会发展领域中的资源分配为前提，以加强社会政策供给为突破口，重点从发展理念价值导向、社会立法支撑、收入分配改善、社会政策体系构建、财政资源分配等方面，构建促进我国经济社会协调发展的政策支撑体系。

本书是国家社会科学基金重大招标课题（10ZD&019）的研究成果，并于2015年获得了浙江省第十八届哲学社会科学优秀成果“应用理论与对策咨询类”一等奖。阶段性研究成果在核心期刊上发表论文30余篇，7篇论文被中国人民大学复印资料全文复印，获得了时任浙江省省委书记、省长、副省长、组织部部长等领导的10人次重要批示，2个提案被选为全国政协大会口头发言提案，5个浙江省政协提案中的政策建议被相关部门采纳使用。2014年3月获得了全国哲学社会科学规划办公室免于鉴定结项。

在研究过程中，我们咨询、访谈了国内外诸多公共管理学、政治学、社会学等领域的专家学者和地方政府部门官员，范式团队的博士生、硕士生在研究过程中积极参与讨论，提出了很多重要的修改建议。中国财政经济出版社的周桂元编辑、牛婧丽编辑为本书的出版付出了辛勤劳动。在此，一并表示真诚谢意！在本书写作过程中，作者参考和引用了国内外学者的很多理论、研究成果及学术观点，在书中尽最大努力注明了文献的来源，如有遗漏，敬请著者谅解指正。此外，还要特别感谢课题研究过程中，那些为我们填写问卷的匿名被调查者！

由于笔者能力所限和时间仓促，本书仍存在着许多不足与需要完善之处，恳请各位同仁和读者批评指正。

范柏乃

2017年8月8日

目　录

第一章

导　论

经济社会协调发展既是全面建成小康社会的内在要求，也是科学发展观的重要组成部分，更是整个社会健康有序运行的有力保障。目前，我国经济社会发展面临巨大的转型升级压力，同时又深受世界经济结构深度调整的影响，要从容应对这一发展环境以及该环境所提出的挑战，就必须坚持经济社会协调发展。本书以我国经济社会协调发展为研究主题，从理论和实践两方面对此进行了较为深入的研究，这对我国坚持走经济社会协调发展之路，用经济社会协调发展破解所面临的发展困局具有重要的理论意义与实践意义。

第一节 研究背景与意义

科学研究的一个重要目的就是认识和指导人类社会实践，因此，研究选题往往是对某一现实问题的回应。本书以我国经济社会协调发展为研究对象，亦是源于对我国当前经济社会发展状况的判断和思考，同时以期为我国经济社会协调发展提供理论支撑及政策支持。

一、研究背景

中国改革开放三十多年来，在经济发展方面取得了瞩目的成就。国内生产总值由1978年的3645.2亿元增长至2015年的685505.8亿元；城镇居民人均可支配收入和农村居民人均纯收入也分别从1990年的1510元和686元上升到2015年的31790.3元（城镇）和10772元（农村）（国家统计局，2016）。在国际舞台上，我国也表现出了强大的经济实力和强势的发展后劲。2010年我国国内生产总值达58786亿美元，成为世界上仅次于美国的第二大经济实体，实现了对之前作为世界第二大经济体的日本的赶超。同时，我国经济总量占世界的份额也由2002年的4.4%提高到2011年的10%左右，据估算，我国对整个世界经济增长的贡献率超过了20%（国家统计局综合司，2012）。尤其值得一提的是，2008年下半年国际金融危机爆发后，世界主要经济体相继出现增长明显放缓甚至衰退时，我国经济发展依然保持了较好的增长势头并率先实现回升，这让我国经济成为世界经济复苏的重要引擎，以致部分世界大国提出了所谓的“中国威胁论”，试图通过舆论宣传在国际舞台上孤立中国，达到减缓中国发展速度的目的。

我国的经济发展不论从数据上看还是从国内外实际环境来看，其发展成绩有目共睹。但在繁荣的背后，也潜藏着深刻的危机。众所周知，CPI和就业率也是衡量一国宏观经济形势的重要指标。一般来说，当CPI大于3%的增幅时，可以判定为通货膨胀；当CPI大于5%时，可以认为出现了严重的通货膨胀。2011年1—10月，我国CPI连续10个月保持在5%以上，这样的状况将严重影响金融秩序和人民的生活。就业率在我国经济发展和社会发展中都扮演着重要角色。从历年《中国统计年鉴》来看，中国失业率始终保持在4%左右水平，该统计结论是基于登记的失业人口的数据。然而从实际经验来看，中国失业率应远高于4%，因为多数人在失业后并未到相应的组织实行登记，因而《中国统计年鉴》上的失业率并不能客观地反映真实情况。中国社会科学院对中国就业形势进行了科学的调查和计算，《社会蓝皮书2009年中国社会形势分析与预测》显示中国城镇的实际失业率约为9.4%，比官方一般使用的失业率数字高约一倍；中西部居民的就业压力更大，失业率超过10%，其中大中城市失业率约为10.1%，此外，大学生的实际失业率约为12%，比登记的失业率高出三倍。2013年大学生就业形势不容乐观，网络上戏称2013年为“史上最难就业年”。

此外，经济增长的外部性也开始凸显，人与自然的关系进一步紧张，表现最为明显的是资源的枯竭和环境生态的恶化，这样的情况直接影响和约束经济的可持续发展。

在社会发展方面，虽然取得了一定的进步，但其成就相对于经济发展则相形见绌。联合国开发计划署公布了2013年人类发展指数排名，中国位列有统计数据的178个国家中的第101位，这一数据充分显示了中国发展的短板及局限。具体而言，我国社会发展中的不和谐因素依然存在。其中一个重要原因在于收入差距过大，“不患贫而患不均”，由此产生了一系列的社会问题。衡量一个国家或一个地区收入分配不均最常用指标是意大利经济学家基尼提出的基尼系数（Gini Coefficient），该系数在0—1之间波动，0表示绝对的公平，1则表示绝对的不公平，值越小财富分配越均匀，贫富差距越小，反之亦然。一般认为，0.4是收入分配差距的“警戒线”，超过0.4则表示可能引发社会动荡不安。我国基尼系数的准确数字目前没有统一的说法，不同的统计计算方法有不同的答案。国家统计局（2013）公布了2003—2012年我国的基尼系数，其中2003年为0.479，2008年达到0.491，然后逐步回落，2012年降至0.474；北京大学厉以宁教授重新定义了基尼系数的算法，测算出中国的基尼系数在0.2左右，认为中国不存在收入分配不均的状况。以上测算数据都未得到社会公众的认可，联合国开发计划署也曾对中国的基尼系数进行测算。数据显示，1978年中国全国基尼系数为0.3，城市基尼系数为0.21，农村基尼系数为0.16，2002年中国全国基尼系数为0.45，城市为0.38，农村为0.34（Gbosb，2010），这一数据在当时基本符合我国的国情。此外，西南财经大学中国家庭金融调查与研究中心发布的报告称我国基尼系数在2010年冲破0.5，达到了0.61。

除收入分配不均问题外，住房、医疗、教育问题也是中国社会突出问题。目前，“住房难”、“看病难”、“上学难”，这些都是与公众生活密切相关的问题，这三个问题被形象地称为公众身上的“三座大山”。我国政府为解决这些问题做出了努力，但效果并不明显，当这些问题积累到一定程度，便会产生社会冲突，引起社会动荡，为此，中国解决稳定问题的办法是“维稳”。据统计，我国2010年用于内部保安的预算达人民币5140亿元，另据《2009年预算执行情况及2010年预算草案报告》显示，公共安全财政支出比2008年增加16%，2009年再增加8.9%，增幅超过军费，实际金额与国防开支相差无几（清华大学社会学系社会发展研究课题组，2010）。但各种迹象表明，这种头痛医头、脚痛医脚的维稳策略并非是解决中国问题的根本。

贝克指出，“当代中国社会因巨大的社会变迁正步入风险社会，甚至将可能进入高风险社会”（薛晓源，2001）。国内学者于建嵘也认定中国社会已经进入“风险社会”发展时期，其依据在于：第一，1993—2004年中国社会的群体性事件发生频率以及规模都呈快速增长趋势；第二，涉及社会公共安全的意外事故和灾变性事件不断增加（于建嵘，2012）。在经济增长和高风险社会状态的双重刺激下，整个社会范围呈现一种“全民焦虑”氛围。有分析指出，20世纪的日本和韩国都经历过焦虑情绪的蔓延，“全民焦虑”是现代化过程的必经阶段，因而现在的中国也不能幸免（石畅，2011）。如果一个国家能妥善处理好“全民焦虑”，将从此进入“黄金发展期”；反之，将会进入“高风险凸显期”。我国要有效解决经济社会发展所引起的“全民焦虑”，成功规避社会风险，并继而保持经济与社会平稳较快发展，就必须坚持走科学发展道路，坚持经济与社会协调发展。坚持经济社会协调发展既是对国外发展经验的总结，也是对国内当前突出矛盾和问题的正确判断。为了有效促进经济社会协调发展，就必须对经济社会协调发展问题展开系统而深入的研究。

二、研究意义

要坚持走经济社会协调发展之路，必然要了解我国经济社会协调发展水平，并明确我国经济社会协调发展的影响因素和影响机理，在此基础上提出实现我国经济社会协调发展的对策。本书正是基于这样的思路对经济社会协调发展相关问题进行思考和阐明，这样的研究无疑会对我国经济社会协调发展理论与实践产生积极的影响。

（一）研究的理论意义

1. 梳理了“经济发展”、“社会发展”以及“经济社会协调发展”三个概念在已有文献中，“经济发展”、“社会发展”以及“经济社会协调发展”往往不加界定地作为常识性的概念使用，可以发现即使使用相同的概念，但其内在所要表达的意义并不完全相同，甚至有较大差异。这种现状使得这三个概念的内涵和外延具有一定的模糊性，这为研究者之间实现顺畅的交流与对话设置了障碍。本书将在阅读大量相关文献的基础上，梳理各种观点，尝试清晰划分概念边界，厘清概念的内涵和外延，并对概念进行操作化。这将对相关概念的后续研究提供一定的规范。

2. 修正了离差系数作为动态监测协调发展模型的局限

已有文献在构造协调发展度测算模型问题上做了大量的探索，也设计出了多种监测协调发展的模型，其中包括离差系数模型（变异系数）、序参量功效函数模型等，但这些模型都存在某种不足或缺憾。作为较为常用的离差系数模型，当作为动态监测我国经济社会协调发展模型时，其缺点也显而易见。从理论上来讲，离差系数只能测度一组数据的离散趋势，也就是说只能监测协调度水平，而无法监测系统间的发展水平，而要比较科学地监测我国经济社会协调发展水平，必须兼顾协调水平和发展水平。但不可否认，离差系数在测度协调水平时有着先天的优势。基于此，本书将在离差系数上加权发展效应，以弥补离差系数作为动态监测我国经济社会协调发展水平模型的局限。这一改进不仅明晰了我国经济社会协调发展概念的操作化内涵，还从理论上探索了离差系数的使用范围。

3. 总结提炼了促进经济社会协调发展政策供给模式演进，SD 模型模拟经济社会系统发展状态水平，提出政策优化路径

经济增长、社会发展依赖于资源支撑，并借助于经济政策、社会政策的调节作用。世界各国发展实践中偏重于经济政策的制定和实施，而作为工业化、城市化的产物——社会政策，则遭到轻视或忽略，最终造成经济社会的扭曲发展。国内理论界对于社会政策理念、地位作用等认识尚未达成共识。因此，全面梳理国内外有关社会政策的价值理念、角色地位的理论成果，尤其是 20 世纪 90 年代以来的新近发展，为把握社会政策、促进社会发展、纠偏经济社会发展失衡，形成清晰的价值理念和理论提供了支持。通过实证调查选取反映经济社会发展系统状态的指标体系，运用系统动力学（SD）模型仿真模拟我国经济社会系统的发展状态水平。结合国外推进经济社会协调发展的政策经验、国内公众政策需求调查，以社会公正价值理念为基础，勾勒促进我国经济社会协调发展的政策优化路径。

（二）研究的实践意义

1. 为系统而直观地了解我国经济社会协调发展水平提供了可能

经济社会协调发展是对经济社会存在状态的抽象描述，同时其涉及的内容广泛，这样的属性使得我国经济社会协调发展水平不易直接被观察，尤其是对经济社会协调发展的程度更是难以定量描述。为解决这一问题，本书借鉴了自然科学中的定量研究方法，在清晰界定了经济发展、社会发展以及经济社会协调发展的基础上，构建了我国经济社会协调发展水平的动态监测指标体系，并在离差系数的基础上构造了我国经济社会协调发展的动态监测模型，运用该模型比较科学地监测了1986—2013年我国总体经济社会协调发展水平以及2013年我国31个省、自治区、直辖市的经济社会协调发展水平。此外，还以1986年为基期编制了我国经济社会协调发展指数，这样清晰地展现了我国经济社会协调发展在时间序列上的总体发展趋势以及剖面上的省际差异。

2. 为调整我国宏观经济社会政策提供依据

经济社会协调发展是整个人类社会健康和谐发展的理想模式，当经济与社会的发展失衡时，政府需要运用公共政策杠杆进行调节，以维持二者协调发展。但至于经济社会发展是否失衡，如果失衡，二者究竟偏离了多少，到底要采取何种公共政策来对经济社会发展施加影响，这些政策是否需要考虑地域的差异来保证政策的适应性和针对性，这都需要对我国经济社会协调发展水平的总体发展趋势以及对省际经济社会协调发展水平的差异有充分认识。基于这样的理解，本书对以上问题进行了研究，并以我国经济社会协调发展水平的研究结果设计了系统的、具有针对性的公共政策。这样的举措势必会提升政府的治理能力，进而提高我国经济社会协调发展水平，最终实现整个社会的健康可持续发展。

3. 促进了我国公共管理研究方式由定性研究向定量研究转变

目前，我国对公共管理问题研究主要还是通过定性的方式进行。有研究表明，我国公共管理学方面的定量研究仅占11.7%（范柏乃和楼晓靖，2013），与国外相比，定量研究方式所占比例较低。虽然没有证据表明定量研究方式优于定性研究方式，但在国外研究中，定量方式还是占据了较大的比例。为实现与国外研究顺利交流，促进公共管理研究长足发展，还需要在公共管理研究中多采用定量研究方式。本书采用了定量的研究方法对我国经济社会协调发展问题进行探索，这种研究方式在整个研究中显示了强大的功能，对定量研究方法在公共管理研究中运用有着很好的示范作用，为公共管理研究实践由定性研究向定量研究转变提供了动力。

第二节 研究内容与方法

一、研究内容

本书致力于探索我国经济社会协调发展相关问题，并将集中解决以下几个重要问题：一是建构一套较为科学的能动态监测我国经济社会协调发展的指标体系；二是寻找合适的用于动态测度我国经济社会协调发展的模型；三是以指标体系和监测模型为基础，收集相关数据，动态监测我国经济社会协调发展水平，包括时间序列上的发展变化以及剖面上的省际差异；四是我国经济社会协调发展政策供给演进及特征分析；五是基于 SD 的我国经济社会协调发展政策仿真模拟研究；六是国外促进经济社会协调发展的政策选择与经验借鉴；七是面向需求的我国经济社会协调发展的政策支撑体系构建。基于此，安排了以下主要内容。

（一）构建较为科学的动态监测我国经济社会协调发展的指标体系

我国经济社会协调发展动态监测指标体系包括我国经济发展监测指标体系与我国社会发展监测指标体系两部分内容。为使所构建的指标体系尽可能科学，本书严格按照量表编制的程序进行指标体系的建构。首先在充分理解概念的基础上，对经济发展与社会发展概念进行操作化，其主要方法是通过头脑风暴法，遴选 89 个左右的指标建立我国经济社会协调发展动态监测的理论（第一轮）指标，使理论指标能够涵盖经济发展与社会发展的内涵，充分体现其概念构思。在此基础上，采用频次分析和相关分析方法对我国经济社会协调发展动态监测的理论指标进行多重实证筛选，最终形成了包含经济发展 12 个指标和社会发展 14 个指标的我国经济社会协调发展动态监测指标体系。为检验指标体系的科学性，对指标体系分别进行了信度和效度检验，结果表明该指标体系信度和效度结果良好。此外，由于各个指标在整个指标体系中的重要性不一样，本书采用层次分析法设计了各指标在整个指标体系中的权重系数。

（二）寻求合适的用于动态监测我国经济社会协调发展的模型

模型的功能在于将诸多指标按照一定的方式进行组合以产生新的意义。本书需要寻找合适的模型将我国经济发展度指标与社会发展度指标有机结合，产生能有效衡量我国经济社会协调发展水平的工具。根据我国经济社会协调发展的内涵，本书认为能动态监测我国经济社会协调发展的模型至少满足两个条件：一是能测量我国经济社会发展度，二是能测量经济社会协调度。依据这样的理解，对离差系数进行了改造，构造了我国经济社会协调发展动态监测模型，即：

$$C=\sqrt{\left\{\frac{f(X_1)\times f(X_2)\times\cdots\times f(X_n)}{\left[\frac{f(X_1)+f(X_2)+\cdots+f(X_n)}{n}\right]^n}\right\}^K[\alpha f(X_1)+\beta f(X_2)+\cdots+\lambda f(X_n)]}$$

（三）动态监测我国经济社会协调发展水平

以我国经济社会协调发展动态监测指标体系为基础，采集相关数据，运用所构造的动态监测模型分别对1986—2013年我国经济社会协调发展水平以及2013年我国31个省、自治区、直辖市的经济社会协调发展水平进行了监测，并编制了相关经济社会协调发展指数。1986—2013年时间序列上的我国经济社会协调发展指数表明，总体而言，我国经济社会协调发展水平处于不断上升趋势，协调等级也从失调向协调转变。2013年我国31个省、自治区、直辖市的经济社会协调发展指数表明经济社会协调发展水平存在地区差异。

（四）我国经济社会协调发展政策供给演进及特征分析

从纵向维度，分析新中国成立以来我国经济社会发展实践基础上，提出促进经济社会协调发展的政策供给演进；从政策供给层面，分析投资政策、财政政策、社会保障政策、义务教育政策、就业政策供给强度和资源投入力度，以及我国经济社会协调发展政策供给特征。

（五）基于SD的我国经济社会协调发展政策仿真模拟

经济社会发展依赖于资源支持，政策是调节资源分配的最终环节，因而政策调整是纠偏经济社会发展失衡的重要途径。系统动力学通过动态模拟，选取反映经济社会各子系统发展状态的观测变量，通过调控政策变量，可以直观地观测系统的发展状态和发展趋势，从而为经济社会协调发展政策调控提供参照。构建由人口、经济、教育、科技、社会、环境等组成的经济社会发展复合系统，确定各子系统的状态变量、速率变量、辅助变量和调控变量。绘制经济社会协调发展混合图，利用Vensim PLE软件完成方程输入和参数赋值，并进行模型检验与调试。在此基础上仿真模拟我国经济社会发展状态水平，为促进经济社会协调发展的政策优化提供参考。

（六）国外推进经济社会协调发展的政策选择与经验借鉴

以社会政策为研究对象，假定以教育、就业、社会保障为代表的社会政策水平高低，是一国经济社会发展协调与否的重要决定因素。一是分析英美两国及北欧的一些发达国家自工业化以来，社会政策的供给演进及促进经济社会协调发展方面的经验；二是分析拉丁美洲国家在工业化过程中，采取不同社会政策供给所导致的发展失衡教训。在此基础上总结提炼国外促进经济社会协调发展政策实践对我国的启示。

（七）面向需求的我国经济社会协调发展的政策支撑体系构建

在公共政策制定和执行过程中，是否吸纳了社会公众参与、倾听了公众的政策需求，是影响政策方案科学性、政策绩效高低的重要因素。鉴于当前我国社会发展滞后的现实，以社会政策需求调查为重点，从就业促进、健康权利维护、教育发展提升、生存质量保障、社会公平改善、公民社会组织培育等维度，编制《促进我国经济社会协调发展的公众政策需求调查》量表，开展实证调查与统计分析。本书认为，经济社会协调发展的实质是以社会公正为核心价值理念，经济发展的同时带来相应的社会进步，即经济发展所取得的成果能够在社会成员间公平分配。而公平分配结果的实现，并非随着经济发展成果的取得而自动实现，需要通过利益调节机制来实现，即制度体制的规范引导和政策的宏观调控。因而，纠偏经济社会发展的失衡局面，需要合理的制度设计和有效的政策调控，而这又是一个复杂的过程。基于经济社会协调发展理论阐释、政策供给绩效评价、系统仿真模拟、国外政策经验比较分析、公众政策需求调查的基础上，探讨促进我国经济社会协调发展的政策优化路径。

二、研究方法

本书在研究方法选择上，分为资料收集方法与资料采集方法，具体如下。

（一）资料收集方法

所谓资料收集方法就是在研究过程中获取相关原始知识、数据的方法。本书主要采用了文献调研、头脑风暴以及问卷调查等方法。

（1）文献调研（Documentation Method）。本书对国内外与经济社会协调发展相关的文献进行梳理和分析，认识以往研究的不足，并为进一步的研究指明方向。尤其是在经济发展指标体系、社会发展指标体系以及经济社会系统协调发展 SD 模型的指标选择这三部分内容上，对已有文献进行梳理，以便形成结构清晰、层次分明的指标体系及研究假设。

（2）头脑风暴法（Brainstorming Method）。该方法是一种集体讨论行为，意在收集更丰富的观念和思想。本书在建构我国经济社会协调发展指标体系建构的最初阶段，邀请专家采用头脑风暴法，依据系统性、合理性、可比性和可操作性等基本原则，从经济发展和社会发展两个层面遴选100个左右的指标，建立我国经济社会协调发展动态监测指标体系的理论第一轮指标。

（3）问卷调查（Questionnaire Survey）。本书多次运用问卷调查法收集相关数据。在我国经济社会协调发展动态监测指标的实证筛选阶段，编制了《我国经济社会协调发展动态监测指标体系调查问卷》收集数据，用于频次分析；严格按照公共政策评价量表编制的理论、方法和程序，编制具有较高信度和效度的《促进我国经济社会协调发展的公众政策需求调查》量表，进行问卷调查用于了解公众改革需求。

（4）专家咨询（Expert Consultation Method）。选取反映经济子系统、人口子系统、教育与科技子系统、居民收入与消费子系统、环境子系统的评价指标，就具体评价指标的选取咨询相关领域的专家学者，形成经济社会发展系统评价指标体系，并确定各子系统的状态变量、速率变量、辅助变量和调控变量等。

（5）案例分析（Case Analysis）。选取英国、美国和北欧的发达国家和阿根廷、智利等发展中国家，分析各国在工业化、城市化发展过程中利用社会政策促进经济社会协调发展的不同做法及结果。

（二）资料分析方法

资料分析方法就是对所采集的原始数据等内容进行处理的方法，本书中采用了频次分析、相关分析、层次分析以及 Vensim PLE 系统动力学模型。

（1）频次分析（Frequency Analysis）。频次分析是衡量一个指标是否重要的方法。本书将理论遴选的指标制成问卷形式，要求专家对认为重要的指标进行筛选，统计各指标的频次。频次越高，意味越多的专家倾向认为该指标重要；相反，频次越低则意味着该指标对测量目标不那么重要。一般淘汰频次较低的指标，保留频次较高的指标。对我国经济社会协调发展动态监测指标体系的理论指标进行频次分析，淘汰频次低的指标，保留频次高的指标，构成我国经济社会协调发展动态监测的第二轮指标。

（2）相关分析（Correlation Analysis）。相关分析是判断指标重合度的重要标准，为避免指标相互解释而造成多重共线性问题，对第二轮指标进行相关分析。淘汰一些频次偏低而与其他指标高度相关的指标，保留其余指标构成我国经济社会协调发展动态监测指标体系的第三轮指标。

（3）层次分析（Analytic Hierarchy Process）。层次分析法是一种层次权重决策分析方法。在本书中构建了动态监测我国经济社会协调发展的指标体系，实际上，每个指标的权重存在差异，为体现各指标在整个指标体系中不同的重要性，采用了层次分析法为各指标赋权。

（4）系统动力学仿真模型（System Dynamics Model）。采用 Vensim PLE 系统动力学软件，绘制经济社会发展因果关系图、流图，利用仿真平台进行政策模拟。仿真模型方程参数的确定，主要采用 SPSS 16.0、Eviews 6.0、Microsoft Excel 2010 等计算回归系数、算术平均值、趋势预测值等。

（5）描述性统计与方差分析（Descriptive Statistics and Variance Analysis）。以 SPSS 16.0 统计软件分析公众在经济社会协调发展政策需求方面的状况，如政策需求类别、内容、次序等，不同性别、年龄、学历、职业的公众在政策需求上的差异性使政策制定更具针对性。

第三节
研究技术路线

以上厘清了本书拟解决问题，并根据研究问题确定了相应的研究内容以及为达到研究目的所使用的研究方法（资料收集方法和资料分析方法）。为使整个研究的思路更加明晰，将拟解决的问题、研究的主要内容以及所使用的方法按照一定的逻辑，绘制本书的技术路线图（见图1-1）。

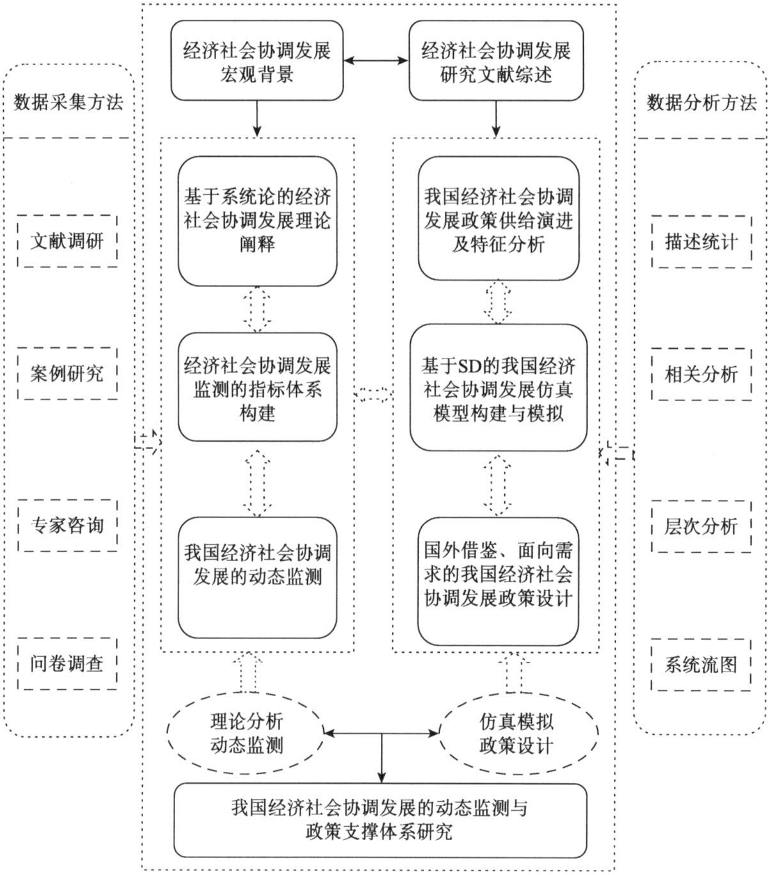

图1-1 研究技术路线图

第二章

文献述评

发展观属于意识形态范畴，是人类基于实践活动形成的对发展问题的主观认识，并进一步指导人类的实践活动。随着人类社会的向前推进，发展观也处于动态的演进之中。随着资本主义兴起，海外殖民开发观→经济增长观→以人为中心的综合发展观→可持续发展观→科学发展观构成了发展观演进的主线，其核心涉及经济、社会、资源、环境和人等要素间的动态关系，遵循的是由注重物质资本、经济增长到以人为本，经济、社会、资源、环境协调发展的转变过程，反映了人类在发展价值取向上由效率至上向社会公平理念转变，进而影响到经济社会发展领域的资源配置。基于系统论的视角，以发展观演进为基础，从经济发展与社会发展的关联性研究、经济社会协调发展的内涵与特征研究、经济社会协调发展评价机制、促进经济社会协调发展的政策选择等维度，梳理国内外相关研究成果，评析现有研究不足及进一步研究趋势。

第一节 由经济增长到全面发展：发展观的动态演进

一、海外开发观：开发即是发展

“发展”一词最早可以追寻到西方国家的殖民主义思潮，并且与资本主义的崛起相伴随。在早期的殖民活动中，“海外开发”（Oversea Development）与殖民开发之间有着直接的联系，殖民主义者并不认为对海外殖民领地开发属于掠夺，而是认为用文明社会改造和开发非文明社会的正常过程（李小云，2005）。但在本质上，海外殖民开发的目的与资本主义国家财富增长目标相一致，通过海外殖民扩张和自然资源开发，进而扩大对外贸易，最终完成资本主义的原始积累。

在重商主义经济理念的影响下，资本主义国家早期将货币或金银视为国家财富的象征，禁止本国货币外流，掠夺殖民地金银是其主要手段（斯塔福德，1581；蒙克莱田，1615），结果造成葡萄牙、西班牙等国的经济衰退，被称为“镀金的贫困”（安德里安诺夫，2009）。资本主义国家晚期坚信一个国家出口商品的价值与进口商品的价值之间差额越大，这个国家就越富有。因此，国家经济政策的重点转向贸易领域，通过关税调节进口，并以国家武力为后盾，积极争夺海外殖民领地（托马斯·曼，1664）。

早期资本主义国家正是依靠军事力量的支持，利用货币政策和贸易政策，以开发和掠夺殖民地自然资源为中心，积极推进海外殖民开发，促进了本国手工业和商业贸易的发展。这是人类最早有意识地追求财富增长，改善社会经济状况的发展实践。工业革命带来的技术进步使得人们进一步认识到，自然资源和技术的结合是财富增加的源泉。因此，早期发展观是以扩大自然资源开发为核心，促进技术革命的同时，保证资源的持续供应。

二、经济增长观：增长即是发展

20 世纪 40 年代后，随着战后殖民主义体系的崩溃，世界各地产生了一大批新兴独立国家。这些长期遭受帝国主义侵略压迫的新兴国家，迫切需要改变落后的经济面貌，以阿瑟·刘易斯（Arthur Lewis）（1955）为代表的经济学家认为经济增长是第三世界国家摆脱贫困的重要途径，经济发展是一个增长过程，经济的快速增长是发展的关键，甚至发展即是增长。受西方经济发展模式的影响，经济增长观的主要观点是：工业化是一个国家或地区活动和现代化的中心内容，经济增长是一个国家的第一标志，国内生产总值（GDP）增长是衡量一个国家或地区经济发展的主要甚至唯一标尺，发展规划是实现工业化和实行追赶战略的重要手段。在发展战略上，推行非均衡战略；在发展方式上，实行大量消耗自然资源和大量投入生产要素的外延式增长；在环境问题上，仿效西方发达国家走过的“先增长后治理”老路；在公平与效率的问题上，仿效西方发达国家“先增长后分配”做法，以效率为中心，忽视社会公平（詹宏伟，2008）。

经济增长理论中，美国经济史学家沃尔特·W. 罗斯托（Walt W. Rostow）的经济增长阶段论、哈罗德 - 多马增长模型（Harrod - Domar Growth Model）、贫困恶性循环理论、二元结构理论、大推动理论等，从经济学角度出发，认为资本积累、技术进步、储蓄和投资等因素是落后国家发展的主要动力。发展中国家之所以处于贫困状态，除了生产增长为快速增殖的人口所抵消外，重要原因是资本积累在供求两方面都受到限制。从而形成了“贫穷的恶性循环”：居民收入水平低下→储蓄能力有限→资本积累和投资能力低下→生产力低下→居民收入水平持续低下。罗斯托（1960）在 *The Stages of Economic Growth*：*A Non - Communist Manifesto* 一书中认为，把某一个国家，或某些地区的经济发展过程加以划分是可能的，而且就某些有限的目的来说，是有益的。所有社会都可以划分为五个发展阶段：传统社会→进入可持续增长的起飞前的准备阶段→起飞阶段→成熟阶段→大众高消费阶段。所有发达国家都通过了“起飞阶段”，而发展中国家或者仍处于传统社会之中，或者处于“进入可持续增长的起飞前的准备阶段”，它们只有遵循发展的特定规律，先通过“起飞阶段”，而后才能进入自身的持续经济增长阶段。任何起飞所必需的一个基本战略是筹措足够多的国内外资金进行投资，促进经济增长。发展中国家要实现经济的起飞，必须提高投资率。

以经济增长为中心的发展观深刻地影响着发展实践，联合国在第一个发展十年（1960—1970 年）中规定，不发达国家的发展目标是国民生产总值年增量最低为 6%。以国际援助的方式推动落后国家经济发展，成为经济增长观的实践运用，第三世界国家的经济有了较大幅度的增长，但是生态环境、社会发展长期遭到忽视。单纯的 GDP 增长，带来的是生态环境的恶化和社会分配不公的加剧，陷入“有增长无发展”境地。

总体而言，经济增长观是以西方发达国家作为发展模型，开出的发展中国家摆脱贫困的药方。本质上是西方工业化、城市化经济发展模式的推广，然而忽略了发展中国家面临的时代背景、制度、经济基础、文化等因素，实践中陷入发展困境在所难免。

三、综合发展观：以人为中心的发展

20 世纪 70 年代，重新认识发展的理论内涵及其实现路径显得尤为急迫。国际劳工组织（International Labour Organization）（1976）提出“基本需求发展战略”，认为发展的目标是满足人的基本需求，基本必需品的消费量、收入和分配的均等程度、识字率、健康水平和就业情况是衡量发展程度的主要指标。此外，日本著名学者驹井津提出“发展第一”的观点，法国社会学派经济学家弗朗索瓦·佩鲁（Francois Perroux，1983）提出新发展观，以 R. A. Bauer、F. M. Andrews、B. M. 格罗斯、A. D. 拜德曼等为代表美国学者自 20 世纪 60 年代后期发动的以人为中心的社会指标运动（Social Indicator Movement）都反映了发展观的转变，即把发展观的根本内涵从“经济增长第一”转到人的全面发展和文化道德层面。

弗朗索瓦·佩鲁的 *A New Concept of Development* 批判了经济学在发展问题上缺乏哲学基础、研究方法简单化，认为现代经济学研究转向数学研究取向，追求抽象的模型，忽视了发展研究的哲学基础。对发展的解释缺少了以下关键要素：时间、现实的复杂性、人的因素、社会结构。此外，对功利主义的误读，导致发展理论走向狭隘。因此，佩鲁提出了“整体的、内生的、综合的”新发展观。“整体的”是指不仅要考虑人类整体的各个方面，而且要承认和兼顾各个方面的不一致；“内生的”就是强调一个国家内部力量和资源及其合理开发利用，“综合的”是指把发展的各个方面和各种因素综合在一起，形成相互联系、紧密相存的结构。佩鲁重新审视社会发展问题，把发展看作经济增长、政治民主化、科技水平、文化观念变迁、社会转型、自然协调、生态平衡等各种因素的综合发展过程，强调人与人、人与环境、人与组织、社会与经济等的协调发展，将“以人为中心”和文化价值置于发展的中心地位（赵海月，2010；王瑜，2011）。

达德利·西尔斯（Dudley Seers）（1970）认为，关于一个国家的发展，要问的一个问题是：贫困正在发生什么变化？失业正在发生什么变化？不平等又正在发生什么变化？如果一个国家能在这三个方面都有所进步，那么毫无疑问，它就处于一个各国都希望的发展时期。但如果其中有一两个问题变得越来越严重，尤其是三者都变得严重，那么即便是人均收入翻倍了，也不能将这种结果称为“发展”。德尼·古莱（Denis Goulet）（2008）从发展伦理的角度提出，追求经济增长的同时让人们还处于贫困状态有悖于发展道德的初衷。他对发展思想提出质疑，哪种发展是人性的？这种发展必须如何取得？主要的道德问题是如何实现发展的真实好处，而在过程中不破坏人类自由行动的能力。因此，发展必须涵盖所有人和社会追求的共同目标。

在发展行动理念上，《联合国第二个发展十年（1971—1980年）报告》指出：发展已不再是单纯的经济增长，社会制度和社会结构的变迁以及社会福利设施的改善具有同等重要的地位。发展的最终目的是对收入和财富实行更平等的分配，以促进社会公正和生产效率，提高实际就业水平，更大程度地保证收入和改善教育、卫生、营养、住房、社会福利设施以及环境保护。

四、可持续发展观：经济、社会与环境协调发展

自工业革命以来，工业化、城市化极大地推动了西方国家的发展进步，科学技术作为重要的生产力受到高度崇拜，“高增长、高消耗、高污染”成为典型的发展模式。然而，人类需求的无限性、自然资源的稀缺性、环境污染承载力的有限性，必然引发人口、资源、环境之间的紧张状态。尽管这种矛盾长期存在，但面对快速的工业化、城市化，整个西方世界很少有人去思考人类的发展模式问题。直到1962年蕾切尔·卡逊（Rachel Carson）在《寂静的春天》中第一次警醒人类工业文明带来的巨大环境破坏，引起了西方社会对环境问题的关注。

1972 年美国学者巴巴拉・沃德（Barbara Ward）和雷内・杜博斯（Rene Dubos）的《只有一个地球》，把人类对生存与环境的认识推向一个新境界——可持续发展（sustainable development）。同年，以丹尼斯・L. 梅多斯（Dennis L. Meadows）为代表的罗马俱乐部发表了《增长的极限：罗马俱乐部关于人类困境的研究报告》，运用系统动力学方法构造 World Ⅱ模型，研究了人类发展过程中的五个全球性问题：人口问题、工业化的资金问题、粮食问题、不可再生的资源问题、环境污染问题（生态平衡问题）。唐奈勒・H. 梅多斯（Donella H. Meadows）（1992）发表了《超越极限：正视全球性崩溃，展望可持续的未来》，系统考察了 20 年来人类社会的发展问题，构造了 World Ⅲ模型，指出 20 年前预测的增长极限有的已经超越或接近崩溃边缘，人均粮食产出、能源使用和工业生产都将继续呈下降状态，人类应建立一个可持续性社会。

在西方工业化高歌猛进的时代，罗马俱乐部的警告显然被认为是一种过于悲观的预测，但传统工业化发展模式带给人类的负面影响的确在加重。同样，面对经济发展中资源消耗与环境问题，《联合国人类环境会议宣言》（1972）提出：为了当代人和后代人，保护和改善人类环境已成为人类紧迫的目标，它必须同世界经济发展这个目标同步协调发展。美国经济学家 K. 波尔丁（K. Boulding）提出循环经济发展观，从人与自然的关系和技术的角度来看待发展问题。美国农业科学家莱斯特・R. 布朗（Lester R. Brown）（1981）在《建设一个持续发展的社会》一书中，提出控制人口增长、保护资源基础、开发再生能源，是实现可持续发展的三条路径，初步阐述了可持续发展观。世界环境与发展委员会（1987）在《我们共同的未来》报告中正式提出可持续发展战略，即：人类社会发展既满足当代人的需要，又不对后代人满足其需要的能力构成危害的持续发展。1992 年联合国世界环境与发展大会通过了《里约宣言》和《21 世纪议程》，强调："人类应享有以与自然相和谐的方式过健康而富有生产成果的生活权利，并公平地满足今世后代在发展与环境方面的需要，求取发展的权利必须实现"。1995 年联合国社会发展问题世界首脑会议，提出了经济发展、生活发展和环境保护是可持续发展相互依赖、互为加强的组成部分。为积极响应联合国可持续发展思想，我国于 1994 年制定了《中国 21 世纪议程》，提出了促进经济、社会、资源、环境、人口及教育相互协调、可持续发展的总体战略。

五、科学发展观：以人为本、全面协调可持续发展

21 世纪初，在连续多年保持快速经济增长的同时，我国一些长期遭到忽视的经济社会问题逐渐显现出来，如粗放型经济增长方式带来的资源高消耗、环境高污染，教育、医疗卫生、社会保障等社会事业发展滞后，城乡间、不同阶层间的收入分配差距日渐拉大，社会管理体制落后等。2003 年中共的十六届三中全会提出了“坚持以人为本，树立全面、协调、可持续的发展观，促进经济社会和人的全面发展”。按照“统筹城乡发展、统筹区域发展、统筹经济社会发展、统筹人与自然和谐发展、统筹国内发展与对外开放”的发展观，中共的十七大将科学发展观写入党章，中共的十八大明确了科学发展观是党必须长期坚持的指导思想，其中全面协调可持续发展是深入贯彻落实科学发展观的基本要求。

科学发展观是对以佩鲁为代表的综合发展观、可持续发展观的继承与超越。王瑜（2011）认为，佩鲁在对经济增长观批判的基础上，提出了以人为中心、以文化为价值尺度，整体的、综合的、内生的新发展观。科学发展观与新发展观在形式和内容上有诸多相似之处，但是在发展模式、发展目标、发展文化方面，科学发展观超越了新发展观的理论局限。梁春梅（2011）认为科学发展观进一步完善了可持续发展理念，在内容架构上形成了以生态环境持续发展为基础，以经济持续发展为条件，以社会持续发展为目的，以人的可持续发展为归宿的完整体系，形成了多维度发展目标间的协调与互动（见图 2 -1）。

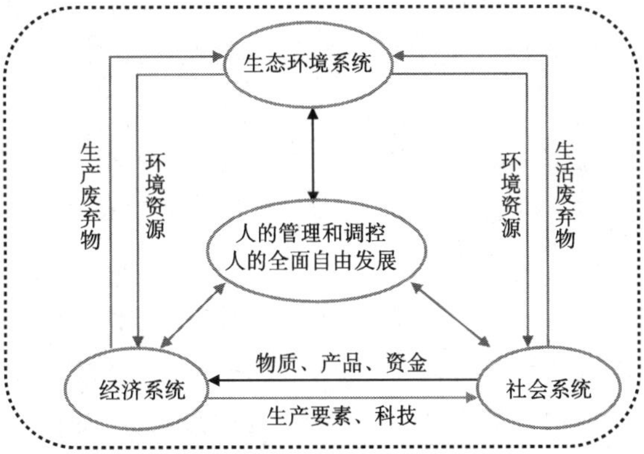

图 2 -1　科学发展观的可持续发展系统

资料来源：梁春梅．科学发展观的可持续发展系统［J］．理论学刊，2011（7）．

第二节 经济发展与社会发展的关联性研究

经济发展和社会发展是整个人类社会发展系统中的重要内容，已有文献对二者之间的关系进行了大量探索。从研究结论来看，经济发展与社会发展之间呈现三种状态：第一种是经济发展与社会发展关系不密切；第二种是经济发展与社会发展存在相关关系；第三种是经济发展与社会发展存在确定的函数关系。其中第二种关系是第三种关系存在的基础。

一、经济发展与社会发展之间关系并不密切

已有文献中，有学者认为经济发展与社会发展的关系并不那么密切，这种疏离的关系主要体现在两个方面。

一方面，是指经济发展与社会发展存在区别，经济发展并不等同于社会发展，经济发展以“物”为中心，而社会发展则是以“人”为中心，这样不同的发展重心让经济发展和社会发展之间存在沟壑（王思斌，1995），经济发展与社会发展之间不可相互替代，甚至部分替代（刘瑞，1995）。以上学者是从理论上分析了经济发展与社会发展的关系，而 London 和 Williams（1988）则通过相关分析表明，不论是理论还是实证，人类基本需求的测量（社会发展）和经济增长（经济发展）的测量有着明显的差异。

另一方面，经济发展与社会发展之间关系并不密切主要是指经济发展对社会发展的作用，或者社会发展对经济发展的作用并不是那么明显，已有文献主要从经济发展（增长）的社会福利角度对二者之间的关系进行阐释。Clower（1966）在《没有发展的增长》一文中通过深入分析利比亚状况，指出该国主要为外国种植园所拥有的出口初级产品的迅速增长，既没有引起生产结构上的变革，使其他经济部门有补充的增长，也没有引起相应的制度上的变革，以便把实际收入所得分到人口所有的各个阶层中去。Zuvekas（1979）也认为，经济增长（发展）可能并不能带来社会福

利的增加，国家可能会限制社会福利的广泛分布，由此将其局限于特权阶级。Grant（1973）通过对经验数据的分析也支持这一论断。

当然，认为经济发展与社会发展之间关系并不密切的研究并不主流，而诸多文献还是认为二者之间存在相关关系，甚至是确定的函数关系。

二、经济发展与社会发展之间存在相关关系

所谓经济发展与社会发展两个变量间存在相关关系是指当经济发展取一定的数值时，社会发展变量按照某种规律在一定范围内变化。已有文献采用定性分析的方法描述这种关系，也有文献用定量分析方法测量这种关系。

典型的罗斯托模型认为，经济增长是通往完全现代化社会的动力（Rostow，1960），这种动力推动关系表现在社会发展的多个方面，其中最重要的是社会福利。Okun 和 Richardson（1962）将经济增长定义为长期持久的物质福利改善，体现在商品和服务量的增加，这种对经济增长的认识一直持续到 20 世纪 70 年代以前。在 Okun 的认知中，经济发展必然会带来社会福利的改善，进而带动整个社会的发展。持相同观念的人还包括 McNamara（1971），他指出，经济发展在很长的时间内简单地表示为产出增长率，现在的新兴认识中，工作机会、收入分配以及生活质量被认为在经济发展中（与产出增长率）同等重要，经济发展也将促进这些领域的进一步发展。Hagen（1980）在其著作《经济发展》中也认为，经济增长是生产或人均收入的增加，经济增长在一定程度上能提高社会物质福利的分配。Ram（1985）的研究表明，人均收入的增加会提高人类基本需求的实现水平。另外，经济发展也会对人口流动、文化等社会发展领域产生影响。鲁奇等（2006）对 1990—2000 年东中西部和东部地区中环渤海、长江三角洲、珠江三角洲以及福建三个亚区的流动人口与经济增长的关系进行了研究，结果表明，经济增长是人口流动的动力。高洁（1994）认为经济发展是社会发展的基础，而包括心理的、文化的、政治的广义社会发展只能是经济发展的结果，而不是经济发展的原因。

经济发展对社会发展有着重要的促进作用，与此同时，社会发展也反哺经济发展。Streeten（1977，1981）认为经济增长（发展）是社会发展的结果，尤其是教育和公共服务质量的提高将会对经济发展有重大贡献。C. S. C. Sekhar（2005）也以印度的发展经验为例，深入分析了经济增

长、社会发展以及利益群体之间的关系。分析结果表明，政府干预经济活动要比干预社会发展效用高，并且印度的社会发展能力是该国经济改革成功的必要前提。Hicks（1979a，1979b）探讨了经济增长和人类基本需求之间的关系，认为发展的基本人力资本的最低临界值水平可能是加速经济增长的先决条件。另外，他的研究结果还表明，人类基本需求满足的改善并不意味着会减少国民生产总值的增长率，反而会促进未来经济的增长。杰弗里·萨克斯指出，从文化的角度解释经济发展的快慢，在某些情况下可能是有益的，尤其是可以说明19世纪资本主义改革所遇到的阻力。但是在作这种解释的时候，必须看到社会其他方面（地理、政治、经济体制）的作用。若看不到这些变量，那么文化发挥重要独立作用的余地就会大大缩小。此外，社会保障对经济发展也具有正向作用（张向达，2010）。

也有文献表明，经济发展与社会发展是“交融互生”的联动体（顾莉，2011），也就是说经济发展与社会发展相互影响、相互促进（制约）。Srinivasan（1977）的研究表明，经济发展政策和人类基本需求的发展政策高度相互交织，过分强调基本需求，至少在短时期内会损害经济增长，反过来，也会损害未来人类基本需求的实现。徐开金（1999）借助拉弗曲线揭示了经济增长与社会发展之间相互制约和促进的关系，张培刚教授（1999）主编的《新发展经济学》指出，经济水平的低下限制了社会文化的发展，而文化意识上的安平乐命和不思进取反过来又强化了传统社会经济的落后状态。James Copestake（2007）也指出，关于发展问题的争论很大程度上是围绕人们是看中物质资源还是看中社会关系而展开的，二者既是目的又是手段。经济发展与环境保护之间存在着复杂的耦合关系（方创琳和杨玉梅，2006）。邓志伟（1995）定性分析了经济发展与社会发展的关系，认为经济发展是社会发展的基础和条件，社会发展是经济发展的出发点和目的。王雅林（1996）论述了经济发展与人文、社会发展之间的关系，认为两者相互依存、相互促进。经济的快速增长为解决各项社会事业的发展提供前提；与此同时，人文与社会发展也为经济发展提供了良好的社会环境和价值导向系统，并提供非经济支持力量，成为经济发展的动力系统。基于经济发展与社会发展的双向互动关系，1959年联合国提出“经济发展与社会发展均衡”的口号，联合国将经济发展视为解决后进国家面临的各种社会问题的重要手段，并把铲除阻碍经济发展的社会障碍称为社会发展（何清涟，1998）。

以上是从定性的角度来分析经济发展与社会发展之间的关系，也有文献从定量的角度来分析这种相关关系。根据中国统计部门的测算，经济指数与社会发展总水平指数的皮尔逊积矩相关系数高达0.941，人均国民生产总值与经济社会发展水平指数的相关系数也高达0.935（邓志伟，1995）。目前也有专业的计量模型，1991年美国学者Grossman和Krueger以经验数据为依据，最先提出了环境库兹涅茨曲线。该曲线描述了这样一种现象，即环境污染水平会随着经济发展水平而波动，在一国经济发展的早期阶段，环境污染会随着经济增长而上升，到一定阶段后，经济增长会带来环境质量的改善和污染水平的降低。自环境库兹涅茨曲线被提出以来，诸多研究都证明了该曲线的存在。因而如何解释污染排放量与收入水平之间的这种倒“U”字型关系也成为环境经济学界研究的热点问题之一（陈燕莹，2002）。迟景明（2010）研究了1998—2007年我国高等教育结构变化及其与经济发展的相互关系，研究结果表明经济发展对我国高等教育层次结构的发展演变具有显著影响作用，高等教育层次结构的发展变化基本适应经济发展的需要。陈利根（2007）采用经济计量分析方法探索了耕地资源数量与经济发展之间的关系，从长远来看，耕地资源数量与经济发展之间存在均衡关系，但短期内却失衡，也就是说在一个短时期内，耕地保护与经济发展之间存在矛盾。M. Lipset（1959）在《民主的社会前提条件》中指出，经济发展与政治民主之间存在密切关系，在1960年的《政治人》一书中更是对经济发展以及社会发展中的一些变量进行定量分析，研究结论表明个人安全感与人均国民收入的相关系数为0.45。

三、经济发展与社会发展之间存在函数关系

函数关系是一种确定的关系，Goldstein（1985）建立了经济因素与人类发展基本需求之间的因果关系模型，结果表明经济因素极大的影响至少一部分基本需求，如婴儿死亡率，而基本需求指标只有很微弱，甚至没有影响经济指标。Hopkins和Hoevan（1982）运用基本需求和经济增长指标模拟了1980—2000年经济和社会变革之间的相互关系，结果表明2000年是经济发展的最好时刻，但这个结果依附于经济增长，而经济增长则有赖于较少的关注基本需求，或限制出口到发达国家。杨俊（2007）以2004年的数据为分析对象，研究了我国高等教育与地区经济发展之间的关系，

结果表明高等教育与当地经济发展存在高度正相关，其东中西部的弹性系数分别为 0.136、0.185 以及 0.030。

已有文献对经济发展与社会发展之间的关系作了多种判断，到目前为止学术界对二者之间关系并无一致意见。这种现状部分源于概念界定，对经济发展以及社会发展的不同理解而导致不同的研究结论；部分源于研究方法，已有文献中定性文献多，而定量文献少，定性研究方法也可能使研究结论会出现多元化趋势。

第三节 经济社会协调发展的内涵与特征研究

一、经济发展的内涵及特征

爱荷华大学国际金融和发展中心（the University of Iowa Center for International Finance and Development）指出，经济发展是 20 世纪经济学家、政治家以及其他人频繁使用的一个词汇（Sullivan 和 Sheffrin，2003）。正因如此，频繁使用让人们认为经济发展这一概念其内涵和外延都是一种常识，往往不加界定地将经济发展作为一个普识性的模糊词汇使用。事实上，经济发展是一个具有丰富内涵和外延的概念，从已有的文献来看，学术界对经济发展内涵的理解并未形成统一的认识。

早期的经济理论研究认为，经济增长即经济发展，国民财富的不断增长就是经济发展，其衡量的指标即为国民收入或国民生产总值的增长。亚当·斯密（1776）的《国富论》被认为就是一本研究“怎样才能使国民生产总值增长的工具书”。这种观念延续了很长一段时间，包括新古典主义经济学家在很大程度上都是这一观念的拥护者。即使到了 20 世纪 50 年代，刘易斯（1955）仍然认为资本的迅速积累是经济发展的中心。反观国内，新中国成立以后，我国经济发展处于颓废边缘，十一届三中全会强调集中力量进行经济建设，这样的国情直接对理论研究产生了重要影响。认为经济增长就是经济发展，并将经济增长与经济发展二者混用的现象在学术研究中也屡见不鲜。其中，有学者仅仅以 GDP 作为经济发展的衡量指标进行研究（张风波，1987；张为付，2008；朱翠华和张晓峒，2012）。但有的学者意识到单个经济增长指标并不能客观地描述经济发展的全貌，因而试图用一套指标体系即多个指标来衡量经济发展（岳晓燕和周军，2011；聂春霞，2012），即便如此，该指标体系仍然是以经济增长指标为主。

1966 年，罗伯特·克劳尔《没有发展的增长》通过深入分析利比亚经济，提出了“没有发展的增长”概念，也就是说当经济呈现增长的态势时，其经济并不一定伴随了经济发展。这种“没有发展的增长”现象使人们开始意识到，经济发展与经济增长存在本质上的区别（Lucas Jr，1988；刘炯忠和叶险明，1990；许桂娟，1992；于学东，2007；徐佩华，2007；魏伟和黄亚玲，2007；胡学勤，2008；杨磊，2012）。阿马蒂亚·森（2002）指出，发展的目标远远超出财富的积累和国民生产总值以及其他与收入、福利有关的变量的增长。他（1983）明确表示，经济增长是经济发展的一个方面。美国经济学家刘易斯（1994）在后续的研究中也承认，增长与发展之间确实存在着差别，并且 Flammang（1979）从定量、定性的角度来区分经济增长和经济发展，认为经济增长包含了更多的定量现象，而经济发展则包含结构的改变，有了更多的定性意义。在诸多讨论基础上，1980 年出版的《新大英百科全书》明确地对经济发展与经济增长两个词条作了区分。

经济发展摆脱了经济增长的同义语地位后，学者开始进一步探索经济发展的内涵或外延。有学者指出，经济发展可以为视为一个静态的理论，主要记录一个国家在特定时间的经济状况（Schumpeter 和 Backhaus，2003），并不拘泥于经济增长这一经济状况的范畴。当然，这只是笼统地对经济发展予以界定，在实际研究中，学者们发展了经济发展的操作化定义，对经济发展进行维度的划分，认为经济发展体现在经济总量、经济结构、经济效益以及经济动力四个维度（王新华，2011）。车冰清等（2012）认为经济发展包含经济总量维度、经济质量、经济结构、经济外向性、经济效益五个维度。有学者更是细化了这种维度的划分，发展了经济发展指标。如毛汉英（1996）认为经济发展指标包括 GDP 年均增长率、工业销售收入年均增长率、农业总产值年均增长率、经济密度、单位 GDP 的资金投入、单位 GDP 的劳动投入、单位 GDP 消耗的能源数量、单位 GDP 消耗的原材料数量、单位 GDP 消耗的水资源数量、单位 GDP 产生的污染物数量、三次产业结构、全员社会劳动生产率、工业全员劳动生产率、农业劳动生产率、第三产业劳动生产率、资金利税率、产值利税率、固定资产产值率。

以上经济发展的定义主要局限于经济本身，有学者从更广泛的意义上定义了经济发展。熊彼特（1934）认为作为资本主义“灵魂”的企业家的职能就是实现创新，引进新组合，所谓经济发展也就是指整个资本主义社会不断地实现这种新组合而言的。简而言之，熊彼特认为经济发展就是创新。也有学者从社会福利的角度定义经济发展，认为经济发展意味着更高的收入水平、更多的就业机会以及更好的社会福利（UgoPapi，1960；Orshansky，1965；Miller 和 Wadsworth，1967；Mansell 和 Wehn，1998；徐景春，1997）。政策也是学者们界定经济发展的一个重要内容（O'Sullivan 和 Sheffrin，2003；）。此外，有学者从更加广泛的视野界定经济发展，认为经济发展是一种不断进行的演化过程，伴随着经济结构、社会结构、政治结构及观念意识的变化或变革的持续的经济成长过程，其基本要素除了包括经济成长所带来的总量产出与收入结构变化外，还包括经济结构的变迁、人民生活质量提高与福利改善、社会政治体制的变化、文化法律的完善，甚至是观念习俗的变化（高洁和徐洁，1994；郭熙保和张进铭，2000）。

以上从广义的角度在理论上定义了经济发展，在实际测度中发展了广义经济发展概念的测度指标。Kingsley Davis（1951）指出产业化程度是衡量一个国家经济发展水平的重要指标。贝内特（1951）提出用消费水平来衡量经济发展水平，如适应儿童上学比例等。Harvey Leibenstein（1957）认为，在通常情况下，人们采用人均收入或人均支出来衡量一个国家的经济发展水平。人口统计学教授菲利普·豪瑟（Philip Hauser）（1959）认为，可以使用各种人口变量作为衡量经济发展的间接指标，这些指标包括人口增长、人口组成、组分人口的变化、人口分布以及各种相互关联的指标。Edward G. Stockwell（1960）从中受到启发，在测量经济发展水平时，尤其关注人口变化的指标，如生育率和死亡率等，他认为这与一个国家的经济发展水平密切相关；此外，他利用 30 个国家的相关数据实证检验了婴儿死亡率作为衡量经济发展水平的可行性，认为婴儿死亡率指标简单易行，是间接测度一个国家经济发展水平的优良指标。W. L. Miller 和 H. A. Wadsworth（1967）总结了其研究之前的经济发展指标，认为测量经济发展的指标可以分为两大类：一类是收入类评价指标；一类是非货币类指标。他们指出，这两类指标存在缺陷，即由于地区的差异，生活成本存在差别，因此不能很好地反映人们的真实生活水平。国内学者也提出了广义经济发展指标，董正信等（2011）选取了社会总需求、产业结构、资源环境、科技进步、民生改善研究了河北省的经济发展水平；沈露莹（2010）从经济增长、经济服务、城市功能、自主创新、资源环境、人本等维度构建了包括48个指标的测评体系，测评了上海的经济发展水平。

以上对经济发展概念进行了梳理，总体而言，经济发展可分为广义的经济发展和狭义的经济发展。狭义的经济发展几乎等同于经济增长，而广义的经济发展则内涵丰富，包括经济发展的过程、经济发展的结构、经济发展的效益，甚至包括经济发展的政策以及整个社会的发展。与此同时，经济发展概念内涵具有强烈的时代烙印，在经济发展的初级阶段，学者们对经济发展的理解专注于经济发展量上的增长，随后，开始关注经济发展的质量、结构等问题。随着经济进一步的发展，环境问题以及代际公平问题凸显，学者们对经济发展的理解又更进一层，开始关注经济外溢效应以及可持续性。另外，经济发展以经济增长为基础这一点在已有研究中已达成共识，已有文献用测度指标对经济发展进行测量，不仅指标数量的差异很大，而且指标内容的差异也比较明显，但是有一点非常明确，即经济增长指标是经济发展的基本要素。

本书将经济发展作为一个系统进行研究，取经济发展的中观意义，认为经济发展是一种随着政治发展、社会变迁以及生态环境的变化而变化的经济成长过程，其基本的要素是经济总量的增长，除此以外，还包括经济结构的优化、自然资源的有效配置、经济发展的效率与潜力等内容。

二、社会发展的内涵及特征

Don Adams 和 Janet Adams（1968）指出，由于社会边界的模糊性，社会发展的概念并不像经济发展与政治发展那么清晰，有时一个特定的组织或者行动既可以属于经济发展的范畴，又可以属于社会发展的范畴。另外，社会发展的内涵也一直处于动态变化中（马敏和陆汉文，2001），施祖辉（1997）对此作了较为详细的论述，他认为社会发展的内涵随着发展观的变化而变迁，经历了以经济增长为核心的社会发展—以社会经济各方面综合协调为核心的社会发展—以满足人的基本需求和考虑人的未来发展为核心的社会发展—以人的全面发展为核心的社会发展的变迁。正因如此，学术界对社会发展的内涵也未达成共识。韩明谟（2002）归纳了社会发展内涵的三个层次：第一种主要指人们的健康、卫生特别是社会福利的增长；第二种是指经济以外的其他社会生活的发展，如教育、科学、文化的发展；第三种是从社会整体进行考虑的，是指包括经济发展在内的整个社会的发展。可见，韩明谟将社会发展区分为微观、中观和宏观三个层次，不同的层次决定了社会发展的内涵。

已有的对社会发展内涵的研究基本可以纳入这三个不同的层次，且作为一种宏观的社会发展比较多见。刘伟等（2005）也指出社会发展是指生产力以及生产关系的发展，在社会统计中，相对于社会运动的动态过程，社会的发展更加强调社会在某特定时期的物质文明与精神文明所处的水平。这样从宏观上对社会发展的界定也决定了测度社会发展的指标的综合性。一般认为，社会综合指标研究的兴起源于20世纪60年代的美国（Raymond，1966），事实上，较早关于综合指标的研究可以追溯到1933年，美国出版的社会趋势报告是该领域早期的经典之作（United States President's Research Committee on Social Trends，1933；Noll，2002）。美国宾州大学社会公众系教授埃思蒂斯选择了36个社会发展指标，计算了120多个国家的“社会进步指数”。为计算的简便性，联合国开发计划署开发了“人文发展指数”评价一个国家的社会发展水平，这一指数由平均预期寿命、成人识字率和人均国民生产总值（按平均购买力计算）三个指标构成。1976年不丹最先提出国民幸福总值的概念，认为国民幸福总值主要包括经济发展、保护文化遗产、保护环境和实行良政四个方面的内容，国民幸福总值是衡量社会发展的重要标准（尹伊文，2009；吕斐宜和陈静，2006）。

我国社会指标的研究始于20世纪80年代（刘小军，1991）。1989年社会发展和社会指标课题组（1989）构建了建国四十年社会发展指标的评价指标体系。1996年作为课题负责人的朱庆芳（1996）在原有基础上对社会发展指标体系进一步完善，他指出所谓的“社会发展”是指包括经济与非经济事业的大社会，是反映以人为中心的全面发展和体现经济和社会的协调发展，将社会发展划分为相互联系、相互制约和促进的六个子系统，即社会结构、人口素质、经济效益、生活质量、社会秩序以及社会稳定（见表2-1）。除此之外，蒋正华、张羚广（1999）提出衡量社会发展的10个指标，包括成人识字率、人均每日卡路里供应量占需要量百分比、基尼系数、人均国民收入、人均国民收入年增长率、生活指数年增长率、就业率、独立性指标、婴儿死亡率、平均预期寿命；王步征（1990）建立了综合的社会发展评价指标体系；国家发改委宏观经济研究院课题组（2008）设计了"十二五"时期社会发展目标，并确立了每一项目标的具体内容。

表2-1　　我国社会发展指标体系

社会结构	人口素质	经济效益	生活质量	社会秩序	社会稳定
1. 第三产业从业人员占从业人员比重 2. 非农业从业人员占从业人员比重 3. 城镇人口占总人口比重 4. 社会投资占国有单位投资比重 5. 教育经费占国内生产总值比重 6. 出口总额占国内生产总值比重	7. 人口自然增长率 8. 初中以上文化程度人口所占比重 9. 每万人口大学生在校人数 10. 每万人口大中专毕业人数 11. 每万职工拥有专业技术人员 12. 每万人口医生数	13. 人均国内生产总值 14. 社会劳动生产率 15. 人均财政收入 16. 工业企业资金利税率 17. 固定资产交付使用率 18. 每一农业劳动者生产粮食	19. 居民消费水平 20. 农民人均生活费收入 21. 城镇居民人均生活费收入 22. 职工平均工资 23. 恩格尔系数 24. 人均居住面积（农民、城镇居民） 25. 人均生活用电量	26. 每万人口警察人数 27. 刑事案件立案率 28. 经济案件立案率 29. 治安案件发案率 30. 交通事故死亡率 31. 火灾事故发生率	32. 通货膨胀率 33. 城镇失业率 34. 社会保障覆盖面 35. 贫困人口占总人口比重 36. 贫富差距

资料来源：朱庆芳．从社会指标体系看改革开放以来中国社会发展［J］．当代中国史研究，1996（3）．

以上研究都从宏观角度定义了社会发展，并提供了社会发展测度指标。王地宁、唐钧（1991）则从中观层面上定义了社会发展，认为社会发展是社会系统结构和运行机制不断优化，以实现社会系统、经济系统、自然系统的协调和最佳功能耦合，从而发挥整体效应，极大满足人类需求的过程，并绘制了各个系统之间的关系图（见图2-2）。这一定义将社会发展与经济发展区分开来，实现了经济发展与社会发展的分离。

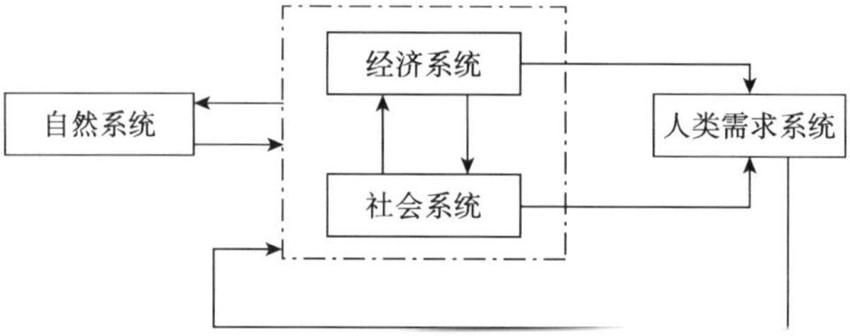

图 2-2 自然、经济、社会以及人类需求系统关系

资料来源：王地宁，唐钧．社会发展指标体系的建构和应用［J］．中国社会科学，1991（1）

第三种对社会发展的理解显然是偏重人以及与人有关的社会福利，他们认为人是社会发展的主体，也是社会发展的归宿，社会发展的目的也是为了满足人的需要、实现人的发展（Aron 和 Hoselitz，1965；贾高建，1996；蒋明影，1999）。学者们在设计社会发展评价时，也倾向于从人的角度考虑指标。吕斐宜和陈静（2006）认为国民幸福总值应成为衡量社会发展的重要指标。高桦（2002）在赫尔穆特·舍克《嫉妒论》的启发下，认为嫉妒也是衡量社会发展的一项指标，其理由在于在开放进取的社会中，嫉妒的力量弱小，而在封闭落后的社会中，嫉妒的力量则非常强大。梁晨溪（2012）认为社会发展应该包括社会财富和服务再分配的内容，反映出社会的公平程度以及社会秩序的状况。国外学者莫里斯（1980）提出了"物质生活质量指数（the Physical Quality of Life Index）"，该指数包含三个指标，即成人识字率、婴儿死亡率以及 1 岁预期寿命，这一指数把教育和健康作为社会发展的重要指标，中国学者冯立天（1992，1996）采集中国的数据对其合理性进行了论证。鲁茨（1995）也用人口平均识字寿命来衡量穷国的社会发展程度，黄荣清、南条善治（1997）也探讨了这一指标在中国的合理性和适用性问题。

已有文献从不同层次、不同角度探讨了社会发展的内涵及其测度指标，随着研究的不断深入，社会发展也被渗入了更多新的内涵，如幸福指数、社会嫉妒、社会公平以及社会正义等。这一现象表明这一概念逐渐从物化的社会发展概念向更加人性化的社会发展概念过渡，更加关注社会中所存在的人的发展及其在社会中的情绪和感受，这也是整个社会从工具理性向价值理性回归的重要表征。

三、经济社会协调发展的内涵及特征

从语义上讲，“协调”中的“协”和“调”同义，都具有和谐、统筹、均衡等富有理想色彩的哲学含义，“协调”即配合得当，指尊重客观规律，强调事物间的联系，坚持对立统一，取中正立场，避免忽左忽右两个极端的理想状态（崔满红，2002；孔祥毅，2003）。从语用上讲，“协调”一是指事物间关系的理想状态；一是指实现这种理想状态的过程。关于协调和协调发展的思想古来有之，主要以哲学思考的形式出现，“天人合一”、“中庸之道”和“兼容并包”都是我国古代关于协调及协调发展思想的最好诠释；同样，西方的“物竞天择，适者生存”以及“以人为中心”的哲学逻辑都在一定程度上体现了协调理念。这些哲学思想为早期的经济发展理论奠定了深厚的理论基础。政治经济学的开创者 William Petty（1960）认为等价交换意味着协调，Fquesnay（1758）认为均衡就是协调。在亚当·斯密的古典经济学中，协调意味着“经济人”在专业分工基础上的自由选择、自愿合作以及自愿交换，在这种经济模式中，“看不见的手”是协调的最好工具，“自由放任”是协调最好的政策。

现代意义上的协调及协调发展则是在对人类社会发展深刻反思的基础上发展起来的。在很长一段时间内，高速经济增长都是世界各国竭力追求的目标，而经济快速增长无疑会产生一定的外部性，这些外部性包括资源的消耗以及生态环境破坏等内容。1972 年罗马俱乐部发表了《增长的极限：罗马俱乐部关于人类困境的研究报告》，对高速经济增长所引起的负面外部性表示了担忧。1987 年联合国世界环境与发展委员会在《我们共同的未来》中提出了“可持续发展”概念，认为可持续发展是“既能满足当代人的需求，又不危及后代人的需求的一种发展模式”（Brundland，1987），其核心是经济、社会、人口、环境、资源以及科技各个方面相互协调、共同发展（中国 21 世纪议程，1994；Pezzy，1992；赵景柱等，1999；冯年华，2001；保建云，2002；莫发特，2002）。从可持续发展的概念来看，协调和均衡的思想则是可持续发展最本质和最深刻的内容。当然，可持续发展与协调发展并不等同，吴殿廷等（2006）也区分了可持续发展和协调发展的概念，虽然二者之间有着密切的联系，但二者的侧重点是不同的：可持续发展侧重于强调发展的过程，其本质是处理代际关系，从某种程度上来讲，要解决的是一个时间序列上的问题；而协调发展则着眼于处理人地关系、人人关系、经济发展与社会发展的关系、甚至是效率和公平的关系，这些关系可以看作是一个时间剖面上的关系。

具体到我国，中国共产党第十六次全国代表大会以及十六届三中全会提出了“科学发展观”和“统筹发展”的发展战略，这是现代意义上的协调在中国现实背景下的最好诠释（李国兴等，2006；吴元梁，2007）。发展战略从宏观上把握一个国家的发展走向，而在具体的发展过程中，战略通常会进一步细化，“科学发展”与“统筹发展”在实践中表现为区域协调发展、城乡协调发展、经济社会协调发展、人与自然环境协调发展以及经济增长与资源消耗协调发展等内容。当社会发展被界定为一个包括除经济发展之外的所有内容的概念时（除政治、军事外），经济社会协调发展则在很大程度上体现了科学发展和统筹发展，需要注意的是科学发展并不必然等于科学发展和统筹发展（储东涛，2011）。

对于经济社会协调发展的概念内涵，已有文献从不同的角度进行了探索。田大庆等（2004）从我国经济社会协调发展的目标角度进行了考察，认为经济社会协调发展就是实现生产、生态以及生活三者之间的协调发展，具体来讲就是生产发展、生态改善以及生活提高。这一理解对我国经济社会协调发展的内涵作了高度全面的概括，但是对协调发展未做出更详细的解释。系统论者对经济社会协调发展的认识则弥补了这一缺陷，认为其是指经济与社会各个要素，以及经济与社会各个要素自身体系的各个部分在相互开放的条件下，相互依存、相互适应、良性循环、有序运行、共同发展的状态和过程，经济社会协调发展就是由经济、社会、自然、人口等多元要素的功能互换和组合的整体协调发展（白雪梅，1998）。玻尔兹曼更是从系统的角度，用物理学的知识描述了经济社会协调发展，他提出了“热寂”状态，也就是一种协调状态。经济社会系统也存在一种“热寂”状态，由于经济社会系统中有着诸多元素，各个元素之间相互作用，要使经济社会系统出现最大正功能，则需要诸多元素的有机整合，从而形成一种优化状态，这种状态就是经济社会协调发展状态。以上定义可以看到，经济社会协调发展不是一蹴而就的，而是一个变迁的过程。以上的理解均未强调协调发展的过程性，而韩明谟（2002）明确指出，经济与社会协调发展指的是这样一种社会变迁过程，它是以经济发展为基础，并以社会发展与之相适应，两种发展相互促进、共同发展，以求实现人的全面发展的目标，在这种社会变迁过程中，某一方面的发展不以牺牲其他方面，或不给其他方面发展造成障碍为前提。这样的理解不仅显示了我国经济社会协调发展的过程性，还揭示了经济发展与社会发展之间的关系，显然极大地丰富了我国经济社会协调发展的内涵。为此，也有学者总结了综合的、全面的经济社会协调发展的内涵，认为经济社会协调发展是社会主体为了达到社会和谐目标对社会活动进行有目的规划、管理、调控的过程；是以人类社会生存、发展、幸福等作为价值衡量的，社会事务各个方面相互配合、结构完整、功能优化、和谐一致的存在状态，经济社会协调发展实质上是在经济发展的基础上实现社会全面进步，提高全体人民的福利（张宏，1994）。此外，张宝宇（2005）分析出巴西经济发展与社会发展的不协调表现在几个方面：一是穷人所占比重很高；二是区域差别大；三是民族成分所表现出的巨大社会地位的差异。这样的分析也从一定程度上表征了经济社会协调发展的外延。

以上对我国经济社会协调发展的理解基本已经涵盖概念所包含的内容，综合而全面，概括而宏观。可以认为，我国经济社会协调发展是经济发展和社会发展两个子系统在发展演化过程中逐渐形成彼此和谐一致的过程，最终使经济发展和社会发展都服从于经济社会整体功能的发挥，从而增进社会福利，推动社会发展。简而言之，我国经济发展与社会发展是两者的发展度与协调度的综合体。

第四节

经济社会协调发展评价机制研究

一、经济社会协调发展的评价内容

从内容上看，已有文献对经济社会协调发展的评价有两种类型：一种是研究不同区域的经济社会发展水平之间的协调，特别是城乡经济社会协调；另一种则是研究某一特定区域经济发展与社会发展之间的协调。前者关注地域之间的差异，后者关心同一区域经济发展与社会发展之间的差异。

不同区域的经济社会发展水平之间的协调性的研究常见于区域经济

学，谢杰（2004）统筹四川宜宾市的经济社会协调发展，尤其关注统筹协调城市和农村的协调发展。储东涛（2011）对江苏省经济社会协调发展进行了理性思考，认为江苏省要从“区域共同发展”走向“区域协调发展”，也就是说江苏省的经济社会协调发展应从某特定区域内协调开始关注区域间的协调。

然而，已有大量的文献仍然集中于关注特定区域的经济社会协调发展水平，但随着社会的发展，即使在同一个区域，其关注的内容也越来越全面。如在20世纪80年代，当时处于经济的创新阶段，此时研究协调发展的内容就倾向于要求科技、经济以及社会三者相互协调（肖炳烜，1993；刘景权，1987）。到了20世纪90年代，开始将生态纳入经济社会协调发展的范围，考察经济、社会、科技以及生态等多维协调发展（诸大建，1996；毛秀芝，1996；赵西方，1996）。到了21世纪，其协调的内容进一步扩充，开始关注人，坚持以人为协调的目标和核心，强调经济社会协调发展，就是要实现人的全面发展（陈宏亮，2005；郑志宏，2004）。

从总体上来看，经济社会协调发展所评价的内容是动态发展的，其外延越来越广泛，同时也从关注外在开始转移到关注人，这与整个时代的前进步伐一致。

二、经济社会协调发展的评价方法

评价方法是经济社会协调发展评价的工具，也是经济社会协调发展评价的重要内容。目前，对经济社会协调发展的评价分为主观评价法和客观评价法，主观评价法注重对环境的分析以及个人的主观感受，试图用经验性的语言评价经济社会协调发展水平。如魏伟（2006）对澳门特别行政区经济社会协调发展水平进行了评价，其依据是主观上认为澳门特别行政区政府忽视社会发展，同时自身也存在地理资源的限制及经济发展的局限，得出澳门特别行政区经济社会不可避免地存在一定程度的不协调性。这样的主观评价存在两个问题：一是评价的依据不明确，很难让人接受其结论，二是评价的结果不明确，经济与社会之间不协调究竟有多大，是经济追不上社会发展的速度，还是社会赶不上经济发展的速度都无从得知。与之相对应，客观评价法则更注重客观存在的事实，通过收集相关数据来获得对经济社会协调发展水平的认识，这已成为评价经济社会协调发展的主流。在具体运用客观数据评价时，又可分为两种类型：一种是指标简单综合法，一种是模型构建法。比较而言，从理论上讲，模型构建法具有更大的优势和发展前景。

（一）指标简单综合法

所谓指标简单综合法是指通过采集一定量的指标数据，将各指标数据加总或取均值等简单方法获得的关于经济社会协调发展评价的方法。朱庆芳（2004）采用社会发展支出占 GDP 的比例指标来评价经济社会协调发展水平，通过数据对比发现社会发展的增长幅度慢于 GDP 的增长幅度，由此认为经济与社会存在失调现象。

此外，指标简单综合法最典型的是联合国计划开发署发布的人类发展指数（Human Development Index，HDI），该指数由三个变量的平均值计算得出，这三个指标分别是：寿命指标，认为该指标与健康、营养等状况具有高度显著的相关性；知识指标，该指标由成人识字率和平均入学时间构成，该指标意味着人获取知识的多少，对人类发展至关重要；体面生活指标，用人均 GDP 指标表示，虽然生活水准可能与多种因素相关，但收入指标仍然是衡量生活水准最具代表性的指标。

可持续发展指标体系在某种程度上也算是一种简单综合指标。可持续性发展指标的雏形以及发展变迁有多种，比较经典的有经济福利测度指数（Nordhaus 和 Tobin，1973）、生活进步指数（Estes，1974）、可持续经济福利指数（Daly，1989）以及 Kerk 和 Manuel 在 2008 年建立的可持续社会指数。

国内学者也建立了多种可持续发展评价指标体系，其可持续发展指数则是指标体系中数据的简单综合。如曹利君（1998）采用主客观判断相结合的方法建立了常州市可持续发展指标体系，李锋（2007）建立了城市可持续发展评价体系和方法。

人类经济社会系统往往非常复杂，要素之间还会产生某种效应，这种效应有可能会隐藏系统的最终表现形式。指标简单综合法体现了协调发展的内容，但对内部要素以及要素之间关系的考察并不清晰，因而作为一种科学的评价方法需要更加小心谨慎。

（二）模型构建法

测量我国经济社会协调发展水平一个重要的工具是协调发展的测量模

型，已有文献在协调发展的测量模型方面进行了大量探索。由于国家发展情况的差异，国内外在这一方面的研究也显示出了一些差异，即国外研究相对较少，而国内研究则相对丰富。

国外相关研究主要集中在 20 世纪 60 年代，一些学者将投入产出模型用于测量经济行为和环境的相关性（Cumber，1966；Daly，1968）。20 世纪 90 年代，在不确定信息下，学者们利用专家知识系统进行环境与经济发展的建模（Bithas 和 Nijkamp，1996），用一般均衡分析方法寻找污染控制最优途径（鲍莫尔，2003）。OlegEismont（1994）借鉴耦合概念，建立起了协调度模型，并测算了社会发展系统中环境与经济发展协调度。

而国内到目前为止并未出现令人信服的测量经济社会协调发展的模型，较为常用的有离差系数模型、灰色系统协调模型、序参量功效函数协调模型、隶属度函数协调模型以及距离协调模型等。

离差系数协调模型也叫变异系数协调模型或离散系数协调度模型，主要是利用数理统计中离差原理衡量两个子系统或多个子系统之间协调程度。当两个或多个系统变量的值接近时，其协调程度高，反之则协调程度低（杨士宏，1994；廖重斌，1999；车冰清等，2012）。值得注意的是，离差系数一般用于度量数据的离散趋势，但不能测度发展趋势，这样会削弱对现实的解释力。比如用离差系数测度 A、B 两地的经济社会协调发展水平时，A 地的经济发展指数与社会发展指数均为 0.2，B 地的经济发展指数与社会发展指数均为 0.8，采用离差系数计算 A、B 两地的协调发展水平，可知二者均为 1，也就是说，二者的协调发展水平相同，显然这样的结论是难以被人接受，这也表明离差系数在测度协调发展时存在缺陷。

灰色系统模型的意义在于应对系统的复杂性，而现实中诸多系统都具有这一特征，基于此，学者们建立起基于灰色系统协调发展模型（吴跃明，1996；喻小军等，2000；柯健，2005），运用该模型可以计算复杂系统内每个指标与另外指标的关联强度，以及某一系统的主要胁迫因素。但灰色系统模型正因为其“少量信息”，因而在信息处理时存在一定的主观性，尤其表现在协调等级的划分上，关联性强弱的定义并未有客观标准，均由人为设定。

序参量功效模型的理论依据是协同理论，吴跃明（1996）等认为环境经济协调度可定义为环境经济系统发展过程中序参量之间协同作用的强弱程度，其协调性体现了系统由无序走向有序的趋势。随后孟庆松

（1998，1999，2000）对原有模型进行了改进，考虑了协调度动态变化参照系问题，运用改进后模型测算了科技－经济复合系统协调度。这一改进模型在日后的研究中也有涉及，如吕彤（2002）建立了“Ec－R－Ev”复合系统协调度优化模型。该模型的最大优点是简单易行，并且避免了灰色系统模型等级划分主观性的不足，但这种方法也存在缺憾，即只能判断相对协调程度。

隶属度函数协调模型是基于模糊数学中隶属函数的一种协调度模型。曾珍香等（1998），陈长杰等（2004）也认为经济发展与生态环境协调与否，不能简单地以“协调”或“不协调”来衡量。因为协调发展本身就是一个内涵明确而外延不清的模糊概念，而系统的协调发展状况更多是处于“协调”与“不协调”之间。所以，系统的协调发展指数只能用模糊数学中的隶属度进行描述。宋松柏等（2004）以复合系统协调理论为基础，建立了以模糊隶属协调系数来反映水资源、社会经济、环境协调发展的协调模型，并进行了实际案例研究和仿真运算。樊华等（2006）采用该模型实证分析了中国1990—2003年高等教育与经济发展之间的协调水平，结果表明，二者之间的协调水平处于基本协调与基本不协调之间。王爱苓等（2012）分析保定市的经济、社会、资源以及环境四个子系统之间的协调时，运用隶属度函数方法构建了协调度模型。隶属度函数协调模型隐含着如下的系统理想协调状态假定，即当系统处于理想协调时，其协调度以比值的形式反映着系统实际状态到系统理论状态的差距。然而，事实上很难确定系统的理论状态，这对模型的广泛运用形成了障碍。

所谓的距离协调模型其本质就是评价系统理想状态与实际状态之间的距离，偏差越小，协调度越高；反之偏差越大，协调度越低。汤铃等（2010）总结了已有协调度模型的本质，并由此确定了系统理想的协调状态，在此基础上引入欧氏距离，构建了距离协调度模型测度我国经济发展与科技发展之间的协调状况。孙倩等（2012）在欧式距离协调度模型基础上，采用因子分析法和德尔菲法，改进了距离协调度模型，以此为模型对湖南省14个地级市的区域协调发展状况进行了评价。从理论上看，该模型思路清晰、简便易行，但实际上，最大的困难是很难确定评价变量的理想值。

第五节 促进经济社会协调发展的政策路径研究

关于经济社会协调发展的实现路径，研究学者从各个角度进行分析探讨。李义平（2011）提出，解决经济发展与社会发展失衡的问题有以下途径：一是转变经济发展方式；二是进一步明确和规范政府与市场的职能；三是按照经济发展方式的要求设计新的考核指标。牛月翰（2007）也提出了统筹经济发展与社会发展的对策：树立科学发展观，把经济社会协调发展的指导思想落到实处；在体制创新上，坚持“一体两翼”；推进以政府转型为重点的结构性改革。

一、发展理念路径

一方面，卡尔·波兰尼在《大转型》中提出了“嵌入”理论和“双向运动”理论。认为经济是“嵌入（embeded）”特定社会关系和社会网络之中的，经济发展可持续性的关键在于经济与社会关系、文化传统，即资源环境约束保持内在关联和有机协调，脱离和背离社会文化约束的资本主义市场经济，最终难以避免走向危机的归宿。他认为，这种自我调节的市场理念，是彻头彻尾的乌托邦。除非消灭社会中人和自然物质，否则这样一种制度就不能存在于任何时期；它会摧毁人类并将其环境变为一片荒野。西方资本主义市场经济兴起的同时，反向的社会保护运动应运而生。一是19世纪以来以社会保障制度为核心的社会立法运动，直到战后西欧福利国家的兴起；二是不断兴起的民主主义和社会主义运动（林义，2009）。王绍光（2008）认为，在20世纪90年代短暂地经历“市场社会”的梦魇之后，中国已经出现了蓬勃的反向运动，并正在催生一个“社会市场”。在社会市场里，市场仍然是资源配置的主要机制，但政府通过再分配的方式，尽力对与人类生存权相关的领域进行“去商品化”，让全体人民分享市场运作的成果，让社会各阶层分担市场运作的成本，从而把市场重新“嵌入”社会伦理关系之中。2003年后，政府出台了大量社会政策，具有历史转折点意义。

另一方面，在经历福利国家危机改革过程中，以安东尼·哈尔、詹姆斯·米奇利为代表的西方学者，从社会福利视角分析社会发展，提出发展型社会政策概念，认为社会发展是一种社会变迁过程，旨在与经济发展的动态过程协同下促进整体人口的福祉。在发展型社会政策视角下，经济发展与社会福利之间不再是相互对立的，而是可以协调发展的。2000 年欧盟《社会政策议程》强调，社会开支是一种投资，社会政策是经济社会协调发展不可或缺的一环。国内学者结合国外发展型社会政策的理论实践，分析了社会政策对促进我国经济社会协调发展的积极作用（徐道稳，2006；张伟兵，2007；陈晓强，2008；等）。钱宁认为，发展型社会政策在价值理念方面，实现了工具性价值和目标性价值的统一；在社会目标方面，实现了经济增长和社会发展的统一。郝宇彪（2013）认为，社会政策是一国摆脱经济危机的重要举措，是社会经济顺利运行的保证，是居民消费信心和企业家生产信息维持的保证，社会政策本身就是促进经济发展的生产力。

二、体制改革路径

解决当前经济社会发展中的一系列不协调问题，从根本上说，首先，要从体制创新、制度建设着手深化体制改革，进一步消除制约经济社会协调发展的体制性障碍（陆学艺，2004）。杨志勋（1983）指出坚持和完善人民代表大会制度，从制度上切实保证人民在政治上当家做主；坚持和完善共产党领导的多党合作制度；发扬基层民主，加强基层政权建设；改革和完善决策机制，实现决策民主化、科学化；完善社会发展和人的全面发展所需要的各种法律制度，形成有利于经济、政治、文化发展和社会全面进步的法律环境。其次，要继续深化社会领域体制改革，应深化社会保障体制改革，尽快建立适应经济体制改革需要的多层次、大范围的社会保障体制，如医疗保险体制、养老保险体制、失业待业保险体制、农村养老保险体制等。只有建立起一整套社会保障机制，才能保持社会稳定，为改革提供良好的社会环境。此外，在科教文卫等方面，也必须结合社会主义市场经济体制的要求，进行统筹规划，全面改革（王一鸣等，2005）。

三、政府职能路径

马彪（2004）提出在组织建设方面，应充分利用现有组织资源，通过进一步明晰和细化政府职能，弥补政府社会管理职能的缺损，充分发挥政府推动经济社会协调发展的巨大作用。政府社会服务职能包括：首先，要按照效率优先、兼顾公平的原则，加强对收入分配的调节力度，进一步理顺分配关系，创立较为完善与合理的二次分配体制，形成效率和公平有机统一的分配协调机制（王毅平，2006）；其次，要以共同富裕为目标，扩大中等收入者比重，提高低收入者收入水平；再次，要坚持劳动者自主择业、市场调节就业和政府促进就业的方针，引导事业人员转变就业观念，强化再就业技能培训，改善公共职业介绍服务机构的设施和手段，完善再就业服务的运行机制，把现有就业资源最大限度利用起来，促进充分就业（苏果云，2006）；最后，要真正“以人为本”，促进经济与社会协调发展和人的自由、全面发展，还要有良好的教育环境、医疗环境和生活环境，为此，国家还必须在公众福利和社会保障上加大投入，从而保证每个公民都享有大体平等的公共设施和待遇（丁元竹，2003）。

四、公共政策路径

朱庆芳（2004）指出增加社会发展投入是经济社会协调发展的前提，而增加社会发展投入有赖于财政支出调整。这一观念得到了诸多学者的积极响应，蒋佳林（2007）认为在社会主义市场经济中，市场对资源配置起着基础性作用，但市场机制本身也有缺陷，它无法实现经济发展的多重目标，尤其是社会目标，从而存在市场失灵，政府必须对一些领域进行宏观调控，而公共财政就是政府进行宏观调控、统筹经济社会协调发展的有效途径。吴晓灵（2005）也认为合理使用金融杠杆与财政杠杆能促进经济社会协调发展，它们能调节引导社会需求，促进充分就业、稳定物价，还能对市场机制形成的分配进行再分配，实现社会的公平和正义。马彪（2004）还提出了尽快实现税制结构动态调整的合理机制，通过合理确定税负，规范转移支付，积极推进经济社会的协调发展。以上更多是从财政支出角度探讨财政对经济社会协调发展的杠杆作用，与此同时，也有学者从收入角度即税收角度探讨促进经济社会协调发展的途径，如朱俊福（2006）认为税收政策也是促进经济社会协调发展的重要手段，并提出了具体的税收政策，分别是：高新企业税收优惠政策、西部大开发税收优惠政策、就业和再就业税收优惠政策。

五、社会管理路径

朱庆芳（2004）分析了从1953—2002年社会发展总支出占GDP的比例，认为增加社会发展投入是解决经济社会协调发展的前提。

经济社会失调，在很大程度上表现为贫富差距大、社会贫困人口多以及社会稳定差。谭明芳（2012）指出社会管理就是通过对社会要素内部四个因素进行管理，促进社会要素与经济要素之间形成发展协调性的活动：保证从经济增长中获取到必需的社会性公共资源供给，保证社会性公共资源配置到发展对经济持续增长有内在关系的特定社会事业；完善为社会性公共资源实现上述供给与配置“确立目标和基本规则”的“社会体制”；形成“正确的平等价值观”；使赋予社会成员的规范性权利落到实处，最终通过社会管理，使社会建设与经济发展之间形成并保持“发展协调性”。另外，在社会管理中，一个重要内容是社会保障，刘翠宵（2006）指出社会保障制度具有减少社会贫困、缩小收入差距、促进经济发展、维护社会稳定，保障居者有其屋，保证劳动者普遍具有较高知识和技能的功能。一个社会在发展经济的同时制定和实施社会保障制度，经济的发展不仅不会因为社会保障资金的有序投入受到影响，而且会保持平稳持续发展，整个社会也会呈现协调和谐状态。马彪（2004）也指出建立健全同经济发展水平相适应的社会保障体系，是社会稳定和国家长治久安的重要保障。

以往文献表明，促进经济社会协调发展更多的是政府的职责，将政府视为“全能型政府”，而对同样作为经济社会系统中主体的市场和社会则给予了一定的宽容，这对实现经济社会协调发展毫无益处。

第六节
文献评价与前沿动态分析

已有文献从多角度、多侧面对经济社会协调发展的相关问题进行了研究，并取得了诸多成果。这些研究为进一步深入研究奠定了坚实的基础，同时也为下一步研究指明了方向。

一、文献评价

我国经济社会协调发展理念的提出源于发展观念的变迁，已有文献对发展观变迁的路径进行了梳理，论证了各个时期的发展观与所在时代背景的相容性，并一致认定科学发展观是现阶段指导人类社会发展的正确发展观。要实现经济社会协调发展，其首要前提是经济发展与社会发展存在一定关联性，即要存在协调的可能，学者们对二者之间的关系进行了大量探索，并得到了较为丰富的结论。经济社会协调发展内涵的确定，既是评价经济社会协调发展水平的基础，也是提出促进经济社会协调发展路径的依据，学者们也从不同的学科、不同的角度明晰了其概念内涵。定量测量经济社会协调发展水平是了解经济社会协调发展状态的重要手段，而协调模型是重要工具，已有文献也在这方面进行了大量探索。寻找促进经济社会协调发展的路径也是研究经济社会协调发展的一个重要内容，学者们从宏观到微观、从理念到操作提出了针对性较强的政策建议。

总体而言，针对经济社会协调发展问题所进行的相关研究比较丰富，研究的问题也比较突出和具体，对促进我国经济社会协调发展具有重要指导意义。但是，已有文献在以下问题上的研究还略显不足。

（一）概念的模糊性

概念有明确清晰的界定标志着一个研究领域的成熟，从已有研究来看，在经济发展、社会发展以及经济社会协调发展的概念界定上，并没有统一的认识，也就是说，在概念的界定上学术界未形成共识。尤其是经济发展的概念，人们往往不假思索地作为一个普识性的概念使用，将它等同于经济增长或将它等同于人类社会发展的情况在文献中屡见不鲜。这一情况导致的后果是研究内容和研究对象的混乱，从而使各研究成果难以顺利交流和对话。

（二）经济发展与社会发展关系的不明确性

厘清经济发展与社会发展的关系是研究经济社会协调发展的基础，只有经济发展与社会发展存在相关关系，才能研究其协调关系。已有文献在这一问题上的研究主要存在三个问题：一是定性研究较多；二是研究社会发展中的部分因素与经济发展或经济增长之间的关系比较多；三是研究结论比较多样。因此，这样的研究现状并不能为经济发展与社会发展之间存在相关的关系提供强有力的证据，换而言之，经济发展与社会发展之间的关系存在不确定性。

（三）指标体系的欠科学性

指标体系设计的科学性是监测结果可靠的重要保障。已有研究在设计指标体系时遵循两种思路：一种是以经济社会协调发展为目标，建构综合的经济社会协调发展指标体系；第二种是将经济社会协调发展看成是一个大系统，而经济发展与社会发展是其中的两个子系统，分别设计两个子系统的指标体系，然后根据子系统指数计算协调发展水平。显然，第一种思路在某种程度上而言，反映的是人类社会发展的一种状态，而很难反映经济发展与社会发展之间的协调水平；第二种思路相对科学，但遗憾的是，严格按照指标体系的建构程序所建立起的指标体系并不多见，诸多指标体系具有很强的主观性和随意性。

（四）协调模型的选择未达成共识

协调模型是衡量经济社会协调发展水平的重要工具，工具科学与否，直接关系到计算结论的质量。由于在社会科学领域中采用定量分析方式是学术研究中的新趋势，分析过程中所采用的方法和工具往往是借用其他学科的成果，而社会科学中本身并不存在成熟的工具和方法。正因如此，社会科学问题的复杂性以及借用的工具和方法存在普适性的问题让学者们开始各自探索自认为合适的方法，从而就出现了多样化的测度经济社会协调发展的模型。遗憾的是，这些模型不可避免地存在或多或少的问题，更重要的是，究竟哪个模型更为科学合理，学者们在这一问题上并未形成共识。

（五）促进经济社会协调的发展路径存在不足

社会政策是促进社会发展、推动经济社会协调发展的重要工具。我国自 2003 年以来，加大了社会政策供给，出台了涉及教育、医疗卫生、社会保障、住房、就业等民生性政策规范，以发展型政策构建社会政策体系得到理论界的广泛认同，甚至有学者认为我国已经进入社会政策时代。从发展型国家（发展主义）向发展型社会政策转变，表明我国政府在对社会发展的理论认识上有了一个新的理性认识。从现有文献分析，促进经济社会协调发展的政策设计存在规范性研究与实证研究相分离：一是体现在经济社会协调发展评价性研究所提政策与具体社会政策研究的结论建议相脱节；二是基于社会公平、社会福利视角下的社会政策研究难以在实证研究中得以落实，因而所提政策建议的有效性需要进一步验证。

（六）缺少基于公众政策需求调查的政策设计

公共政策作为一项政府规制公众行为、分配公共资源的工具，其是以公众为对象的。一项政策实施绩效的高低取决于多方面因素，其中政策本身的科学性、合理性，以及是否受到公众的接纳是重要方面。从发展实践来看，2003 年以来我国制定了较多的社会政策，加大了政府公共财政在民生性社会领域的支出，但是政策绩效如何，是否受到公众的欢迎接纳，存在哪些问题，这是需要理论界在进行广泛调查基础上，深入开展研究的重要问题。现有文献缺少对社会政策促进经济社会发展绩效的实证研究，在政策设计上缺少基于公众的需求调查。

以上对已有研究所作出的贡献以及不足进行了归纳和总结，这些内容为下一步研究指明了方向。

二、前沿动态分析

已有研究在经济社会协调发展问题上进行了大量的探索，为后续研究提供了丰富的素材。基于已有研究成果及其不足，在以后的研究中拟从以下方面展开。

（一）清晰界定相关概念

概念的明确界定是研究的起点。在已有的研究中，概念的内涵及外延均存在多样性和模糊性。在后续研究中，应在科学发展观的指导下清晰界定经济发展、社会发展以及经济社会协调发展概念，明确各个概念的内涵与外延，为构建科学的指标体系及协调模型提供理论上的准备。

（二）厘清经济发展与社会发展的关系

经济发展与社会发展存在相关关系是研究经济社会协调发展的前提，

已有文献对经济发展与社会发展关系的研究并不明晰，因而进一步厘清二者之间是否存在关系、存在何种关系、这种关系的密切程度如何，都是需要深入探索和验证的内容。

（三）构建科学的动态监测指标体系

指标体系科学与否，直接关系到研究结论是否可靠。在以后的研究中，应按照概念—维度—指标的逻辑，严格遵循指标的理论遴选—指标的实证筛选—指标体系的信度与效度检验过程建构科学合理的指标体系。

（四）寻求满意的动态监测我国经济社会协调发展的模型

寻求令人满意的模型是后续研究中的重要任务。一般而言，模型的使用有其较为苛刻的适用条件，而社会科学相对比较复杂，因此需要充分认识各个模型的优缺点，比较各个模型对研究对象的适用性，综合各种因素，选择令人满意的模型。倘若没有直接可用的完善模型，则需要对模型进行修正或创造新的模型。

（五）构建系统全面的协调发展路径

探索解决问题的办法是科学研究的重要目的之一，因而寻求经济社会协调发展有效路径是研究该问题的重要任务。经济发展与社会发展相互制约、相互影响，其内在关系复杂，要实现二者的协调发展，需要从系统的角度来考察，构建一个从理论到实践、从高层到基层、确实可行的、全面的促进经济社会协调发展的路径体系。

（六）建立我国经济社会协调发展的预警系统

我国经济社会失调将影响我国整个宏观社会的运转，为避免这种失调现象的后果泛化，有必要建立适合我国的经济社会协调发展的预警系统。尽早发现经济社会失调现象，了解经济社会协调发展程度，并以此为依据采取相关措施，纠正经济社会失调发展现象，为我国社会主义建设保驾护航。

第三章

基于系统论的经济社会协调发展理论阐释

我国经济社会作为一个系统而存在，主要包含经济发展和社会发展两大要素。在经济社会系统发展过程中，经济发展要素与社会发展要素相互作用，使整个系统呈现经济社会失调和经济社会协调两种二分发展状态。虽然经济社会失调是经济社会系统发展的常态，但事实上，作为非常态的经济社会协调发展才是整个社会发展所致力追求的目标。我国经济社会协调发展的有效运行建立在一定的假设基础上，并以系统理论、生态学理论以及可持续发展理论为理论依托，在人类需求、资源制约以及科技发展等外力推动下，由市场、政府及社会主体实现。

第一节 经济社会系统的结构要素

从系统论的角度来看，整个人类社会就是一个巨系统。在这一巨系统中，包含了经济和社会两个子系统，显然，两个子系统之间并非独立，而是相互影响、相互作用，并对系统最终呈现的状态起决定性作用。本书中，将经济发展定义为一种随着政治发展、社会变迁以及生态环境的变化而变化的经济成长过程，其基本要素是经济总量的增长，除此之外，还包括经济结构的优化、自然资源的有效配置、经济发展的效率与潜力等内容；将社会发展定义为与经济发展相对立的、除了经济发展以外的社会生活的发展（排除政治和军事），包括科教文卫以及社会和谐等社会生活的各个方面，其目标是实现人的全面可持续发展。从这两个定义来看，经济发展与社会发展这两个要素基本组成了整个人类社会发展（除政治、军事）以外的所有内容。

一、经济发展结构要素

从已有文献来看，学术界对经济发展内涵的理解并未形成统一的认识。有的学者认为，经济发展可以为视为一个静态的理论，记录一个国家在特定时间的经济状况（Schumpeter 和 Backhaus，2003）。这种对经济发展的理解方式是一种高度抽象的理解，与此同时，也有学者对经济发展的内涵做了较为具体的描述。早期的经济增长理论认为，经济发展即经济增长。经济发展意味着更高的收入水平、更多的就业机会以及更好的社会福利（UgoPapi，1960）。W. L. Miller 和 H. A. Wadsworth（1967）认为经济发展的落脚点在人，因此经济发展可以认为是一个社会对其所在辖区内的居民在提供公共产品以及公共服务过程中，实现数量上和质量上的提升。高洁和徐洁（1994）认为经济发展不仅包括经济增长，还包含直接影响社会供给能力的产出结构的合理化、高度化和经济体制乃至制度本身的优化转换与更替，内涵较广。Mansell 和 When（1998）指出，二战后人们开始理解经济发展，认为经济发展涉及经济增长，亦即人均收入的增加和达到相当于工业化国家的生活标准。在此基础上，有的学者更是扩充了经济发展的内涵，A. O'Sullivan 和 S. M. Sheffrin（2003）认为，经济发展是一个国家为了提高本国的经济、政治、社会福利所做的努力以及一系列的政策。以上倾向于以静态的观念来理解经济发展，认为经济发展是一个内涵确定的概念，而有的学者则认为经济发展是一种不断进行的演化过程，伴随着经济结构、社会结构、政治结构及观念意识的变化或变革的、持续的经济成长过程，其基本要素除了包括经济成长所带来的总量产出与收入结构变化外，还包括经济结构的变迁、人民生活质量提高与福利改善、社会政治体制的变化、文化法律的完善，甚至是观念习俗的变化（郭熙保，

2000）。美国经济学家查尔斯·P. 金德尔伯格与布鲁斯·赫里克合著的《经济发展》一书这样定义经济发展：物质福利的改善，尤其是对那些收入最低的人们来说；根除民众的贫困，以及与此相关联的文盲、疾病和过早死亡；改变投入与产出的构成，包括把生产的基础结构从农业转向工业活动；以生产性就业普及劳动适龄人口，而不是只基于少数具有特权的人的方式来组织经济活动；以及相应地使有着广大基础的集团更多地参与经济方面和其他方面的决定，从而增进自己的福利。

以上是就经济增长来理解经济发展的内涵。事实上，由于经济发展与经济增长关系密切，甚至有人将经济发展等同于经济增长。介于二者之间的关系，学者们也常常从经济发展与经济增长二者之间的区别来理解经济发展（魏伟和黄亚玲，2007）。1980 年出版的《新大英百科全书》明确地对经济发展与经济增长两个词条作了区分，认为经济发展适用于发展中国家或不发达国家，而经济增长则适用于发达国家。美国经济学家刘易斯（1994）也承认，增长与发展之间确实存在着差别。Flammang（1979）从定性和定量的角度来区分经济增长和经济发展，认为经济增长包含了更多的定量现象，而经济发展则包含结构的改变，有了更多的定性意义。基于此，Amartya Sen（1983）指出，经济增长是经济发展的一个方面。

综上，可见经济发展与经济增长并不是一个概念，从某种意义上来讲，经济发展包含经济增长的维度。

经济发展是一个内涵丰富的概念，同样，这种丰富性表现在经济发展概念的外延上。有学者认为经济发展就是经济增长（张风波，1987；张为付，2008；朱翠华和张晓峒，2012），而有的学者则对经济发展做了仔细的区分。车冰清等（2012）认为经济发展包含经济总量维度、经济质量、经济结构、经济外向性、经济效益五个维度；董正信等（2011）选取了社会总需求、产业结构、资源环境、科技进步、民生改善研究河北省的经济发展水平；沈露莹（2010）从经济增长、经济服务、城市功能、自主创新、资源环境、人本等维度构建了包括 48 个指标的测评体系测评了上海的经济发展水平；毛汉英（1996）认为经济发展指标包括 GDP 年均增长率、工业销售收入年均增长率、农业总产值年均增长率、经济密度、单位 GDP 的资金投入、单位 GDP 的劳动投入、单位 GDP 消耗的能源数量、单位 GDP 消耗的原材料数量、单位 GDP 消耗的水资源数量、单位 GDP 产生的污染物数量、三次产业结构、全员社会劳动生产率、工业全员劳动生产率、农业劳动生产率、第三产业劳动生产率、资金利税率、产值利税率、固定资产产值率。

以上是国内对经济发展外延的理解，而国外则与国内不一样，国外注重经济发展结果，试图从结果来定义经济发展。Harvey Leibenstein（1957）认为，在通常情况下，人们采用人均收入或人均支出来衡量一个国家的经济发展水平。Mollie Orshansky（1965）意识到不同的地区相同的支出并不意味着等同的经济福利。人口统计学教授 Philip Hauser（1959）认为，可以使用各种人口变量作为衡量经济发展的间接指标，这些指标包括人口增长、人口组成、人口分布以及各种相互关联的指标。Edward G. Stockwell（1960）从中受到启发，在测量经济发展水平时，尤其关注人口变化的指标，如生育率和死亡率等，他认为这与一个国家的经济发展水平密切相关；此外，他利用30个国家的相关数据实证检验了婴儿死亡率作为衡量经济发展水平的可行性，认为婴儿死亡率指标简单易行，是间接测度一国经济发展水平的优良指标。W. L. Miller 和 H. A. Wadsworth（1967）总结了其研究之前的经济发展指标，认为测量经济发展的指标可以分为两大类，一类是收入类评价指标，一类是非货币类指标，他们指出，这两类指标存在缺陷，即由于地区的差异，生活成本存在差别，因此不能很好地反映人们的真实生活水平。Kingsley Davis（1951）认为产业化程度是衡量一个国家经济发展水平的重要指标。Bennett（1951）提出用消费水平来衡量经济发展水平，如适应儿童上学比例等。

以上从内涵到外延对经济发展概念进行了梳理，可见经济发展概念具有以下特点：

第一，经济发展是一个变迁的概念。经济发展具有时代背景，在不同时刻、不同发展阶段，经济发展的内涵与外延都会发生变化。从文献可知，在经济发展的初级阶段，学者们对经济发展的理解专注于经济发展量上的增长，随后开始关注经济发展的质量、结构等问题。随着经济进一步发展，环境问题以及代际公平问题凸显，学者们对经济发展的理解又更进一层，开始关注经济外溢效应以及可持续性。显见的是，即使现今认为比较合理的经济发展概念，在未来的发展过程中，都有可能不断地被修正，从而趋于更加合理。

第二，经济发展是一个复合的概念。经济发展很难用单一指标进行描述，随着学术界对经济发展认识的不断深入，以及经济发展实践经验的不断积累，日后的经济发展概念将注入更多新的内涵，这也意味着经济发展概念的复合性越来越强。

第三，经济增长是经济发展的基本要素。已有文献用测度指标对经济发展进行测量，不仅指标数量的差异很大，而且指标内容的差异也比较明显，但是有一点非常明确，即经济增长指标是衡量经济发展的基本要素，可见经济增长是经济发展的基本要素这一点在已有文献中达成了共识。

第四，经济发展有广义和狭义之分。狭义的经济发展几乎等同于经济增长，而广义的经济发展则内涵丰富，包括经济发展的过程、经济发展的结构、经济发展的效益，甚至包括经济发展的政策以及整个社会的发展。

本书将经济发展作为一个系统进行研究，取经济发展的中观意义，认为经济发展是一种随着政治发展、社会变迁以及生态环境的变化而变化的经济成长过程，其基本的要素是经济总量的增长。除此以外，还包括经济结构的优化、自然资源的有效配置、经济发展的效率与潜力等内容。

二、社会发展结构要素

社会发展有着多重丰富的内涵，韩明谟归纳了社会发展内涵的三个层次：第一种主要指人们的健康、卫生特别是社会福利的增长；第二种是指经济以外的其他社会生活的发展，如教育、科学、文化的发展；第三种是从社会整体进行考虑的，包括经济发展在内的整个社会的发展。可见，社会发展有宏观、中观和微观三个层次的意义，不同的层次决定了社会发展的内涵。社会学研究中借用 T·帕森斯的“结构—功能理论”对社会系统进行了解释，并形成了“四要素分析”的研究框架。他认为，任何一个“社会系统”都是由两个或以上单位行动主体构成“经济、政治、社会、文化”四种关系的“行动系统”，这四种行动是社会系统的四个要素，分别对社会行动系统的运行担负特定的功能（帕森斯和斯梅尔瑟，1989）。从经济发展概念的层次上来讲，显然帕森斯是从广义的角度定义了社会发展。

此外，不同的社会发展观决定了社会发展的内涵（施祖辉，1997），大致来看主要经历了四个发展阶段：一是以经济增长为核心的传统发展战略阶段，此时对社会发展内涵的界定注重物质方面；二是以社会经济各方面综合协调为核心的发展战略；三是以满足人的基本需求和考虑人的未来发展为核心的发展战略；四是以人的全面可持续发展为核心的发展战略。

社会发展并非是一个与人相对立的、外在于人的过程，而是人类活动的产物（郑杭生，1988）。能量社会学的观点认为，社会是社会能量的存在，社会把各个成员联系起来，使得“自然人”成为“社会成员”，因此降低了社会活动的不确定性和风险，社会发展是社会成员在单位时空条件下社会能量值的提高（从低能量社会到高能量社会），即个人的活动、举止言行被世人所共识、所接受、所吸收；在更大的时空范围使得他人受益受惠，即“微观个人”与“宏观社会”之间的统一性，它主要表现在三个方面，即有效性、有益性和稳定性（蒋影明，1999）。可见，人是社会发展的主体，也是社会发展的归宿。社会发展的目的也是为了满足人的需要，实现人的发展（贾高建，1996）。

本书所研究的社会发展是指中观意义上的社会发展，即社会发展是指除经济发展领域之外的其他社会发展方面，比如科教文卫、人民生活、社会和谐等。社会发展的主体及目的都是人的发展，并且社会发展关注人的全面和可持续发展。

以上对社会发展概念的内涵进行了梳理，并将社会发展与社会变迁和社会质量进行了辨析，由此对社会发展概念有了更加清晰的认识。本书中所使用的社会发展概念是指与经济发展相对立的、除了经济发展以外的社会生活的发展，包括科教文卫以及社会和谐等社会生活的各个方面，其目标是实现人的全面可持续发展。这一概念包含以下预设：

第一，关于社会发展的范畴，本书所指的社会发展是韩明谟所定义的第二个层次，即认为社会发展是排除经济发展之外的社会生活方面的发展状况，与宏观的整个社会的发展相区别，但不包括政治、军事等领域；

第二，人是社会发展的主体，也是社会发展的目的。社会是由个人组成的，人是改造社会的主体，社会发展的实现是由人推动的，从这方面来讲，社会发展其实就是人的发展和自我实现，社会发展的目的也在于实现人的全面发展；

第三，科学发展是关键，社会在发展过程中必须遵从科学发展，从而实现人类社会的可持续发展，比如在生态环境、人口以及科教投入等方面都必须走可持续发展道路；

第四，人的发展和幸福是社会发展的根本目的。所有的发展必须以人为中心，注重人的全面发展以及社会福利的提升，如公共服务的普遍化、科技进步以及生活质量的提升，这些都是社会发展的重要内容。

总之，社会发展是与经济发展相对应的一种重要的发展形式，在我国，社会发展以人的全面和可持续发展为宗旨。

三、结构要素间关联性

我国经济社会协调发展系统中包含经济发展与社会发展两个子系统，由于社会发展子系统内容广泛，遂将之区分为微观社会发展子系统与环境生态发展子系统。经济发展、微观社会发展以及环境生态发展这三个系统之间存在着双向的密切关系。

（一）经济发展与微观社会发展

新中国成立以后，为了摆脱贫穷和落后，就必须加强基本的物质基础积累，在此背景下，党的十一届三中全会做出了以经济建设为中心的重大决策。显然，随着经济的快速发展，物质财富随之增多，这一变化最直接影响和受益者是人民，尤其是人民的生活有了改观，也就是说，经济发展提高了人民的生活质量，为人民的生活提供了必要的物质供给。同时经济发展对科教文卫事业也提供了发展的平台与动力，并提供了必要的资金保障。

当然，经济发展对微观社会发展的影响并非单向，微观社会在受惠于经济发展的同时也为经济发展提供了必要的支持。随着科教文卫事业的发展，参与经济建设的人力资源的素质也进一步提升，与此同时，科技的发展也为产业升级提供了必要的技术支持，这都将直接影响经济发展。而文化及卫生事业的发展则是社会稳定的必要条件，为经济发展提供了间接支持。

（二）微观社会发展与环境生态发展

微观社会发展与生态环境发展之间存在互动关系。这种互动关系表现为微观社会对环境生态的改造、污染废弃物排放，以及环境生态对微观社会的资源约束、环境支持。

社会中的人生活在一定的生态环境中，并从中汲取必要的资源进行人类活动，比如空气、水源以及森林等，同时人在生活中也会产生一些副产品影响生态环境，如生活垃圾、二氧化碳排放、对环境生态的改造等。

在微观社会发展与环境生态发展之间的关系中，人是主导，也就是说在一定限度内，环境生态被动接受微观社会发展的改造与利用。当然，当人类对环境生态的改造和利用的负面效应达到一定程度时，环境生态也会给人类致命一击，如以自然灾害的形式进行“反击”。

（三）环境生态发展与经济发展

环境生态发展与经济发展之间联系更加紧密，它们之间的这种联系可以概括为资源支持与经济发展外部性。

经济发展一个必要条件是资源支持，也就是说经济发展建立在一定的物质基础之上，这里的资源主要是指矿产、能源等，这些都是经济发展的必要条件，一旦缺乏这些基本的物质条件，经济发展必然受到制约。

众所周知，经济发展也具有一定的外部性，其中一个重要的内容就是环境污染和环境破坏。在经济发展过程中，大量的固体、气体以及液体废弃物未处理或未被完全处理而排放于环境生态中，对环境生态造成了巨大的破坏。与此同时，诸多自然资源具有不可再生性，过度的开发和利用必然会导致资源的枯竭，这都是对环境生态的严重破坏。当然，只要经济发展过程中对环境生态的利用维持在环境生态所具备的承载力范围内，经济发展与环境生态也能和谐共存。

以上分析了三者之间的关系，可见三者相互依存。另外，也发现三者必须保持在一定的平衡中，尤其是对生态环境的利用必须保持在其承载力范围内，否则整个循环将处于崩溃之中（见图 3－1）。可见，保持经济发展、微观社会发展以及环境生态的协调发展是维持整个人类社会健康有序发展的必然要求。

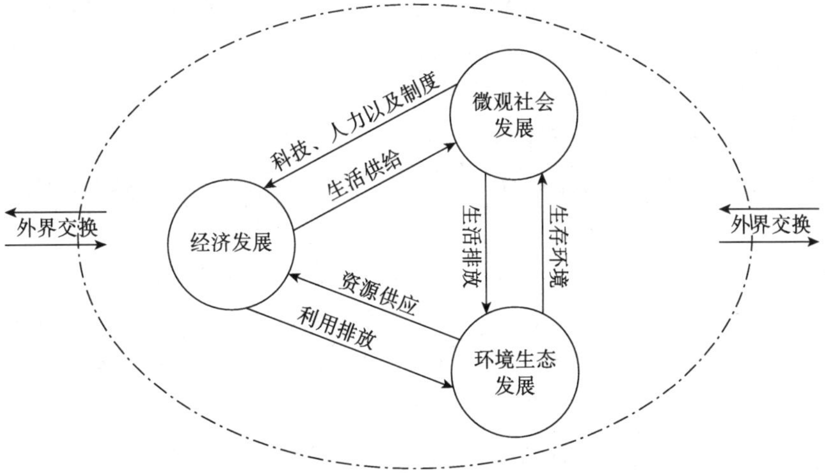

图 3－1　我国经济社会系统结构要素

第二节 经济社会系统的二分状态

从理论上讲，我国经济社会系统有两种存在状态，分别是经济社会失调发展状态和协调发展状态，其中失调发展状态是常态，而协调发展状态则一种最优状态，这种状态极难形成，同时也仅是一个瞬时状态。但在经验层面上，通常将在最优协调状态附近的情形都称之为经济社会协调发展状态。正如范泽孟和牛文元（2007）指出："社会系统是自然、社会、经济、政治、文化、心理等多种确定性和非确定性因素在时空上有序及无序地、有机及混沌地相互作用而形成的一个开放复杂巨系统，只有当人与自然以及人与人之间达到完全和谐时，社会系统才能真正达到完全稳定状态，这仅仅是理论上的稳定状态。"

一、经济社会系统协调状态

理论上的经济社会系统协调状态是一种完美状态，在这种状态中，经济发展与社会发展之间形成了最精准的配合与协作。也就是说社会发展为经济发展提供了所需的人力资源、发展环境以及生态资源等保障，经济发展同样为社会发展提供了所需的物质保障，且各自为对方所提供的资源刚好能得到最大程度的利用，在此条件下二者共同发展，互不掣肘。经济社会系统协调状态是一种理想状态，在实际发展中，一般只要失调状态距离协调状态不是太远，整个人类社会发展并未出现危机或存在隐患，通常意义上也称之为协调发展状态。

我国经济社会系统呈现协调状态意味着经济、社会都在健康发展，且二者之间相互配合、相互促进。这种协调状态是我国整个宏观社会科学发展的基础与前提，也是破解社会矛盾、提高人民生活质量、保护环境生态、促进经济健康可持续发展的有力武器。

发展是一种协调（惠益民，1989）。20 世纪出现了两个伟人——玻尔兹曼和达尔文，他们提出了对世界的两种完全不同的见解。一方面，达尔文的进化论预言了越来越高级和越来越复杂的物种，也就是越来越高度发展的生物会不断地形成；另一方面，玻尔兹曼认为世界应该趋向于一个越来越有序的状态，并且正如人们在20世纪议论的那样，最终达到“热寂”。玻尔兹曼描述的这种“热寂”状态，也就是一种协调状态。经济社会系统也是如此，在经济社会系统中有着诸多元素，各个元素之间相互作用，要使经济社会系统出现最大正功能，则需要诸多元素的有机整合，从而形成一种优化状态，这种状态就是经济社会协调发展状态。

已有文献从不同的角度对我国经济社会协调发展的内涵进行了探索，田大庆等（2004）从我国经济社会协调发展的目标角度进行了考察，认为经济社会协调发展就是实现生产、生态以及生活三者之间的协调发展，具体来讲就是生产发展、生态改善以及生活提高。这一理解对我国经济社会协调发展的内涵作了高度全面的概括，但是对协调发展未做出更详细的解释。系统论者对经济社会协调的认识则弥补了这一缺陷，他们认为经济社会协调发展就是指经济与社会各个要素以及经济与社会各个要素自身体系的各个部分在相互开放的条件下，相互依存、相互适应、良性循环、有序运行、共同发展的状态和过程，经济社会协调发展就是经济、社会、自然、人口等多元要素的功能互换和组合的整体协调发展（白雪梅，1998）。也可以看到，经济社会协调发展不是一蹴而就的，是一个变迁的过程，以上的理解均未强调协调发展的过程性。而韩明谟（2002）明确指出，经济与社会协调发展指的是这样一种社会变迁过程，它是以经济发展为基础，并以社会发展与之相适应，两种发展相互促进、共同发展，以求实现人的全面发展的目标，在这种社会变迁过程中，某一方面的发展不以牺牲其他方面，或不给其他方面发展造成障碍为前提。这样的理解不仅显示了我国经济社会协调发展的过程性，还揭示了经济发展与社会发展之间的关系，显然极大地丰富了我国经济社会协调发展的内涵。为此，也有学者总结了综合的、全面的经济社会协调发展的内涵，认为经济社会协调发展是社会主体为了达到社会和谐目标对社会活动进行有目的规划、管理、调控的过程；是以人类社会生存、发展、幸福等作为价值衡量的，社会事务各个方面相互配合、结构完整、功能优化、和谐一致的存在状态，经济社会协调发展实质上是在经济发展的基础上实现社会全面进步，提高全体人民的福利（张宏，1994）。

以上对我国经济社会协调发展的理解基本已经涵盖概念所包含的内

容，综合而全面，概括而宏观。然而在设计如何测度我国经济社会协调发展水平的模型时，却提供不了足够的信息，从这一点来看，我国经济社会协调发展的内涵需要进一步明确。经济社会协调发展是一个系统工程，系统论让人们以系统为观察单位来考察和研究客观世界，这种科学思维方式为人类认识和改造世界提供了一种新的理论和视角。本书将从系统论的角度解读我国经济社会协调发展的内涵，认为至少存在以下关键内容。

一是我国经济社会协调发展系统包含经济发展系统和社会发展系统两个子系统，而两个子系统又分别包含若干元素。

二是经济发展与社会发展两个子系统之间有着密切的联系，根据中国统计部门的测算，经济指数与社会发展总水平指数的皮尔逊积矩相关系数高达 0.941，人均国民生产总值与经济社会发展水平指数的相关系数也高达 0.935（邓志伟，1995），这构成了二者协调的前提。

三是协调是我国经济社会协调发展的基本特征，协调体现了子系统间、各子系统要素间实现和谐、协调、优化关系的状态。

四是发展是我国经济社会协调发展的重要特征，发展是一个系统从小到大、从低级到高级、从简单到复杂、从无序到有序的变化过程，如果只是协调，而谈不上发展，即有协调无发展也不是本书所讨论的经济社会协调发展。

通过以上分析可以认为，我国经济社会协调发展是经济发展和社会发展两个子系统在发展演化过程中逐渐演化以形成彼此和谐一致的过程，最终使经济发展和社会发展都服从于经济社会整体功能的发挥，从而增进社会福利，推动社会发展。简而言之，我国经济社会协调发展是两者发展度和协调度的综合体。

需要强调的是，在研究中，学者们往往混用协调与协调发展的概念，实际上协调与协调发展并不等同，并且存在很大的差异。从语义上来讲，协调发展应该是包含协调与发展两个词汇的含义，协调并不一定代表协调发展。也就是说，协调分高效协调和低效协调，只有在高效协调时，协调才等同于本书意义上的协调发展。具体来讲，即两个系统处于平衡，但不发展状态，这时将之定义为低效协调；当两个系统处于平衡状态，且都属于比较高的发展阶段，那么此时就处于本书意义上的协调发展状态。此外，还需要注意的是在评价一个系统的协调状况时，不能简单地以协调或不协调做结论。实际上，更多的系统都处于一种中间状态，用连续性函数来表示将更加符合实际。

二、经济社会系统失调状态

“纵观社会发展史，各社会子系统的发展速度很不平衡，发展水平也有很大差异，因此社会系统内的不协调现象是经常出现的，但在一般情况下，社会系统是一个具有自适应和自调节功能的多稳态系统，因而当社会系统内的某些子系统之间出现不协调或错位时，社会系统通常都可以通过自身的调节机制重新使其协调、使其复位。从本质上讲，正是这种经常性的错位和复位的交替进行才能推动着社会的不断前进”（钱兆华，1999）。经济社会系统处于失调状态达到一定程度时，会对整个宏观社会发展产生不利影响。通常情况下，我国经济社会系统处于失调状态，但会呈现不同失调程度的差异。与此同时，经济社会系统失调还存在两种情况，即经济发展系统落后于社会发展系统，和社会发展系统落后于经济发展系统。

就现实情况而言，我国更多的是呈现社会发展跟不上经济发展脚步的状况，也就是说经济发展速度，尤其是经济增长速度超过了社会发展速度。在新中国成立初期，面对萧条的经济形势，党和政府做出了将工作重点转移到经济建设上的决定，由此我国经济走上了发展的“快车道”。在很长一段时间内，注重一切以经济建设为中心，忽视了社会发展，造成了整个宏观社会发展呈现“一条腿长、一条腿短”的格局。这种不协调的发展模式的消极影响越来越明显，表现在社会矛盾突出、生态环境恶化、经济发展受制约。

党的十六届三中全会明确提出，中国在全面建设小康社会进程中要统筹城乡发展、统筹区域发展、统筹经济社会发展、统筹人与自然和谐发展、统筹国内发展与对外开放。这是对中国改革开放和现代化建设二十多年实践经验的总结，体现了全面协调可持续的科学发展观。党的十七大报告指出，“科学发展观，第一要义是发展，核心是以人为本，基本要求是全面协调可持续发展，根本方法是统筹兼顾”。在党的十八大报告中再次强调了全面可持续发展，指出全面可持续发展是深入贯彻落实科学发展观的基本要求，全面落实经济建设、政治建设、文化建设、社会建设、生态文明建设五位一体总体布局，促进现代化各方面相协调，促进生产关系与生产力、上层建筑与经济基础相协调。“十二五”规划也明确指出，实现经济社会发展目标，必须紧紧围绕推动科学发展，加快转变经济发展方式，统筹兼顾、改革创新，着力解决经济社会发展中不平衡、不协调、不可持续的问题。可见，实现经济社会系统协调发展，从而实现整个国家的科学发展是我党和政府一贯坚持的方针战略。

第三节 经济社会协调发展的形成机理

我国经济社会的协调发展建立在一系列的基本假设基础之上，包括资源稀缺性假设、利益偏好性假设以及系统可调节假设等，同时受人类需求、资源制约和科技发展的驱动，最终在市场主责、政府主导、社会主行的协同共治局面中得以实现（见图 3－2）。

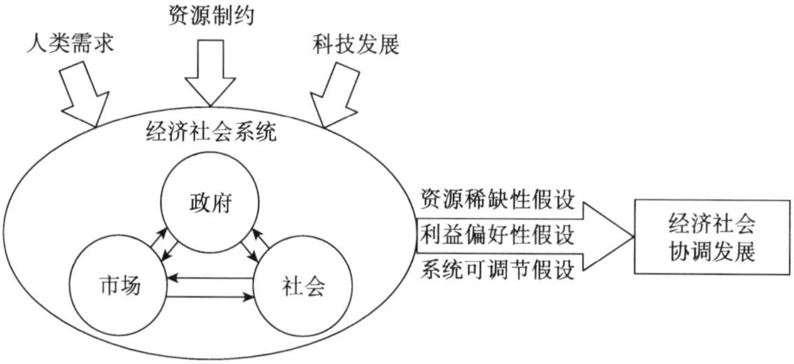

图 3－2　我国经济社会协调发展的形成机理

一、经济社会协调发展的前提

我国经济社会协调发展建立在一定的假设之上，这些假设主要是资源稀缺性假设、利益偏好性假设以及系统可调节假设。正是因为这些假设，我国经济社会系统才需要协调，并存在协调的可能。

（一）资源稀缺性假设

经济社会发展无疑都与资源有着直接或间接的关系，然而资源具有一定的存量，这种存量基本上刚好满足人类社会发展的正常需求。事实上，人的欲望具有无限性，相对于人的欲望而言，资源不可避免地呈现稀缺状态。资源的有限性和人欲望的无限性是当今人类社会发展中一个最基本的事实。

在经济发展过程中，对资源的利用则更加依赖和直接。自我国将工作重心转移至经济建设以来，经济增长一直保持了很好的发展态势。但在经济快速增长的同时，经济增长的外部性也开始显现，这种外部性主要表现在资源的大量消耗和生态环境的破坏，甚至制约了经济的进一步发展。据统计，从2001—2008年，中国年均经济增长率与前一个阶段（1996—2000年）相比只提高了1.6个百分点，但是资源代价和污染代价都是巨大的，例如能源消费的增长率就比前一阶段提高了8.3个百分点，达到9.4%，这样的发展模式被称为“高代价的高增长”（国际能源网，2010）。

经济增长受制于资源环境，资源的稀缺必然制约经济健康可持续发展，那么，走经济资源协调发展之路，也就是经济社会协调发展之路，实现可持续发展是人类社会发展的必然选择。

（二）利益偏好性假设

偏好是微观经济学中的一个基本概念，是指消费者按照自身的一种感情倾向来选择商品。利益偏好主要是指人会以自身的利益作为决策或者行动的主要参考标准，趋利避害、利益至上。

在经济社会发展初级阶段，人们对物质资料缺乏的感知远远超过对狭义的社会发展落后的感知，此时，利益偏好让人们选择了以经济发展为重心的发展模式，甚至不惜破坏社会公平和谐，透支自然资源及环境生态。这样的发展方式是人们维护自身利益偏好的正常反应。然而，一旦物质资料得以满足后，人们开始意识到经济增长的外部性，显然这种外部性不仅损害长远利益，也对目前的既得利益形成了威胁。人类开始重新考虑计算利益得失，此时，更多社会发展的内容将被重新考虑。我国经济社会协调发展模式的提出，是人类对利益综合考虑的结果，反映了人类的利益偏好。

（三）系统可调节假设

系统分为开放系统和封闭系统，通常而言，在封闭系统中，由于没有外部信息的交流与入侵，整个系统内部相对稳定，这种稳定也意味着系统很难调节变化。相反，开放的系统则与系统外部存在物质和能量的交换，系统也因此变得异常活跃，其性质也会相应地发生变化。

我国经济社会系统是一个开放的系统，与外界有着频繁的物质交流和能量交换，而这样的物质交流与能量交换使整个系统内部发生变化。这种变化有可能是子系统之间的失衡，也有可能是子系统之间越来越协调，也就是说，开放的系统使我国经济社会系统具有可调节性。

只有我国经济社会系统可调节，也就是两个子系统之间的关系可能发生变化，才能研究二者之间的协调问题。可见，我国经济社会系统的可调节性是研究我国经济社会协调发展的前提和基础。

二、经济社会协调发展的动力

我国经济社会系统协调发展是多方面综合推动的结果，其中人类需求是协调发展的源动力，资源制约则是协调发展的外在胁迫力，而科技发展为协调发展提供了支撑，是协调发展的必要条件。在这三者的共同作用下，我国经济社会系统向协调发展的目标不断靠拢。

（一）人类需求

人是人类社会中的重要元素，是社会发展的主体，充当着社会发展的有力推动者和实践者。人之所以区别于动物，其根本在于人具有意识，这种意识支配人去认识世界和改造世界。马克思主义历史唯物主义认为，生产力与生产关系、经济基础与上层建筑之间的矛盾推动整个人类社会不断向前发展。其实，它们之间之所以形成矛盾体，一个重要的原因在于人，即人类希望整个人类社会能健康向前发展，那么就必须处理好生产力与生产关系、经济基础与上层建筑之间的关系，而人类对这种矛盾的改善和干预，则推动了人类社会向前发展。

我国经济社会协调发展，从本质上来讲是人类有意识地对社会发展模式的选择，也就是人类需求的必然结果。当人类认识到经济社会失调将会影响社会福利的增进，并会进一步影响到整个人类社会健康可持续发展时，人类将反思现存的发展模式，追寻对人类更为有利的发展战略，经济社会协调发展就是经过人类思考进而选择的结果，这样的发展思路体现了人类的需求。也就是说，正是人类对一种可持续发展模式的需求，促成了我国经济社会协调发展模式的产生、发展以及成熟。人类需求为我国经济社会协调发展提供了最原始的动力。

（二）资源制约

资源在经济社会发展过程中起着至关重要的作用，没有资源的输入和消耗，整个人类社会的发展则难以为继。我国从资源总量上来看，幅员辽阔、品种丰富，一些重要资源拥有量位于世界前列，但我国人口众多，从人均占有量的数据来看，我国多项重要指标低于世界平均水平。与此同时，我国资源利用率偏低。显然这样的资源状况在使用不尽合理的情况下会制约整个人类社会的进一步发展。

我国在经济发展初期，经济发展取得了一定的成绩，但这样的成绩建立在资源高消耗和生态严重破坏的基础之上，走上了一条“高消耗、高污染”的道路。这样的发展道路会带来一系列的后遗症，包括资源的枯竭、环境的污染、生态的破坏。为了扭转这一局面，就必须走经济社会协调发展之路，合理有度地利用资源，保证资源的可持续性。

与人类需求为我国经济社会协调发展提供正向的源动力不同，资源制约是从反向“胁迫”我国在人类社会发展中选择经济社会协调发展之路。

（三）科技发展

人类需求和资源制约为我国选择经济社会协调发展之路提供了有力的刺激和动力。一旦走上经济社会协调发展之路，如何保障经济社会协调发展之路顺利前行？提升科技实力，依托科技发展则能实现经济社会协调发展的有效运行。帅相志（1998）指出：“科学技术是人类生存和发展的重要基础，也是现代人类社会进步的重要支柱。”十五大报告也曾指出，要充分估量未来科学技术特别是高技术发展对综合国力、社会经济结构和人民生活的巨大影响，把加速科技进步放在经济社会发展的关键地位，只有这样，才能促进科技、经济、社会的协调发展。

以上分析可见，我国经济社会失调，一个重要原因在于资源的短缺而遗留的一系列后遗症。要避免这些后遗症，难免要扭转“高消耗、高污染”的发展模式，其中一个最重要的手段就是要依靠科技发展，提高资源利用率，并不断开发新能源和清洁能源，这将大大扭转资源不可持续现状。一旦资源制约问题得以解决，经济增长方式将会发生改变，整个社会发展的关注点将更多投向社会发展领域，关注社会发展，从而经济社会发展得以平衡。

科技发展将通过改善我国资源状况进而促进经济社会协调发展，它为我国经济社会协调发展的过程提供了动力。

三、经济社会协调发展的主体

在计划经济体制阶段，政府在经济社会发展过程中充当“全能”角色，经济社会的发展都是政府主导的结果，而市场、社会只是服从于政府，我国在很长一段时间内固守并维持了这一发展模式。然而，随着环境的变迁，这种由政府主导的一元发展模式显露出了诸多弊端，其中最明显的就是政府过多干预经济和社会事务，使市场和社会能力受限，活力明显不足，经济社会向更高层次发展受阻。其实，经济社会系统是一个大系统，经济社会发展受制于市场、政府以及社会三个主体之间的协作与配合。在传统认识论中，往往认为这三个主体之间是此消彼长、你弱我强或是你进我退的关系。事实上，三者具有共同的目标愿景，它们之间是分工合作关系。要实现经济社会协调发展，显然也是需要市场、政府以及社会三者清晰划定其行动边界，各负其责，同时又相互配合，共同推进经济社会健康发展。最终建立起市场主责、政府主导、社会主行的三大主体协同治理新格局。

（一）市场

自新中国成立直至1978年改革开放，我国以传统计划经济体制为主导，这种体制以行政命令为主要特征，公有制在经济主体中占绝对优势，而市场本身以及社会则被严重限制，这种发展模式在当时经济社会背景下产生了积极效果。随着环境发生变迁，原有的经济体制弊端日益明显，我国经济制度也随之发生变化。中共十四大提出建立社会主义市场经济体制的目标，市场在宏观调控的约束下对资源配置起基础性作用。此时，较传统计划经济体制时代而言，市场开始被予以重视。为了进一步释放市场活力，激发市场在整个经济社会发展中的作用，中共十八届三中全会对市场的作用做了进一步诠释，指出市场要在资源配置中起决定性作用，这一转变确认了市场在经济社会发展中的地位与作用。要实现经济社会协调发展，市场无疑是最重要的主体。

在西方资本主义市场经济体制中，市场决定资源配置成为市场经济最基本的特征。尤其是经济自由主义学派，鼓励市场机制的决定性作用，反对人为干涉的经济理论和政策体系，尤其主张限制政府在经济事务中的操控。古典经济学家亚当·斯密以经济自由主义为前提，认为政府应当给予市场充分自由，政府仅充当“守夜人”的角色。

当然，经济自由主义的观点并非无懈可击，但毋庸置疑，市场是经济社会发展中的强有力主体。市场在经济社会发展中承担奠定基本的物质基础的重担，这是整个经济社会有效运行的基本前提。

（二）政府

与经济自由主义形成交锋的经济学流派是国家干预主义流派，该流派否认政府“守夜人”的角色，认为政府在促进经济发展方面有着重要作用，它认为市场存在信息不对称和制度不完善的问题，不可避免地存在市场失灵，政府干预不可避免。然而，政府干预经济的限度如何确定？正因为这种不确定性和模糊性，使得政府的角色出现偏差。

我国在很长一段时间内，经济社会发展各主体呈现政府独大，市场和社会作用有限的格局。然而，政府不是万能的，公共选择学派认为政府及其官员也是“理性经济人”，那么“理性经济人”行为就必然会导致“政府失灵”。基于此，“有限政府”就非常必要。

目前，我国提出要建设有限、有效以及责任政府，也就是说要合理界定政府行动的限度，让政府在一定的范围内有效负责，做好自己该做的事，政府应是有限政府。这里所谓的“有限”并非完全否定和排斥政府参与经济社会发展，而是认为政府应该有所为、有所不为。具体来讲，政府在整个经济社会发展中的作用主要体现在三个方面：一是要从宏观上把握国家的战略走向，创造和平稳定的发展环境；二是通过宏观调控保证市场的正常秩序，确保交易公平和自由；三是扶持和引导社会组织参与社会管理。总之，政府的作用就在于为市场和社会提供良好的制度环境，让市场机制在资源配置中更好地发挥决定性作用，同时让社会组织在公共事务上有更多的参与。

（三）社会

洛克在其《政府论》中明确提出“有限政府”的概念，他将政府看作“必要的恶”，他强调以基本人权来为政府行为设置“底线”。为限制和监督政府可能的越界行为，社会组织参与监督公共事务是最好的良药。美国思想家托马斯·潘恩就政府和社会的功能作了比较，认为“社会在各种情况下都是受人欢迎的，可是政府呢？即使在其最好的情况下，也不过是一件免不了的祸害；在其最坏的情况下，就成了不可容忍的祸害”。

在西方发达国家，社会自我组织与自我管理已经成为常态，在整个经济社会发展中发挥了重要作用。反观国内，社会组织也是21世纪初才进入人们视野，以往通常讨论政府与市场之间的关系，而社会是被忽视的对象。目前，我国社会组织并不发达，甚至大部分组织隶属于政府，还不具独立性，其行动能力必然非常有限。

随着经济社会发展的进一步深入，市场与政府“失灵”的效应逐步显现，为纠正“失灵”所带来的忧患，社会治理成为现代政府的必然选择。中共十八届三中全会指出，“创新社会治理，必须着眼于维护最广大人民根本利益，最大限度增加和谐因素，增强社会发展活力，提高社会治理水平，确保人民安居乐业、社会安定有序。”

可见，市场、政府与社会均有其自身的优势与缺陷。要实现我国经济社会协调发展，需要市场、政府以及社会三个主体扬长避短、相互配合，在清晰界定各自的活动界限基础上，做好自己该做的事和做得好的事。最终形成市场主责、政府主导、社会主行的协同共治局面。

第四章

经济社会协调发展动态监测的指标体系构建

概念的建构来源于思维想象（观念）上的共识（巴比，2005），反映人类日常的观察和经验，但它只是思维的产物，并不存在内在现实性。在具体研究过程中，往往需要将抽象的概念具体化，即概念的操作化，概念操作化的结果便是用于测度概念的指标或指标体系。我国经济社会协调发展水平是一个抽象概念，不是一个可以直接观察的概念，要对这一概念进行监测，就需要对其进行操作化，即用指标体系对概念进行测量。本章主要的任务就是依照特定程序，运用科学的指标体系构建方法建立起我国经济社会协调发展监测的指标体系。

第一节 指标体系构建的基本理论

指标体系就是操作化的概念，从这个意义上来讲，指标体系应该完整地体现概念的全部。如果所构建的指标体系不能很好地体现所要研究的内容，那么也就意味着研究对象的变化，整个研究也就失去最基本的意义。

为保证指标体系的科学性，在构建概念的测度指标体系时应遵循基本的逻辑、原则与方法。

一、指标体系构建的意义

卡普兰（Abraham Kaplan）提出了科学家测量的三类事物：第一类是可以直接观察的事物，如物件的颜色、形态，或者问卷上的答案等；第二类是不能直接观察的事物，需要更细致、更复杂以及非直接的观察，比如在录制问卷信息时看到受访者在性别一栏划上了女性标记，就可以间接确定这位受访者是女性；第三类就是结构，它来源于观察，却不能直接或间接地被观察，比如一个人的智商（IQ），智商测试就是一套算术结构，根据受试者的回答来判断受试者的IQ，而没有人能直接或间接观察到IQ。卡普兰（1964）把概念定义为一组观念。根据他的说法，概念就是结构。比如经济社会协调发展这个概念，就是所有使用这个术语的人的观念的集合。有趣的是，经济社会协调发展并不能直接或间接地被观察，因为它不存在，它是使用者创造出来的一个术语。

也就是说，概念虽然依赖于日常的观察和经验，但它只是为了沟通和交流的顺畅而被创造出来，仅仅表达的是使用者思维上的共识。客观来讲，概念只是一些文字的组合，它不具备任何的内在现实性，只具备使用者都同意赋予它的意义。不过，在日常交流中，人们往往会认为概念具有内在的意义，它们是真实世界中的客观存在。一旦人们需要精确使用这些术语时，尤其是要对概念进行测量时，才发现概念并不是那么的客观具体。

当然，概念的困境并不代表它不能被测量。真实存在的事物是可以被测量的，虽然概念并不像苹果那么真实存在，但它具备另一重要特质，即能帮助人们组织、理解和交流现实存在的事物，能帮助人们对真实的事物做出预测，甚至有些预测还真实有效。概念之所以具有这个功能，是因为尽管它们本身不是客观存在，不能直接被观察，但是它们跟真实存在、可以被直接观察的事实有着明确的关系。

为打破概念不能被测量的僵局，人们引入一个概念，即指标（指标体系）。指标（指标体系）就是为测量概念所选择的观察，它反映了所要研究的变量，通过概念化过程将作为结构的概念转化为可观察的指标（指标体系）。从这一点来讲，指标（指标体系）的建构为测量概念提供了可观察的载体。1960年英国经济学家威廉·配第在《政治算术》一书中，创新性地采用数据（指标）来说明国情，他解释到："我进行这种工作的方法，在目前还是不常见的。因为我不采用比较高级或最高级的词语进行思辨式的议论，相反采用了这样的方法……即用数字、重量和尺度来表达自己想说的问题，只进行诉诸人们的感觉的议论，借以考察在自然中有可见的根据的原因。"

在具体的运用中，有学者概括了指标体系的三大作用：一是指标体系是科学认识概念的基础；二是建立目标体系，发挥激励和导向作用；三是为政策的制定、实施以及评价提供框架结构（赵彦云，2000）。此外，风笑天（2005）还特别指出了社会指标的意义，认为社会指标研究是社会科学研究的基础性工作，有助于我国社会的协调发展，有助于我国社会科学的定量研究，还有助于研究中理论与实际的结合（郑杭生，1987）。

不过值得注意的是，指标的作用是有限的，不能无限夸大其作用。克利福德·科布和克雷格·里克斯福德（2011）在研究中指出，"指标运动往往开始于极端的乐观主义，渴望从理性上指导社会"。然而，事实是在很多情况下社会变化并不严格遵循这些成果，此时统计者们又会变得过分悲观。他们指出"现在希望的是，社会指标能够让国家和社会更有效地面对现状，一份有关某个社会或国家福利状况的年度报告，可以让人们将精力集中于各种问题，分析其内在的联系，并用一种系统的方式作出回应。"

二、指标体系构建的逻辑

日常交流中所使用的概念常常是模糊或意会的，一旦仔细追究其真正涵义时，就会发现人们对该概念并不那么自信，也就是说人们对概念只有一个大致的了解，并不确切。根据社会科学定量化研究的要求，需要将抽象的概念转化为可以具体测量的指标（指标体系）。那么如何将概念转化为指标（指标体系），即如何将概念操作化，这一过程遵循一定的逻辑。

在概念转变为指标的过程中，牵涉到三个重要概念，即概念、维度和指标，其中概念是被处理的对象，指标是处理的结果，而维度则是连接概念和指标的桥梁。正确认识概念、维度、指标这三者之间的关系，厘清其内在逻辑，这将为建构科学的指标体系提供科学、合理、明晰的思路。

概念是对研究现象的抽象，它是一种事物的属性在人们主观上的反应

（风笑天，2005）。概念的构建来自于思维想象（观念）上的共识。概念的抽象程度有高有低，抽象层次高的概念往往包含多个抽象层次低的概念，并且它往往难以被直接观察和描述。比如“苹果”就是一个抽象程度低的概念，而“经济发展”或“社会发展”则是抽象程度高的概念，不那么容易被直接观察。在本研究中，要测量经济社会协调发展水平，就必须理解“经济发展”、“社会发展”以及“协调发展”。这些概念都不易直接被观察和描述，需要通过一定的手段来达成对它们理解。

维度即是分类的技术术语（巴比，2005），是概念的具体方面或层面，它在一定程度上还是比较抽象，在维度的基础上还需要进一步地具体化。比如在构建“经济发展”指标时，会将“经济发展”分为经济实力、经济活力以及经济效率等维度，这样的维度划分会加深对概念的理解。

当维度一旦被划分，接下来就是在每一维度下设计指标。指标就是在认识一个概念时所选择的观察，它反映了所要研究的概念，是一组可以直接观察或描述的事物。概念是抽象的，而指标则是具体的；概念是人们的主观想象，而指标则是客观存在的事物。因此，当一个抽象的概念被分解为指标后，对这个概念的认识也将随之明确。

因此，建构指标（指标体系）的过程也就是一个从抽象的概念到具体的观察的过程。建构指标的一个基本逻辑可以用概念—维度—指标这一思维逻辑图来表示（见图4－1）。

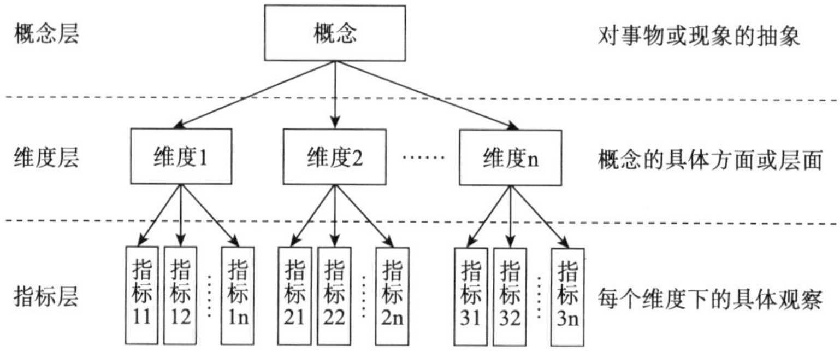

图4－1 指标体系构建逻辑

三、指标体系构建的原则

构建合理的经济社会协调发展动态指标体系是整个研究的基础，指标体系的质量直接决定了研究结论的科学性和可信度。构建指标体系是一项谨慎的工作，在指标设计、遴选时需要遵循一定的原则。

（一）科学性原则

贝利（1962）认为，一般来说，几乎没有数据可以完全反映所要测量的对象，只有数据或多或少覆盖了多少被测内容的差异。既然如此，在指标体系构建过程中，就需要尽可能采用包括各种人为和技术手段在内的指标体系质量控制方法，使指标体系尽可能多地反应所要测量的内容，这就是所谓的科学性原则。在具体实践中，这一原则从结果上看，就是指所建构的指标体系要能反映所测量的概念；从过程上来看，则体现在理论指导和遴选方法的合理运用上，也就是说理论遴选时有充分的理论做支撑，而在实证遴选阶段以及信度效度检验阶段，所采用的定量分析方法要合适。在本书中，指标体系的构建将分为三个阶段：第一阶段是指标体系的理论遴选阶段，在这一阶段中，将通过文献以及专家的头脑风暴法遴选第一轮指标；第二阶段将对理论指标采用频次分析和相关分析进行实证遴选；第三阶段将对指标体系进行最后的信度和效度检验。通过这一系列科学的指标筛选过程，整个指标体系的科学性将得到大大提升。

（二）系统性原则

系统性原则包含两层意义，一是指标体系相对所测量对象的系统性，是指在构建概念的指标体系时，要兼顾概念的多个维度，不能顾此失彼，厚此薄彼；二是指标体系中要体现系统的原则，指标体系由多个指标构成，这些指标之间也存在着相互联系和相互制约的关系，因此在指标遴选时需要从系统的角度来考虑。比如当两个指标存在很强的相关关系时，意味着它们之间可以相互替代，可以去掉其中的一个来精简指标体系，如GDP 指标与人均 GDP 指标同时存在时，这两个指标具有共变性，呈现强相关，因此可以考虑去掉其中一个。总体来说，就是所构建的指标体系基本包含了概念的内容，同时指标体系中尽可能用最少的指标测度概念，避免效力同样的指标重复出现。

（三）可比性原则

在本书中，需要用指标体系进行趋势研究和剖面研究，这就要求在设计指标体系时体现可比性原则，也就是所建构的指标体系在各个时期或者是同一时期各个剖面都是具备的，并且指标的意义也一样。一旦所选择的指标在各个时期或同一时期不同的剖面所代表的意义不同，那么这个指标就失去了可比性，进而会严重影响研究结论。在统计指标中常常会遇到这种情况，即指标解释和统计口径发生变化，使得最终所采集的数据不具有可比性。比如邮电业务总量这一指标，也是社会发展进步的一个指标，一般默认为它是衡量社会发展进步的一个正向指标。从数据上来看，在 2010 年以前一直呈上升趋势，2010 年邮电业务总量达到了最高峰 31978.5 亿元，而在 2011 年从量上看发生了较大的变化，呈急剧下降趋势，仅 13333.5 亿元，那是否就可以认为这是社会退步的一个缩影呢？显然不是，出现这一原因与快速发展起来的移动通信和快递业务有关，移动通信和快递业务挤占了邮电业务的份额，这样的一种发展态势，甚至可以说是社会的一种进步。可见邮电业务总量这一指标就不存在可比性，即在不同的时期有着不同的意义。

（四）实用性原则

实用性原则主要是指所设计的指标体系简洁而便于使用。这一原则对所构建的指标体系提出了两个要求：一是指标体系要简洁明了，在能保证评价结果准确全面的情况下，指标尽可能简化，用最少的指标测量更多想要测度的内容，尽量避免出现指标过于繁琐或指标数量过于庞大，如人类发展指数就是指标简洁的典范，它仅用预期寿命、成人识字率以及人均 GDP 三个指标来进行衡量；二是指标的数据要能方便获取，并且数据来源必须可靠，比如在测量社会发展时，虽然政府管理绩效是一个合适的指标，但数据采集会相当困难，遇到这类指标时，需要将其替换为其他指标。

指标构建中遵循以上四项基本原则，将会使指标体系的有效性大大提升，为整个后续研究提供坚实的基础。

四、指标体系构建的程序

所谓程序就是指为了达到某种目的或进行某种活动所经历的过程或途径，在构建我国经济社会协调发展的指标体系过程中，为顺利实现目标，按照指标体系建构的一般方法，设定了指标体系构建的基本程序。程序的建立为后续的工作提供了理论指导和行动指南。概括而言，指标体系的构建程序一般包括指标体系的理论遴选、指标体系的实证筛选以及指标体系的信度与效度检验（见图 4－2）。

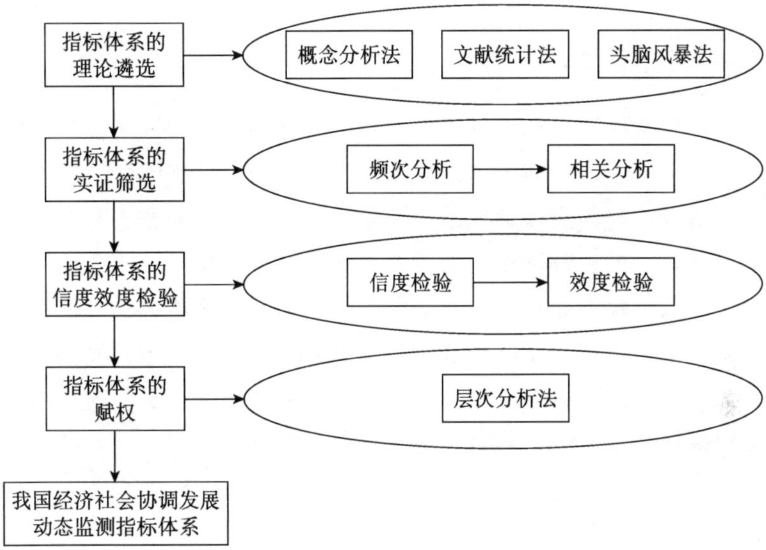

图 4－2　指标体系的构建程序

指标体系的理论遴选是一项基础而关键的工作，后续的实证遴选以及信度效度检验都是建立在理论遴选之上，因此，理论遴选必须在一定的理论指导下尽可能的囊括所有重要指标；实证筛选则相对程序化，可采用多种方法剔除不合格的指标；最终的信度效度检验则是对指标体系的质量进行检验，也就是看指标体系的稳定性和有效性。以下三节会对每一程序进行详细解释，此处仅从宏观上做一概览。

第二节 指标体系的构建过程

概括而言，指标体系中指标的确定包括两个步骤：一是指标体系的遴选，二是指标体系的信度与效度检验。其中指标体系的遴选是确定指标的基本环节，而指标体系的信度与效度检验则是必要环节，当指标体系的信度与效度不符合要求，则需要对指标进行调整，最终使指标体系通过信度与效度的检验，形成最后的指标体系。

一、指标体系的理论遴选

指标体系的遴选包括指标体系的理论遴选和实证遴选两部分。根据概念的性质，本书的理论遴选主要采用理论分析法、文献统计法以及头脑风暴法等方法进行，而实证遴选则主要采用频次统计法和相关分析进行。

指标体系的理论遴选就是指依据对概念的界定设计出概念的理论上的指标，这一过程建立在对概念的清晰界定之上。理论遴选的方法很多，最基本的有理论分析法、文献统计法、专家调研法以及头脑风暴法等。在本书中，为保证关键的指标不遗漏，将采用几种方法结合的方式对指标体系进行理论遴选。

（一）理论遴选的理论准备

从系统论的角度看，发展是指系统或子系统从小到大、从简单到复杂、从低级到高级、从无序到有序的变化过程，所达到的水平或程度用发展度来表示（杨士宏等，1998）。协调是两种或两种以上子系统间配合得当、和谐一致、良性循环的关系，以达到减少系统运行的负效应、提高系统的整体输出功能和协同效应的目的，协调度是这种效应的测度，指子系统间在发展过程中和谐一致的程度（陈长杰，2004）。协调发展则是协调和发展的综合表现，系统的协调发展既需要子系统之间的协调，也需要子系统的发展，这种发展水平与协调效应的综合水平常用协调发展度来表示（汤玲等，2010）。经济社会协调发展是指在经济社会这个大系统中，经济与社会各要素以及经济与社会各要素自身体系的各部分在相互开放的条件下，相互依存、相互适应、良性循环、有序运行、共同发展的状态和过程。在经济与社会协调发展中，与“经济”相对应的“社会”，其基本内涵是指非经济的但与经济活动直接或间接相关的一切活动的总和。概括而言，就是经济发展要为社会发展提供必要的物质基础、基本条件和发展动力；同时，社会发展也要最大限度地满足经济发展的需要，为经济发展提供必要的稳定的发展环境，并积极解决经济发展中出现的社会发展的阻碍。双方在自身发展的基础上能够促进对方发展，最终期望达到一个互相促进、良性发展的均衡点，底线是不能够对对方发展造成危害，使对方发展出现危机（浙江省发展与改革委员会社会发展处，2006）。

从协同学的角度来看，系统的协调是指系统之间或系统组成要素之间在发展演化过程中彼此的和谐一致。所有可能的调节控制活动及其遵循的相应程序与规则称为协调机制。协调度就是度量系统之间或系统内部要素之间协调状况良好与否的定量指标（吴跃明，1996）。根据协调度的内涵，本书将经济社会协调发展度定义为：定量描述在一定的经济社会发展阶段，经济与社会发展之间的彼此和谐一致的程度，它体现了经济社会系统由无序走向有序的趋势。因此，经济社会协调发展动态监测指标体系包括两个概念的指标体系，即经济发展指标体系和社会发展指标体系。

除了对我国经济社会协调发展理论指标体系构建的理论指导进行明晰外，还需要对概念以及概念所包含的维度进行界定和发展。在本书的第三章，对经济发展概念和社会发展概念进行了清晰的界定，也确定了其维度，在此不一一赘述。

（二）理论遴选的方法

已有研究中，研究者采用过多种理论遴选的方法，常用的是理论分析法、文献统计法、专家调研法以及头脑风暴法。有的在研究中单一使用某一种方法，有的在研究中将几种方法结合进行，为使指标体系趋于更加科学，本书采用后一种模式即理论分析法、文献统计法以及头脑风暴法同时使用。

理论分析法就是通过分析概念本身的内涵、特征以及意义等内容提出能测度该概念的指标。比如在本书中要构建经济发展的指标体系，通过对概念的分析知道，经济实力是经济发展的一个必备要素。那么，在指标体系中，反映经济实力的指标如人均 GDP、社会消费品零售额等指标就需要被选择。这种方法是指标理论遴选时最基础、最原始的方式。

文献统计法就是在已有文献的基础上通过计算指标出现的次数而选择指标的一种方法。具体来说就是对与概念有关的论文、书籍以及研究报告等文献进行分析，并计算这些文献中该概念下的指标的使用频率。如果某一指标出现次数比较多，那么默认为该指标的测度效果好，反之则不好，以此为依据建立概念的指标体系。

头脑风暴法是一种集体讨论行为，意在通过激发人的思想，收集更多、更广泛的意见。本书为更加全面地收集监测我国经济发展度与社会发展度的指标，邀请了12位相关领域专家和10位公共管理学科硕士、博士研究生参加“经济社会协调发展动态监测指标体系构建”的头脑风暴会议，会议成员可以自由提出自己所认可的指标，不受其他人的约束。

（三）理论遴选的结果

以上三种方法都得出了一定数量的指标，尽管有些指标存在重合。经过对遴选出的指标进行整理和归纳，得到了我国经济社会协调发展度的理论监测指标体系，即第一轮动态监测指标体系共有89个指标，其中经济发展度42个指标，社会发展度47个指标①，结果如表4－1所示。

表4－1　　我国经济社会协调发展动态监测指标体系第一轮

我国经济发展度指标体系		
GDP	高技术产业增加值占工业增加值比重	工业企业产品销售率
人均GDP	高技术产品进出口贸易额占商品进出口贸易总额比重	人均实际利用外资额
财政收入	第三产业从业人员占工业人员比重	产值利税率
人均财政收入	百元固定资产原值实现利税	万元GDP土地能耗
进出口额	全员劳动生产率	电力消费弹性系数
人均进出口额	第二产业增加值占GDP比重	总资产贡献率
社会消费品零售总额	第三产业增加值占GDP比重	成本费用利润率
流动资产周转次数	高技术产业增加值占GDP比重	投资产出率
GDP增长率	社会消费品零售额总额增长率	规模以上工业企业总价值
固定资产投资增长率	实际利用外资增长率	实际利用外资额
进出口增长率	全社会固定资产投资总额	外商直接投资
产品销售率	规模以上工业企业总产值	第三产业贡献率
商品零售价格指数	规模以上工业企业总资产贡献率	规模以上工业企业资产负债
规模以上工业企业利润	原材料、燃料、动力购进价格指数率	能源生产与消费差额
我国社会发展度指标体系		

① 基尼系数是衡量我国社会发展的一个重要指标，考虑到目前基尼系数数据差异较大，数据不具有一致性，因此去除该指标，用城乡居民收入比部分衡量。

续表

人均科技经费	城镇居民人均可支配收入	每千人医院、卫生院床位数
农村居民人均纯收入	R&D 经费占 GDP 比重	每千人执业医师
城镇居民恩格尔系数	人均 R&D 经费	每千人警察数
农村居民恩格尔系数	每万人发明专利申请量	城乡居民收入比
每万人有效发明专利数	卫生总费用	5 岁以下儿童死亡率
人口自然增长率	城乡居民人民币储蓄存款年底余额	治理废气量
人口平均预期寿命	城镇登记失业率	治理废水量
社会福利企业数	国家财政性教育经费占 GDP 比重	治理固体废弃物量
人均教育经费	离婚率	环境空气质量达标率
公民平均受教育年限	失业保险参保人数	饮用水达标率
农村合作医疗普及率	每十万人拥有大专及以上人数	城市噪声达标率
文盲率	城镇职工基本医疗保险参保人数	人均公园绿地面积
科技经费占 GDP 比重	参加城镇基本医疗保险职工和退休人数	森林覆盖率
就业人员数	城镇人均住房建筑面积	农村人均住房面积
社会保险基金收入	年末公共交通车辆运营数	用水普及率
工会基层组织数	公共图书馆数	—

二、指标体系的实证筛选

我国经济社会协调发展动态监测理论指标体系集中体现了 12 位专家和 10 位公共管理学科的研究生以及以往研究者的专业知识，和对经济社会协调发展动态监测指标体系的理论构思，因而主观性较强。为保证指标体系的科学性，本书将再次运用频次统计和相关分析从众多的理论指标中筛选出具有代表性的指标，以建立科学的经济社会协调发展度动态监测指标体系。

（一）频次统计分析

频次统计分析就是将理论遴选的指标制成专家咨询表，有针对性地选择了我国 10 所高校的 300 名 MPA 学员进行了问卷调查。这些学员除了具有一定的理论知识外，更可贵的是具有丰富的社会工作经验，这样的阅历使他们对我国经济发展与社会发展的内涵有着更深入的理解和认识。因而，将他们作为咨询对象具有合理性。其具体方法是让他们从经济发展度和社会发展度的理论指标体系中分别选择不少于10个和不少于15个他们认为最有代表性的指标。当然不可否认他们在判断和选择时也具有主观性，但集成众多专家的意见，可以使指标更为客观。

此次共发放300份专家咨询表，回收239份，有效咨询表201份，回收率为79.66%，有效率为84.10%。将回收的问卷结果进行统计，按频次的高低进行排序，根据讨论，决定淘汰频次低于5的41个指标，将剩余的48个指标组成了第二轮动态监测指标体系①（见表4-2）。

表4-2　我国经济社会协调发展动态监测指标体系第二轮

经济发展监测指标	社会发展监测指标
1. GDP	1. 城镇居民人均可支配收入
2. 人均GDP	2. 农村居民人均纯收入
3. 财政收入	3. 城乡居民人民币储蓄存款年底余额
4. 人均财政收入	4. 城市居民恩格尔系数
5. 进出口额	5. 农村居民恩格尔系数
6. 人均进出口额	6. 5岁以下儿童死亡率
7. 社会消费品零售总额	7. 国家财政性教育经费占GDP比重
8. 规模以上工业企业总产值	8. 人均教育经费
9. 第三产业贡献率	9. 科技经费占GDP比重
10. 高技术产业增加值占GDP比重	10. 人均科技经费
11. 高技术产业增加值占工业增加值比重	11. R&D经费占GDP比重
12. GDP增长率	12. 人均R&D经费
13. 固定资产投资增长率	13. 每万人发明专利申请量
14. 进出口增长率	14. 每万人有效发明专利数
15. 流动资产周转次数	15. 城镇登记失业率
16. 全员劳动生产率	16. 社会福利企业数
17. 产值利税率	17. 工会基层组织数

① “工业基层组织数”、“失业保险参保人数”这些指标在统计年鉴中数据不全，并存在统计口径不一致的现象，所得数据不科学，经过征询专家，遂决定删除这两个指标。

续表

经济发展监测指标	社会发展监测指标
18. 总资产贡献率	18. 失业保险参保人数
19. 成本费用利润率	19. 每千人医院、卫生院床位数
20. 投资产出率	20. 每千人执业医师数
21. 规模以上工业企业利润	21. 城乡居民收入比
22. 规模以上工业企业资产负债	22. 卫生总费用
—	23. 治理废水量
—	24. 治理废气量
—	25. 治理固体废物量
—	26. 森林覆盖率

（二）相关分析

构建指标体系的一个重要原则是实用性原则，即要求指标简洁而有效。通过观察第二轮我国经济社会协调发展动态监测指标体系，很容易发现指标体系中存在具有一定相似性的指标，这些指标可能反映了大致相同的信息，如“GDP”与“人均 GDP”、“社会消费品零售总额”与“人均社会消费品零售总额”、“进出口额”与“人均进出口额”、“财政收入”与“人均财政收入”、“高技术产业增加值占 GDP 比重”与“高技术产业增加值占工业增加值比重”、“每万人发明专利申请量”与“每万人有效发明专利数”、“R&D 经费占 GDP 比重”与“科技经费占 GDP 比重”、“人均 R&D 经费”与“人均科技经费”，以及卫生总费用与“每千人执业医师数”和“每千人医院、卫生院床位数”等。这些指标之间可能存在显著的相关，显著相关的指标可以相互解释且存在多重共线性问题。如果将这些指标都纳入到监测体系中会造成严重的信息重叠和扭曲，从而降低监测结果的科学性（见表 4－3）。

相关分析是通过对指标之间的相关性分析，淘汰一些频次相对较低而与其他指标显著相关的指标，以消除或降低指标重复反映监测对象信息而带来的对监测结果的影响，并达到用尽可能少的指标提供尽可能多的监测信息的目的。因此，为了提高经济社会协调发展度动态监测指标体系的科学性，很有必要对这些指标进行相关分析，以消除多重共线性的影响。

表 4-3　　　　指标的相关分析

维度	指标	指标	相关系数	显著性水平
经济发展度	人均 GDP	GDP*	0.425	0.017
	人均进出口额	进出口额*	0.665	0.000
	人均财政收入	财政收入*	0.562	0.001
	人均 GDP	人均财政收入*	0.401	0.022
	高技术产业增加值占 GDP 比重	高技术产业增加值占工业增加值比重*	0.894	0.000
社会发展度	每万人有效发明专利数	每万人发明专利申请量*	0.876	0.000
	城乡居民人民币储蓄存款年底余额	城镇居民人均可支配收入*	0.572	0.003
	城乡居民人民币储蓄存款年底余额	农村居民人均纯收入*	0.676	0.002
	R&D 经费占 GDP 比重	科技经费占 GDP 比重*	0.982	0.000
	每万人有效发明专利数	R&D 经费占 GDP 比重*	0.632	0.001
	R&D 经费占 GDP 比重	人均 R&D 经费*	0.836	0.000
	R&D 经费占 GDP 比重	人均科技经费*	0.865	0.000
	国家财政性教育经费占 GDP 比重	人均教育经费*	0.863	0.000
	卫生总费用	每万人医院、卫生院床位数*	0.863	0.000
	卫生总费用	每万人执业医师数*	0.762	0.000

注：* 表示被淘汰指标。

本书通过查阅全国及地方统计年鉴、政府统计公报，采集了 2012 年度 31 个省、自治区、直辖市第二轮动态监测指标体系中的相关数据。采用 SPSS 16.0 计算 15 对指标之间的皮尔逊；积矩相关系数。在 $\alpha=0.05$ 显著性水平下，14 对指标间均存在着显著相关。课题组成员结合相关系数，对指标进行了充分讨论，淘汰了其中频次相对较少的 15 个指标（在表 4-3 中注有“*”号），保留剩余的 31 个指标构成了我国经济社会协调发展度的第三轮动态监测指标体系。为了更清楚地展现指标之间的内在结构和逻辑，本书根据小组成员讨论以及已有文献的表述，本书将经济发展维度划分为三个领域，即经济实力、经济活力以及经济效率；将社会发展维度也划分为三个领域，分别为人民生活、科教文卫以及环境生态。各指标在各领域以及各维度的归属如表 4-4 所示。

表 4－4　　我国经济社会协调发展动态监测指标体系第三轮

目标	维度	领域	动态监测指标
经济社会协调发展动态监测指标体系	经济发展	经济实力	1. 人均 GDP
			2. 人均进出口额
			3. 规模以上工业企业总产值
			4. 第三产业贡献率
			5. 社会消费品零售总额
			6. 高技术产业增加值占 GDP 比重
		经济活力	7. GDP 增长率
			8. 固定资产投资增长率
			9. 进出口增长率
			10. 流动资产周转次数
		经济效率	11. 全员劳动生产率
			12. 产值利税率*
			13. 总资产贡献率
			14. 成本费用利润率
			15. 投资产出率
			16. 规模以上工业企业利润
			17. 规模以上工业企业资产负债率
	社会发展	人民生活	1. 城乡居民人民币储蓄存款年底余额
			2. 5 岁以下儿童死亡率*
			3. 城镇居民恩格尔系数*
			4. 农村居民恩格尔系数*
		科教文卫	5. 国家财政性教育经费占 GDP 比重
			6. 每万人有效发明专利数
			7. 城镇登记失业率*
			8. 城乡居民收入比*
			9. 社会福利企业数
			10. 卫生总费用
		环境生态	11. 治理废水量
			12. 治理废气量
			13. 治理固体废物量
			14. 森林覆盖率

注：* 表示该指标为逆向指标，逆向指标表示该指标值越小越好。

第三节 指标体系的信度与效度检验

根据技术经济评价理论，科学的指标体系必须满足一定的信度和效度。为保证本书所构建的我国经济社会协调发展动态监测指标体系的科学性，需要对指标体系进行信度与效度检验。

一、信度检验

信度（Reliability）是测评工具反映被测评对象特征的可靠程度，或者是测评结果在不同条件下的一致性程度的技术参数，它是衡量测评工具可靠性和一致性的参数。比如，想要测试一杆秤作为一种质量测量工具的信度，最简单的办法就是用该秤在被测质量变化不是很大的情况下，重复称重两次，倘若这两次的结果具有较大差异，则这样的结果很难让人信服，说明这杆秤的信度存在问题；倘若两次的结果相同或差异很小，则表明这杆秤的信度很好。简而言之，有信度的工具必须经得起在外界变化不大的情况下重新检测，且结果相同或相近，这是检验测量工具是否科学的重要标准。

我国经济社会协调发展动态监测指标体系也必须通过信度检验。目前，评定测评工具信度的方法有很多，通常有内部一致性信度（Internal Consistent Reliability）、折半信度（Split - Half Reliability）、重测信度（Test - Retest Reliability）和平行信度（Parallel Reliability）等。综合考虑各种因素，本书拟采用第一种和第四种方法检验我国经济社会协调发展动态监测指标体系的信度。

内部一致性信度主要是评价指标体系内部结构的一致性程度，根据内部一致性程度确定指标体系的信度。本书采用克朗巴哈（Cronbach）α 系数评定经济协调发展动态监测指标体系的内部一致性信度，α系数的计算公式如下：

$$R_\alpha = \frac{K}{K-1}\left(1 - \frac{\sum S_i{}^2}{S^2}\right)$$

式中，K 表示监测指标体系中指标的数量，S_i 表示第 i 个指标的标准差，S_i^2 表示第 i 个指标的方差，S 表示总得分的标准差，S^2 表示总得分的方差（王重鸣，2001）。

一般认为，一份信度系数好的量表或问卷，其α系数最好在 0.80 以上，0.70—0.80 基本可以接受，分量表最好在 0.7 以上，0.60—0.70 可以接受（范柏乃，2008）。

本书通过查阅全国及地方统计年鉴、政府统计公报，以及专家调查，采集了 2012 年度 31 个省、自治区、直辖市第四轮监测指标体系中 12 个经济发展度和 14 个社会发展度监测指标的数据。计算了经济发展监测指标体系、社会发展监测指标体系以及各领域的 α 系数，结果如表 4－5 所示。

表 4－5　我国经济社会协调发展动态监测指标体系的内部一致性信度

经济发展度	经济实力	经济活力	经济效率
0.865	0.752	0.785	0.823
社会发展度	人民生活	科教文卫	环境生态
0.796	0.732	0.767	0.732

由表 4－5 可知，经济发展度和社会发展度动态监测指标体系以及所包含的 6 个监测领域的 α 系数都超过了 0.70。根据判断标准，可以认为本书所构建的经济社会协调发展度动态监测指标体系内部结构是基本一致的，达到了评价理论所规定的要求。

为进一步确认所构建的指标体系的信度，采用折半信度方法来检验，其具体方法是分别把 12 个经济发展度监测指标和 16 个社会发展度监测指标按奇、偶项分成两半，分别记分，求出两半分数之间的相关系数（r_{xx}），再根据斯皮尔曼－布朗公式（Spearman－Brown Formula）计算经济发展度和社会发展度的信度系数（R_{XX}），计算公式为：

$$R_{XX} = 2r_{xx}/(1 + r_{xx})$$

计算出经济发展度和社会发展度监测指标体系的折半信度系数分别为 0.696 和 0.665，这也说明所构建的我国经济社会协调发展动态监测指标价体系具有可接受的信度水平。

二、效度检验

效度并不等同于信度，具有信度的评价工具并不必然具有效度。效度（Validity）是指测评工具究竟在多大程度上获得了真正想要测评对象特质的真实性和准确性的程度，即测评的有效程度。仍以一杆秤的效度为例，倘若用该秤为一个正常的成年人测量体重，多次显示该成年人的体重为0.1千克，这样的体重显然有悖于常理，但多次显示的结果具有一致性，因此可以认为，该秤作为体重测量工具，不具有效度，但具有信度。可见，效度是一个科学的指标体系所必须具备的前提条件。

从统计学上讲，效度是指评价结果与某种外部标准（即效标）之间的相关程度，相关程度越高即表明评价结果越有效。检验效度的方法有多种，因测评的性质不同而有所不同。常用的效度评定方法主要有内容效度（Content – Related Validity）、构想效度（Construct – Related Validity）和效标关联效度（或称实证效度）（Criterion – Related Validity）等。

内容效度是指一个测评工具测评的内容与所要测评的内容之间的吻合程度，即内容效度是检验由概念构思到监测指标的经验推演是否符合逻辑、是否有效的检验指标（戴海崎等，2002）。在具体操作过程中，一般是采用专家经验判断法，通过专家自身的经验和专业知识判断测量的对象和指标之间的相合性。内容效度评定的一个常用指标是“内容效度比”（CVR），计算公式如下：

$$CVR = \frac{n_e - \frac{n}{2}}{\frac{n}{2}}$$

式中，n_e 表示评判中认为监测指标很好地反映了监测对象的专家数；n 表示参与评判的专家总数。

本书选择了65位专家对我国经济社会协调发展的动态监测指标进行内容效度的评定，通过收集整理相关的数据，计算出了我国经济发展度监测指标体系和社会发展度监测指标体系的内容效度比分别为0.516和0.638，可见所构建的我国经济社会协调发展动态监测指标体系中经济发展度的指标内容效度偏低，社会发展度的内容效度良好。

根据专家小组讨论和尝试，决定删除经济发展度中的“社会消费品零售总额”、“规模以上工业企业利润”以及“规模以上工业企业资产负债率”三个指标，最终使经济发展的内容效度提高到0.687，此时达到内容效度的要求，形成最终的我国经济社会协调发展动态监测指标体系（见表4-6）。

表4-6　我国经济社会协调发展动态监测指标体系第四轮

目标	维度	领域	动态监测指标	变量	单位
经济社会协调发展动态监测指标体系	经济发展	经济实力	1. 人均 GDP	X_{11}	元
			2. 人均进出口额	X_{12}	美元
			3. 规模以上工业企业总产值	X_{13}	亿元
			4. 第三产业贡献率	X_{14}	%
			5. 高技术产业增加值占 GDP 比重	X_{15}	%
		经济活力	6. GDP 增长率	X_{21}	%
			7. 固定资产投资增长率	X_{22}	%
			8. 进出口增长率	X_{23}	%
			9. 流动资产周转次数	X_{24}	次
		经济效率	10. 全员劳动生产率	X_{31}	元
			11. 产值利税率*	X_{32}	—
			12. 投资产出率	X_{33}	—
	社会发展	人民生活	1. 城乡居民人民币储蓄存款年底余额	Y_{11}	元
			2. 5岁以下儿童死亡率*	Y_{12}	%
			3. 城镇居民恩格尔系数*	Y_{13}	%
			4. 农村居民恩格尔系数*	Y_{14}	%
		科教文卫	5. 国家财政性教育经费占 GDP 比重	Y_{21}	%
			6. 每万人有效发明专利数	Y_{22}	项
			7. 城镇登记失业率*	Y_{23}	%
			8. 城乡居民收入比*	Y_{24}	—
			9. 社会福利企业数	Y_{25}	个
			10. 卫生总费用	Y_{26}	亿元
		环境生态	11. 治理废水量	Y_{31}	万吨
			12. 治理废气量	Y_{32}	亿标立方米
			13. 治理固体废物量	Y_{33}	万吨
			14. 森林覆盖率	Y_{34}	%

注：*表示该指标为逆向指标。

第四节
指标体系的权重设计

不同的指标对整个指标体系有不同的贡献，区分这种贡献对科学测量研究对象有着重要意义。已有研究提出了多种指标体系权重设计的方法，本书将根据需要，采用层次分析法对指标进行赋权。

一、指标体系权重设计的意义

一个指标体系中包含多个指标，很多人用指标体系测度研究对象时，往往将每一个指标同等对待，给予同样的权重。事实上，每一个指标对指标体系的贡献大小不同，也就是说，每一个指标对于指标体系的重要程度不一样。为了体现各个指标对整体的重要程度，引入指标权重的概念。

权重是一个相对概念，针对一个具体的指标而言，体现该指标在整个指标体系中的重要性，也反映了被评价对象不同侧面的重要程度的定量分配。由于评价对象一般具有多维性，而各个方面都会存在差异，只有存在差异的指标体系才有可能体现本身的差异，客观来说，没有权重设计的指标体系就不算是客观的评价。权重的设计是否科学，对评价结果的科学性有着重要影响。因此，有必要借助科学的方法来保证权重设计的科学性和合理性。

二、指标体系权重设计的方法

从已有的研究来看，国内外关于指标权重设计的常用方法有十余种，根据权重设计时数据的来源和计算过程的差异，这些方法可以归为以下三大类：一是主观权重设计法；二是客观权重设计法；三是主客观综合的权重设计法。

（一）主观赋权法

所谓主观权重设计法就是专家根据经验对指标的重要性进行判断，是一种定性方法。在具体操作中，常使用的方法有层次分析法（Analytic Hierarchy Process，AHP）（镇常青，1987）、模糊分析法、二项系数法（程明熙，1983）、专家调查法、环比评分法（陆明生，1986）、最小二乘法（陈挺，1997；宣家骥，1989）以及序关系分析法（郭亚军，2002）等。其中运用比较普遍的是层次分析法，这种方法的优势在于将复杂问题层次化、简单化，将定性问题定量化。

主观赋权法的优点是专家可以根据具体问题，较为科学合理地确定指标体系中各个指标之间的优先次序。尽管这种主观赋权法从某种意义上讲不能准确地确定各指标的权重系数，但是在通常情况下，该方法还是在一定程度上能确定各个指标在指标体系中所占据的重要程度。不过，这种方法也有弱点，被认为其主观随意性较大，随着所选取的专家的变化，指标的权重也将发生相应的变化，也是主观赋权法被人批评的主要原因。

（二）客观赋权法

客观赋权法主要是根据历史的时间序列数据研究指标之间的相关关系，或者采集以往的评估结果和数据进行相关分析来进行综合评估，以确定指标的权重。主要方法有主成分分析法（王应明和傅国伟，1993；严鸿和等，1989）、多目标规划法（樊治平，1994；王应明和傅国伟，1993）、均方差法（郭亚军，2002）、离差法（王应明，1998）、简单关联函数法（黄祥志和佘成学，2006；王锦国和周志芳等，2002），这几种方法中，最大熵权技术法运用比较广泛，这种方法采用决策矩阵来确定指标权重。

虽然客观赋权法不具主观随意性，也并不对决策者产生负担，并且其决策和评价结果建立在逻辑严密的数学推导上，其客观性看似有着诱人的前景。但遗憾的是由于客观赋权法研究的时间不算长，也不算完善，并且分析数据的获取也存在一定问题，因而实用性不尽如人意。并且由于评价的对象往往存在一些对社会科学中问题的评价，而这种社会问题往往表现出强公共性和主观性，此时使用客观赋权法也显得不那么科学。

（三）主客观综合赋权法

主客观综合赋权法顾名思义，就是将主观赋权法与客观赋权法相结合的一种方式。由于主客观赋权法都有其不可避免的缺憾，研究者希望将二者进行综合，改善权重的科学性。比较典型的运用有徐水利（2002）设计了一种多属性决策组合赋权的线性目标规划法，这一方法的主要思想就是将主客观两类权重信息充分考虑，这样的权重设计既具备了一定的科学性，也体现了决策者的主观性。郭红玲（2007）在研究中为实现主客观权重的无偏好融合，首先采用粗集理论中的重要性原理来确定各指标的客观权重，在此基础上，运用 MATLAB 中多维空间中距离的概念和细胞数组的基本特征，构建了确定无人为偏好的基于空间距离的二次规划数学模型，这一方案体现了主客观权重的完美融合。

从理论上来讲，主客观综合赋权法充分利用了主客观赋权法的优点，这有利于改善指标权重的科学性。但从另一个方面来看，主客观赋权法的劣势也同样不可避免，主客观融合，指标权重中将融合两种方法的劣势，这对科学性又造成了不可估量的损失。

以上三种方法都有其优势和缺陷，选择合适的指标赋权方法尤为重要。在具体研究过程中，需要充分认识评价对象的性质，当评价对象的数据采集不那么方便，或者评价对象具有价值倾向时，则宜采用主观评价法。与此类推，当评价对象不具价值倾向，则可考虑客观赋权法。主客观综合评价法则需根据研究对象性质以及研究需要酌情使用。

三、指标体系权重设计的过程

指标体系的权重设计是评价研究对象时的一个重要环节，以上介绍了多种指标权重的设计方法，本书将结合所研究对象的性质，选择层次分析法为我国经济社会协调发展动态监测指标体系赋权。

（一）指标权重设计的方法选择

从众多指标权重设计方法中选择合适的方法是科学设计指标权重的重要保障。由于本书的对象具有较强的公共性，而客观的原始数据也不易收集，基于此，考虑使用主观权重设计法中比较常用的层次分析法设计指标的权重。

20 世纪 70 年代，美国运筹学家托马斯·塞蒂（T. L. Saaty）提出了层次分析法。这种方法将一个复杂的决策问题看作为一个系统，并将决策的目标分解为多个目标或维度，在此基础上将目标或维度进一步分解为指标，运用定性指标模糊量化方法确定各目标或维度以及指标的优先排序，以此排序作为目标或维度以及指标的权重，来解决多目标、多方案的优化决策问题的系统方法。需要注意的是，这里的优先排序是一个相对的度量，意在表明各备择方案在特定评价子目标或准则下其相对优越程度，以及各子目标对上一层子目标或准则的相对重要程度。

层次分析法将研究对象视为一个系统整体，按照分解、比较以及综合的思维逻辑进行决策，每个层次中的每个因素对结果的影响程度明确清晰。这种方法不追求高深数学，对数学知识的要求不高，同时又注重行为、逻辑与推理三者之间的完美结合，这样使定性与定量方法有机结合起来，从而将复杂的系统分解，把一个具有多目标、多准则并且这些目标和准则难以全部量化的决策问题简化，成为一个多层次的目标决策问题，通过两两比较确定同一层次上各个元素的数量关系，通过简单的数学运算得出每一具体指标的权重。

在具体运用中，层次分析法一般分四步走（见图 4－3）：

（1）建立层次结构模型。通过对实际决策问题的分析，按照问题的属性对研究对象自上而下地进行分层，同一层的因素并列从属于上一层因素，同时又支配下一层因素。

（2）构造两两比较判断矩阵。从层次结构模型的第二层开始，对每一层的同层因素构造两两判别矩阵。

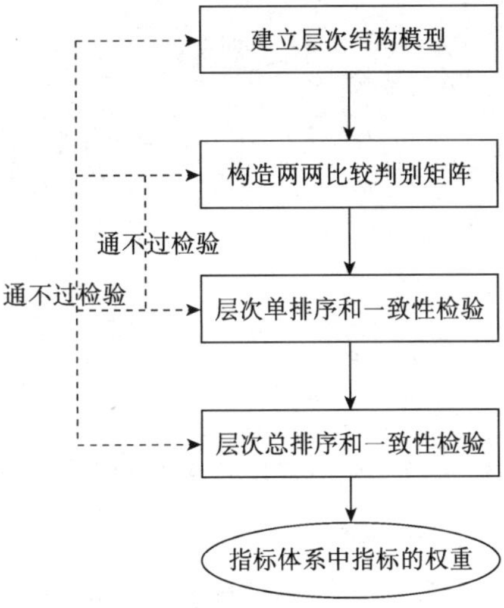

图 4－3　层次分析法赋权流程

（3）层次单排序和一致性检验。计算每一个成对比较矩阵的最大特征根和对应特征根向量，并采用随机一致性指标、一致性指标以及一致性比率做一致性检验。如果未通过一致性检验，则需重新构造判断矩阵。

（4）层次总排序和一致性检验。计算最底层对目标的组合权向量，并做组合一致性检验。如果一致性检验未能通过，则需重新考虑模型的设置或者重新构造一致性比率较大的成对比较矩阵。

（二）指标权重设计的具体操作

本书有两个指标体系的指标需要赋权，本部分将主要介绍运用层次分析法为指标赋权的具体操作，具体包括以下四个基本过程：

1. 建立层次结构模型

把复杂的评价体系条理化、层次化。例如，经济发展监测指标体系可分解为三个层次：第一层（目标层）为经济发展（X）；第二层（维度层）包括经济实力（X_1）、经济活力（X_2）和经济效率（X_3）3 个监测因素；第三层（指标层）包括 12 个具体监测指标（见图 4－4）。社会发展监测指标体系也可分解为三个层次：第一层（目标层）为社会发展（Y）；第二层（维度层）包括人民生活（Y_1）、科教文卫（Y_2）和环境生态（Y_3）3 个监测因素；第三层（指标层）包括 14 个具体指标（见图 4－5）。

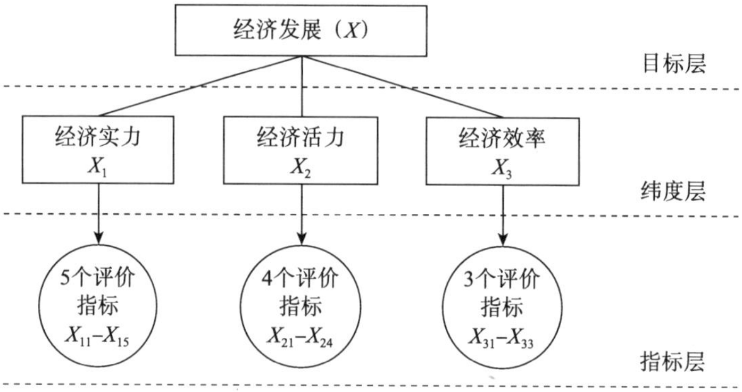

图 4－4 经济发展监测指标体系的层次结构模型

2. 构造两两比较判断矩阵

首先建立经济发展监测指标体系维度层的两两比较判断矩阵（见表 4－7），然后建立指标层的两两比较判断矩阵（见表 4－8）。依据同样的原理，分别建立社会发展监测指标体系维度层和指标层的两两比较判断矩

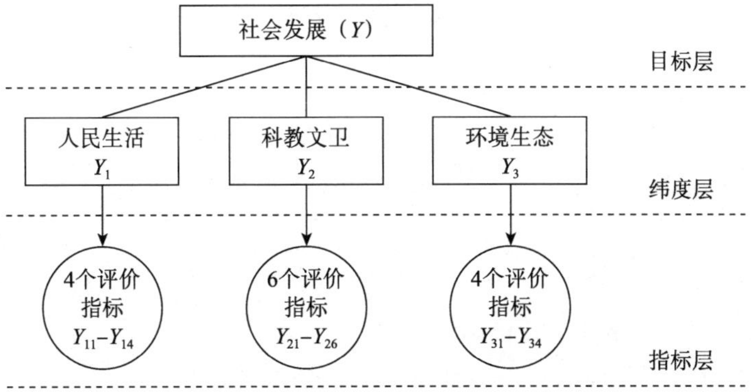

图 4－5　社会发展监测指标体系的层次结构模型

阵。其基本格式为：

表 4－7　　经济发展监测指标体系维度层两两比较判断矩阵

X_{a-m}	X_1	X_2	X_3
X_1	X_{1-1}	X_{1-2}	X_{1-3}
X_2	X_{2-1}	X_{2-2}	X_{2-3}
X_3	X_{3-1}	X_{3-2}	X_{3-3}

表 4－8　　经济发展监测指标体系指标层两两比较判断矩阵

X_{ab-mn}	X_{11}	X_{12}	X_{13}	X_{14}	X_{15}
X_{11}	X_{11-11}	X_{11-12}	X_{11-13}	X_{11-14}	X_{11-15}
X_{12}	X_{12-11}	X_{12-12}	X_{12-13}	X_{12-14}	X_{12-15}
X_{13}	X_{13-12}	X_{13-12}	X_{13-13}	X_{13-14}	X_{13-15}
X_{14}	X_{14-11}	X_{14-12}	X_{14-13}	X_{14-14}	X_{14-15}
X_{15}	X_{15-11}	X_{15-12}	X_{15-13}	X_{15-14}	X_{15-15}

表 4－7、表 4－8 中 X_1 代表经济发展监测指标体系中的第一个维度，X_{11}代表经济发展监测指标体系中第一个维度的第一个指标；X_{1-2}代表经济发展监测指标体系中第一个维度与第二个维度相比的重要性，X_{11-12}代表经济发展监测指标体系中第一个维度第一个指标与第一个维度第二个指标相比的重要性。其余依次类推①。

① 为避免冗长，此处的判断矩阵不一一列出。

本研究邀请了12位专家对构造的两两对比矩阵进行判断，并按1—9标度给出指标之间的重要程度排序（见表4－9）。

表4－9　　1—9标度含义

X_a比X_b	极端重要	强烈重要	明显重要	稍微重要	同样重要	两个判断尺度中间
量化值	9	7	5	3	1	2，4，6，8

3. 层次单排序和一致性检验

层次单排序是根据所构建的两两判断矩阵计算对于上一层的某因素而言，该层次中与之有联系的因素重要性程度的权值。由于判断矩阵会受其他因素的影响可能出现不一致的情况，为避免这一情形，通常需要对判断矩阵进行一致性检验。

一般以CI为衡量判断一致性的指标，CI定义为：

$$CI=\frac{\lambda_{\max}-n}{n-1}$$

当$CI=0$时，意味着判断矩阵具有完全一致性；反之CI越大，矩阵的一致性就差。但只要$CI\leqslant 0.1$，则可以认为判断矩阵的一致性可以接受，否则需要重新进行两两比较判断。当判断矩阵的维数越大，判断的一致性将越差，故修正值RI的取值，见表4－10，修正后的一致性指标为：

$$CR=\frac{CI}{RI}$$

一般认为，当$CR<0.1$时，即认为判断矩阵满足一致性准则；反之，就需要调整和修正判断，使CR满足小于0.1。

表4－10　　*RI*取值表

阶数n	1	2	3	4	5	6	7	8	9
RI	0.00	0.00	0.58	0.90	1.12	1.24	1.32	1.41	1.45

根据对专家数据的整理，本书运用yaahp软件的群决策模块计算各个判断矩阵的特征根和特征权向量，并在归一化处理基础上进行一致性检验。计算后的结果如表4－11至表4－18所示。

表 4-11　　经济发展维度判断矩阵

X_{a-m}	X_1	X_2	X_3	W
X_1	1.0000	2.3784	1.8612	0.5125
X_2	0.4204	1.0000	1.0000	0.2338
X_3	0.5373	1.0000	1.0000	0.2537
—	一致性比率：0.0064			

表 4-12　　经济实力指标判断矩阵

X_{ab-mn}	X_{11}	X_{12}	X_{13}	X_{14}	X_{15}	W
X_{11}	1.0000	5.9161	6.7007	4.4006	6.4474	0.5830
X_{12}	0.1690	1.000	0.3689	0.5946	0.5000	0.0644
X_{13}	0.1492	2.7180	1.000	1.4142	1.1892	0.1324
X_{14}	0.2272	1.6818	0.7017	1.0000	1.4953	0.1193
X_{15}	0.1551	2.000	0.8409	0.6687	1.0000	0.1009
—	一致性比率：0.0293					

表 4-13　　经济活力指标判断矩阵

X_{ab-mn}	X_{21}	X_{22}	X_{23}	X_{24}	W
X_{21}	1.0000	2.9130	5.2068	3.9360	0.5331
X_{22}	0.3433	1.0000	3.9360	2.4495	0.2587
X_{23}	0.1921	0.2541	1.0000	0.4082	0.0721
X_{24}	0.2541	0.4082	2.4495	1.0000	0.1362
—	一致性比率：0.0362				

表 4-14　　经济效率指标判断矩阵

X_{ab-mn}	X_{31}	X_{32}	X_{33}	W
X_{31}	1.0000	0.8409	3.2237	0.4055
X_{32}	1.1892	1.0000	3.4087	0.4637
X_{33}	0.3102	0.2934	1.0000	0.1308
—	一致性比率：0.0015			

表 4-15　　社会发展维度判断矩阵

Y_{a-m}	Y_1	Y_2	Y_3	W
Y_1	1.0000	1.4142	1.1892	0.3925
Y_2	0.7071	1.0000	0.8409	0.2775
Y_3	0.8409	1.1892	1.0000	0.3300
—	一致性比率：0.0012			

表 4－16 人民生活指标判断矩阵

Y_{ab-mn}	Y_{11}	Y_{12}	Y_{13}	Y_{14}	W
Y_{11}	1.0000	0.7071	0.9036	1.1067	0.2377
Y_{12}	1.4142	1.0000	1.5651	1.0000	0.2897
Y_{13}	1.1067	0.6389	1.0000	0.6389	0.2097
Y_{14}	0.9036	1.0000	1.5651	1.0000	0.2629
—	一致性比率：0.0105				

表 4－17 科教文卫指标判断矩阵

Y_{ab-mn}	Y_{21}	Y_{22}	Y_{23}	Y_{24}	Y_{25}	Y_{26}	W
Y_{21}	1.0000	3.6628	1.2247	0.2115	0.6389	1.3161	0.1273
Y_{22}	0.2730	1.0000	0.4518	0.1911	0.4082	0.4082	0.1167
Y_{23}	0.8165	2.2134	1.0000	0.2686	1.0000	1.8612	0.1271
Y_{24}	4.7287	5.2332	3.7224	1.0000	3.8068	4.6058	0.3855
Y_{25}	1.5651	2.4495	1.0000	0.2627	1.0000	2.4495	0.1531
Y_{26}	0.7598	2.4495	0.5373	0.2171	0.4082	1.0000	0.0903
—	一致性比率：0.0273						

表 4－18 生态环境指标判断矩阵

Y_{ab-mn}	Y_{31}	Y_{32}	Y_{33}	Y_{34}	W
Y_{31}	1.0000	0.8409	2.4495	2.2134	0.3345
Y_{32}	1.1892	1.0000	2.4495	2.0598	0.3583
Y_{33}	0.4082	0.4082	1.0000	0.5774	0.1275
Y_{34}	0.4518	0.4855	1.7321	1.0000	0.1797
—	一致性比率：0.0101				

以上计算给出了各个指标的层次单排序权值，并对其进行了一致性比率检验。由数据可知，所有的一致性比率都小于0.1，可以认为都通过了一致性检验。

4. 层次总排序和一致性检验

通过软件计算，也给出了各个因素的层次总排序，其结果如表4－19、表4－20所示：

表 4－19　　经济发展监测指标体系的层次总排序

	X_1	X_2	X_3	相对于经济发展权重
	0.5125	0.2338	0.2537	
X_{11}	0.5830	—	—	0.2987
X_{12}	0.0644	—	—	0.0330
X_{13}	0.1324	—	—	0.0679
X_{14}	0.1193	—	—	0.0611
X_{15}	0.1009	—	—	0.0517
X_{21}	—	0.5331	—	0.1246
X_{22}	—	0.2587	—	0.0605
X_{23}	—	0.0721	—	0.0168
X_{24}	—	0.1362	—	0.0318
X_{31}	—	—	0.4055	0.1029
X_{32}	—	—	0.4637	0.1177
X_{33}	—	—	0.1308	0.0332
总权重	—	—	—	1.0000

表 4－20　　社会发展监测指标体系的层次总排序

	Y_1	Y_2	Y_3	相对于社会发展权重
	0.3925	0.2775	0.3300	
Y_{11}	0.2369	—	—	0.0929
Y_{12}	0.2906	—	—	0.1141
Y_{13}	0.2099	—	—	0.0824
Y_{14}	0.2626	—	—	0.1031
Y_{21}	—	0.1348	—	0.0374
Y_{22}	—	0.0598	—	0.0136
Y_{23}	—	0.1342	—	0.0373
Y_{24}	—	0.4141	—	0.1149
Y_{25}	—	0.1602	—	0.0465
Y_{26}	—	0.0974	—	0.0270
Y_{31}	—	—	0.3345	0.1104
Y_{32}	—	—	0.3583	0.1182
Y_{33}	—	—	0.1275	0.0421
Y_{34}	—	—	0.1797	0.0593
总权重	—	—	—	1.0000

除了要对每个判断矩阵作一致性检验外，还需进行组合一致性检验和总体一致性检验。设第 $k-1$ 层有 t 个因素，共 s 层，第 k 层的各判断矩阵一致性指标分别为 $CI_1^{(k)}$，…，$CI_t^{(k)}$，随机一致性指标分别为 $RI_1^{(k)}$，…，$RI_t^{(k)}$。第 $k-1$ 层对目标 o 的权向量为 $w^{(k-1)}=(a_1, \cdots, a_t)^T w^{(k-1)}$，则第 k 层组合一致性比率定义为：

$$CR^{(k)} = \frac{\sum_{j=1}^{t} a_j CI_j^{(k)}}{\sum_{j=1}^{t} a_j RI_j^{(k)}}, \quad k=3, 4, \cdots, s$$

$CR^{(1)}=0$，$CR^{(2)}$ 为准则层判断矩阵的一致性比率。第 k 层通过组合一致性检验的条件一般为 $CR^{(k)}<0.1$。

总体一致性比率定义为：

$$CR^{*} = \sum_{k=2}^{s} CR^{(k)}$$

当 $CR^{*}<0.1$，才能认为总体上通过一致性检验，软件给出结果为 $0.0512<0.1$，即认为通过总体一致性检验。

第五章

我国经济社会协调发展的动态监测

动态监测我国经济社会协调发展状况，建立我国经济社会协调发展指数是本研究的重要任务，也是核心任务。本章将从我国经济社会协调发展的内涵出发，从理论上提出动态监测我国经济社会协调发展模型的基本要求。以基本要求为准则，对统计学中的离差系数进行改进，构造我国经济社会协调发展的动态监测模型。以该模型为工具，动态监测 1886—2013 年我国经济社会协调发展水平以及 2013 年 31 个省、自治区、直辖市的经济社会协调发展水平，并建立相应的经济社会协调发展指数。

第一节

动态监测模型的构造

所谓模型，就是指一种包含分析问题的概念、逻辑关系、数学关系以及算法序列的体系。我国经济社会协调发展动态监测模型即是一种用于分析和计算我国经济社会协调发展水平的体系，是动态监测我国经济社会协调发展的重要工具。动态监测模型的科学性在很大程度上决定了最终指数的科学性，从这个层面上讲，本书重点需要解决的问题之一是建构科学合理的监测模型。

一、动态监测模型的基本要求

动态监测模型是建立动态监测我国经济社会协调发展指数的工具，衡量模型是否科学的首要条件是该模型是否比较完整地测量了所要考察的内容。本书第三章清晰地界定了我国经济社会协调发展的内涵，认为我国经济社会协调发展既应看到两个子系统之间的协调度，也应看两个子系统的发展度。当两个子系统都处于较低的发展水平，此时的协调并不是本书所理解的协调发展；同样，当经济发展与社会发展都处于较好的发展状态，但二者之间的发展速度有较大差异，此时也不是本书所理解的协调发展。简而言之，本书所理解的协调发展是“在协调中发展，在发展中协调”。基于此，我国经济社会协调发展动态监测模型必须满足以下基本要求（见图 5－1）：

一是能体现经济发展与社会发展两组变量之间的协调度，也就是经济发展与社会发展之间的离散趋势；

二是能体现经济发展与社会发展两组变量之间的发展度，也就是经济发展与社会发展的发展程度。

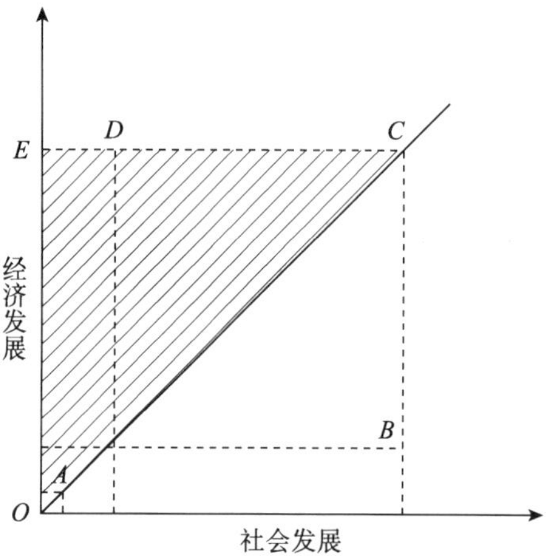

图 5－1　我国经济社会发展的几种类型

图 5－1 中，横轴代表社会发展度，纵轴代表经济发展度，其中 A 点表示经济发展度与社会发展度都处于较低水平，此时经济发展度与社会发

展度呈现完全协调状态，但发展水平较低，属于低效协调；B 点状态时，社会发展度远高于经济发展度，此时经济发展度滞后于社会发展度，经济社会发展处于不协调状态；C 点时，经济发展度与社会发展度都处于较高发展水平，经济发展度与社会发展度处于完全协调状态，此时的状态便是我国经济社会协调发展的理想状态；D 点时，经济发展度高于社会发展度，经济发展与社会发展处于失调状态。一般而言，$\triangle OEC$ 区域是我国经济社会协调发展常游离的区域，在这一区域中表示社会发展滞后于经济发展。另外，该图也表明，随着经济与社会不断发展，发展也是经济与社会协调发展的重要内容之一，发展无止境，协调发展也将无止境。

总而言之，如果所构建的我国经济社会协调发展动态监测模型只监测协调度或只监测发展度，这将不能完全反映概念所要考察的全貌，只有二者都纳入考察范围，这样的动态监测模型才科学可信。

二、离差系数模型的局限

杨士弘先生于 1994 年 5 月在《地理科学》杂志第 2 期中发表了一篇名为《广州城市环境与经济协调发展预测及调控研究》的论文，在界定协调发展后首次提出了定量测度协调水平的方法——离差系数，该方法在后来的研究中被广泛运用（廖重斌，1999；车冰清等，2010）。不过从本书所提出的我国经济社会协调发展动态监测模型应该满足的基本要求来看，离差系数作为一种测度离散趋势的模型在动态监测我国经济社会协调发展水平时存在局限。

离差系数又叫变差系数、变异系数、相对标准差等，用于测度数据之间的离散趋势，通常用符号 CV 表示，其基本的计算公式为：

$$CV = \frac{S}{\overline{X}} \times 100\%$$

式中，S 表示标准差，$\overline{X}$ 表示平均数。

从统计学意义上来讲，假设有两个系统 X 与 Y（或两组变量 X 与 Y），二者之间的协调度体现为 $f(X)$ 和 $g(Y)$ 的离差。二者的协调度越高，$f(X)$ 和 $g(Y)$ 离差越小；反之，二者的协调度越低，则 $f(X)$ 和 $g(Y)$ 离差越大。因此，可以用离差来度量系统之间的协调性，即

希望 $CV=\dfrac{S}{\frac{1}{2}[f(X)+g(Y)]}=\sqrt{2\times\left\{1-\dfrac{f(X)\times g(Y)}{\left[\frac{f(X)+g(Y)}{2}\right]^2}\right\}}$ 的值越小越好，式中的 S 表示标准差。而使 CV 越小越好的充要条件是 $\dfrac{f(X)\times g(Y)}{\left[\frac{f(X)+g(Y)}{2}\right]^2}$ 的值越大越好。令系统之间的协调度记为 C，于是得到了两个系统的协调度测度模型：

$$C=\left\{\frac{f(X)\times g(Y)}{\left[\frac{f(X)+g(Y)}{2}\right]^2}\right\}^K$$

式中，K 表示调节系数。

K 值通常是协调度指标体系的层次数减 1，依次类推，则 n 个系统之间的协调度为：

$$C=\left\{\frac{f(X_1)\times f(X_2)\times\cdots\times f(X_n)}{\left[\frac{f(X_1)+f(X_2)+\cdots+f(X_n)}{n}\right]^n}\right\}^K$$

容易证明，$0\leqslant C\leqslant 1$，这样协调系数 C 取值在 0—1 之间。当 $C=1$ 时，表示系统处于完全协调状态；反之，当 $C=0$ 时，表示系统处于最不协调状态。

以上协调系数 C 成为学者们所构建的系统之间的“协调发展水平”（杨志弘，1994）。然而，这里存在着一个明显的问题，即由离差系数计算出来的“协调发展水平”并不是真正意义上的协调发展水平，以下将假设 A、B 两省的数据来揭示这个隐藏的问题。

假设要测度 A、B 两省经济社会协调发展水平，将经济发展度设为 $f(X)$，社会发展度设为 $g(Y)$。则 A 省经济发展度为 $f(X_A)$，A 省社会发展度为 $g(Y_A)$；B 省经济发展度为 $f(X_B)$，B 省社会发展度为 $g(Y_B)$。假定某一年 A、B 两省的经济发展度与社会发展度如下（见表 5－1）：

表 5－1　　A、B 两省某年经济发展度与社会发展度

地区	$f(X)$	$g(Y)$
A 省	0.6	0.6
B 省	0.9	0.9

为更明确地指出离差系数在测度协调发展中的局限，以上赋值给予了极限处理。现实中，一个地区经济发展度与社会发展度完全等同的情况几乎不存在。将以上数据代入协调系数公式，结果表明，两个省某年的经济发展与社会发展的协调指数为1，这说明这两个省的经济社会是完全协调状态（理想状态）。值得深思的是，这两省协调指数相同，是否表明这两省的经济社会协调发展水平相同？可见，协调指数并不能完整的描述协调发展的全貌。显然，A省经济发展和社会发展虽然处于比较均衡的水平，但并不能认为这种状态是协调发展状态。为此，需要更科学的模型动态监测我国经济社会协调发展情况。

三、改进后的动态监测模型

前文对离差系数模型测度协调发展时的局限进行了分析。简单来说，离差系数在测度协调发展水平时仅测度了协调度，但是没有测量发展度，不能体现发展的理念，因此，对于本书所定义的我国经济社会协调发展而言，离差系数显然不是很适合的指数测度模型。但不可否认，离差系数在测度协调方面简单易行，且比较直观，有着较好的效果。鉴于此，对离差系数模型加以改进，将有助于更加科学地构造我国经济社会协调发展的动态监测模型。

协调发展简而言之是协调和发展的综合体，既要体现协调度，又要体现发展度。显然，协调可以用离差系数测度，而发展度则可以用 $D=\alpha f(X)+\beta g(Y)$ 表示，这里仍然以建立两个系统之间的协调发展动态监测模型为例，其中 α、β 分别为 X 变量与 Y 变量的权重。既然协调度和发展度都能被度量，那么，如何将二者结合为协调发展度则是重要的问题。

经过分析，可以对协调度与发展度进行加权处理，以两个系统为例，协调发展度为：

$$C=\sqrt{\left\{\frac{f(X)\times g(Y)}{\left[\frac{f(X)+g(Y)}{2}\right]^{2}}\right\}^{K}\left[\alpha f(X)+\beta g(Y)\right]}$$

式中，C 表示协调发展度。

以上是两个系统之间的协调发展水平，同理，多个系统之间的协调发展水平为：

$$C=\sqrt[K]{\left\{\frac{f(X_1)\times f(X_2)\times\cdots\times f(X_n)}{\left[\frac{f(X_1)+f(X_2)+\cdots+f(X_n)}{n}\right]^n}\right\}\left[\alpha f(X_1)+\beta f(X_2)+\cdots+\lambda f(X_n)\right]}$$

不难证明，$0\leqslant C\leqslant 1$，当 $C=1$ 时，说明协调发展度最好；反之，协调发展度最差。

同样，以表 5-1 的数据为例，将 α、β 赋予相同的权重 0.5，则有 $C_A=0.7746$，$C_B=0.9487$。显然，较前文完全协调的计算结论，这次的计算结果在与社会发展经验上有了很大的改善。这样的处理方式区分了高效协调与低效协调，使得研究结论更加真实地反应了客观实在，增强了结果对现实的解释力。

第二节 经济社会协调发展的纵向监测

把握我国区域经济社会协调发展水平，一个重要的方面就是从纵向上了解我国经济社会协调发展水平的变迁，观察其在一定时间范围内的发展变化趋势，这有利于更加深刻地理解我国经济社会协调发展水平的现状。本书采集了 1986—2013 年我国经济社会发展方面的相关数据，动态监测了这一时间段内我国经济社会协调发展水平，并建立了 1986—2013 年我国经济社会协调发展指数。

一、数据的采集与无量纲处理

数据的采集是数据分析的基础，科学的研究结论有赖于准确的原始数据，本研究主要根据官方发布的各类统计年鉴查找相关原始数据。另外，由于数据的量纲不同，为方便后期的处理，需要对原始数据采用效用值法进行无量纲处理。

本书作者通过浏览《中国统计年鉴》、《中国教育统计年鉴》、《中国教育经费统计年鉴》、《中国科技统计年鉴》、《中国国土资源年鉴》以及《中国高技术产业统计年鉴》等统计资料，采集了我国经济社会协调发展动态监测指标 1986—2013 年各年度的数据，其中一部分是原始数据，还有一部分是经过简单计算得到的数据。

由于各个指标的量纲不同，需要对指标数据采用效用值法进行无量纲处理。无量纲化（nondimensionalize 或者 dimensionless）也称数据的格式化、标准化。在研究以及实践中，常常需要对多指标的评价体系进行计算，由于各个指标的量纲不一样，所代表的物理含义也就不一样，这样的异量纲直接影响对指标表构成的整体对象的评价。在这种情况下，通常采用无量纲化这一通过数学变换来消除原始指标量纲的办法来解决指标的异量纲问题。

随着多指标综合评价方法运用越来越广泛，无量纲的处理方法也随之积累了多种，根据原始指标与评价指标之间的关系，可将诸多处理方法分为三种类型：一是直线型无量纲处理方法；二是曲线型无量纲处理方法；三是折线型无量纲处理方法。

本书中，根据指标的性质选择用直线型无量纲处理方法中的阈值法对数据进行处理。为了方便起见，规定效用值的区域范围为［0，1］，即监测指标最大的效用值为 1，最小的效用值为 0。在进行无量纲处理时，把“正效用指标”和“负效用指标”区别对待，无量纲数据处理计算公式如下：

$$X'_{ij} = \frac{X_{ij} - X_{i\min}}{X_{i\max} - X_{i\min}} \quad (\text{当 } X_{ij} \text{ 为正效用指标时})$$

$$X'_{ij} = \frac{X_{i\max} - X_{ij}}{X_{i\max} - X_{i\min}} \quad (\text{当 } X_{ij} \text{ 为负效用指标时})$$

式中，X_{ij}表示经济发展度第 i 项监测指标在第 j 年度的原始数据；$X_{i\max}$表示经济发展度第 i 项监测指标在各年度原始数据中的最大值；$X_{i\min}$表示经济发展度第 i 项监测指标在各年度原始数据中的最小值；X'_{ij}表示经济发展度第 i 项监测指标在第 j 年度的效用值。

1986—2013 年我国经济发展度指标无量纲数据和我国社会发展度指标无量纲数据分别如表 5 - 2 和表 5 - 3 所示。

表 5-2　　1986—2013 年我国经济发展度指标无量纲数据

年份	X_{11}	X_{12}	X_{13}	X_{14}	X_{15}	X_{21}	X_{22}	X_{23}	X_{24}	X_{31}	X_{32}	X_{33}	X_{11}	X_{12}
1986	0.0000	0.0000	0.0000	0.0000	0.5838	0.7212	0.2482	0.3442	0.5530	0.1393	0.1423	0.0000	0.0000	0.0000
1987	0.0036	0.0023	0.0042	0.0295	0.5157	0.7500	0.1812	0.4347	0.6096	0.1322	0.2256	0.1554	0.0036	0.0023
1988	0.0098	0.0080	0.0123	0.9162	0.7435	0.4808	0.0000	0.4519	0.5706	0.1484	0.0000	0.1149	0.0098	0.0080
1989	0.0136	0.0102	0.0152	0.1723	0.4058	0.0288	0.1517	0.1822	0.0000	0.0050	0.4041	0.2230	0.0136	0.0102
1990	0.0166	0.0108	0.0156	0.1416	0.3874	0.0000	0.4256	0.3561	0.2660	0.0073	0.4536	0.2027	0.0166	0.0108
1991	0.0227	0.0162	0.0207	0.2684	0.3429	0.5192	0.3511	0.6070	0.6020	0.0091	0.5175	0.2568	0.0227	0.0162
1992	0.0329	0.0243	0.0281	0.3316	0.2408	1.0000	0.3595	0.6329	0.6121	0.0137	0.6031	0.3108	0.0329	0.0243
1993	0.0497	0.0323	0.0437	0.2702	0.1414	0.9808	0.4947	0.4150	0.7614	0.0247	0.6960	0.3919	0.0497	0.0323
1994	0.0752	0.0431	0.0643	0.2614	0.1152	0.8942	0.1708	0.2936	0.4876	0.0000	0.7841	0.2432	0.0752	0.0431
1995	0.0997	0.0546	0.0875	0.2195	0.2094	0.6827	0.3216	0.3802	0.5913	0.0007	0.8311	0.2635	0.0997	0.0546
1996	0.1193	0.0563	0.1091	0.2142	0.2120	0.5962	0.4999	0.2592	0.6573	0.0036	0.8565	0.2237	0.1193	0.0563
1997	0.1333	0.0650	0.1215	0.2968	0.2539	0.5288	0.5816	0.5206	0.5190	0.0062	0.8818	0.1892	0.1333	0.0650
1998	0.1425	0.0639	0.1302	0.4183	0.2958	0.3846	0.6039	0.3590	0.5253	0.0112	0.9023	0.1436	0.1425	0.0639
1999	0.1513	0.0730	0.1395	0.5091	0.3586	0.3654	0.6566	0.5812	0.5442	0.0160	0.9119	0.1892	0.1513	0.0730
2000	0.1684	0.1023	0.1543	0.5829	0.4712	0.4423	0.6423	0.9138	0.5787	0.0230	0.9228	0.2905	0.1684	0.1023

续表

年份	X_{11}	X_{12}	X_{13}	X_{14}	X_{15}	X_{21}	X_{22}	X_{23}	X_{24}	X_{31}	X_{32}	X_{33}	X_{11}	X_{12}
2001	0.1870	0.1107	0.1712	0.6678	0.4817	0.4327	0.7554	0.4732	0.5819	0.0282	0.9337	0.3176	0.1870	0.1107
2002	0.2060	0.1388	0.1932	0.7274	0.5628	0.5096	0.6312	0.7598	0.6825	0.0345	0.9397	0.4122	0.2060	0.1388
2003	0.2339	0.1974	0.2118	0.7133	0.7147	0.5962	0.5746	1.0000	0.5347	0.0454	0.9361	0.5473	0.2339	0.1974
2004	0.2778	0.2743	0.2419	0.6631	0.7827	0.6058	0.6652	0.9255	0.5819	0.0598	0.9385	0.6554	0.2778	0.2743
2005	0.3209	0.3410	0.2749	0.6372	0.9005	0.6346	0.6752	0.7373	0.6353	0.0713	0.9457	0.7838	0.3209	0.3410
2006	0.3693	0.9639	0.3146	0.6024	0.6675	0.7500	0.7411	0.7545	0.6715	1.0000	0.9505	0.7365	0.3693	0.9639
2007	0.4533	0.5276	0.3697	0.6625	0.5759	0.7788	1.0000	0.6817	0.8130	0.4072	0.9517	0.9730	0.4533	0.5276
2008	0.5555	0.6230	0.4811	0.7481	0.2958	0.5000	0.7070	0.4883	1.0000	0.4562	0.9587	1.0000	0.5555	0.6230
2009	0.6019	0.5307	0.5572	0.8431	0.0000	0.5096	0.5299	0.0000	0.7737	0.4944	0.9702	0.8378	0.6019	0.5307
2010	0.7095	0.7193	0.6626	0.8260	0.6859	0.6346	0.7479	0.8089	0.8617	0.5854	0.9674	0.8851	0.7095	0.7193
2011	0.8357	0.8817	0.7751	0.8383	0.5026	0.5192	0.8319	0.6620	0.8240	0.7382	0.9698	0.9662	0.8357	0.8817
2012	0.9158	0.9329	0.8857	0.9150	0.9476	0.3702	0.5571	0.4105	0.7375	0.8360	0.9698	0.9662	0.9158	0.9329
2013	1.0000	1.0000	1.0000	1.0000	1.0000	0.5481	0.4958	0.4550	0.6982	0.9220	1.0000	1.0000	1.0000	1.0000

表 5-3　　1986—2013 年我国社会发展度指标无量纲数据

年份	Y_{11}	Y_{12}	Y_{13}	Y_{14}	Y_{21}	Y_{22}	Y_{23}	Y_{24}	Y_{25}	Y_{26}	Y_{31}	Y_{32}	Y_{33}	Y_{34}
1986	0.0000	0.0000	0.1077	0.1179	0.3510	0.0000	1.0000	1.0000	0.7097	0.0100	0.1018	1.0000	0.0000	0.0000
1987	0.0039	0.0046	0.0513	0.1462	0.2354	0.0000	1.0000	0.9668	0.6774	0.0000	0.0579	0.9953	0.3470	0.0000
1988	0.0107	0.0143	0.1590	0.2311	0.7411	0.0031	1.0000	0.9668	0.2137	0.0199	0.0000	0.9909	0.3602	0.0000
1989	0.0182	0.0210	0.0000	0.1934	0.2301	0.0100	0.7391	0.8688	0.2460	0.0746	0.2035	0.9879	0.6096	0.0000
1990	0.0234	0.0310	0.0154	0.0047	0.2545	0.0188	0.7826	0.9385	0.8468	0.0995	0.2461	0.9830	0.6474	0.1018
1991	0.0307	0.0336	0.0359	0.0613	0.2384	0.0201	0.8696	0.7724	0.8347	0.1244	0.4088	0.9816	0.7532	0.1018
1992	0.0432	0.0425	0.0769	0.0613	0.1723	0.0188	0.8696	0.6188	0.7137	0.1493	0.4314	0.9741	0.8132	0.1018
1993	0.0643	0.0588	0.2154	0.0377	0.0876	0.0320	0.7391	0.4427	0.3790	0.1592	0.6108	0.9684	0.8462	0.1018
1994	0.0996	0.0941	0.2308	0.0000	0.0768	0.0175	0.6522	0.3879	0.0000	0.1642	0.6605	0.9623	0.8630	0.1454
1995	0.1298	0.1362	0.2256	0.0142	0.0054	0.0150	0.6087	0.5108	0.2823	0.1692	0.5808	0.9471	0.8394	0.1454
1996	0.1511	0.1773	0.2923	0.1226	0.0157	0.0125	0.5652	0.6794	0.6371	0.1791	0.7807	0.9415	0.8813	0.1454
1997	0.1635	0.1967	0.4051	0.1792	0.0000	0.0150	0.5217	0.7151	0.8589	0.1741	1.0000	0.9332	0.8921	0.1454
1998	0.1736	0.2052	0.5026	0.2594	0.0431	0.0213	0.5217	0.6819	0.9395	0.1891	0.8463	0.9253	0.4740	0.1454
1999	0.1901	0.2109	0.6359	0.2972	0.0940	0.0357	0.5217	0.5656	0.9153	0.1891	0.8879	0.9178	0.7149	0.1994
2000	0.2065	0.2160	0.7744	0.4623	0.1175	0.0602	0.5217	0.4510	0.9556	0.1841	0.9262	0.9007	0.7676	0.1994

续表

年份	Y_{11}	Y_{12}	Y_{13}	Y_{14}	Y_{21}	Y_{22}	Y_{23}	Y_{24}	Y_{25}	Y_{26}	Y_{31}	Y_{32}	Y_{33}	Y_{34}
2001	0. 2287	0. 2293	0. 8359	0. 5283	0. 2193	0. 0777	0. 3043	0. 3580	0. 9435	0. 1791	0. 8168	0. 8663	0. 7898	0. 4725
2002	0. 2611	0. 2422	0. 8615	0. 5991	0. 3054	0. 1021	0. 1304	0. 1819	0. 9395	0. 0746	0. 7668	0. 8445	0. 8095	0. 4725
2003	0. 2906	0. 2595	0. 8923	0. 6274	0. 2496	0. 1779	0. 0000	0. 0822	0. 9234	0. 1095	0. 7043	0. 8086	0. 8623	0. 4725
2004	0. 3270	0. 2966	0. 8615	0. 5519	0. 2751	0. 2356	0. 0435	0. 1005	0. 8145	0. 1343	0. 5919	0. 7499	0. 8759	0. 4725
2005	0. 3682	0. 3342	0. 9128	0. 6321	0. 4165	0. 2531	0. 0435	0. 0880	0. 8992	0. 1542	0. 3171	0. 7025	0. 8840	0. 4725
2006	0. 4168	0. 3734	0. 9590	0. 7500	0. 5154	0. 2732	0. 0870	0. 0432	0. 9113	0. 1990	0. 3522	0. 6086	0. 9108	0. 6449
2007	0. 4945	0. 4387	0. 9333	0. 7453	0. 6182	0. 3195	0. 1304	0. 0000	0. 7782	0. 2488	0. 2715	0. 5220	0. 9189	0. 6459
2008	0. 5711	0. 5119	0. 8513	0. 7170	0. 7993	0. 4398	0. 0435	0. 0166	0. 7339	0. 3284	0. 3340	0. 4982	0. 9504	0. 6449
2009	0. 6246	0. 5582	0. 9231	0. 8443	0. 8336	0. 6009	0. 0000	0. 0000	1. 0000	0. 4428	0. 4247	0. 4494	0. 9558	0. 8681
2010	0. 6989	0. 6486	0. 9641	0. 8396	0. 9168	0. 6291	0. 0870	0. 0831	0. 8387	0. 5522	0. 3862	0. 3235	0. 9720	0. 8681
2011	0. 8025	0. 7735	0. 9333	0. 8726	0. 9657	0. 5199	0. 0870	0. 1661	0. 7742	0. 6567	0. 4683	0. 0882	0. 9769	0. 8681
2012	0. 9083	0. 8844	0. 9385	0. 9245	1. 0000	1. 0000	0. 0870	0. 1910	0. 8669	0. 8159	0. 4548	0. 0000	0. 9989	0. 8723
2013	1. 0000	1. 0000	1. 0000	1. 0000	0. 9352	0. 6021	0. 1087	0. 2492	0. 8669	1. 0000	0. 7318	0. 0960	1. 0000	1. 0000

二、动态监测结果及分析

根据所构建的我国经济社会协调发展的动态监测模型，可知要测算我国经济社会协调发展度需要计算我国经济发展度与社会发展度两个数据，再根据经济发展度与社会发展度两个数据计算我国经济社会协调发展度，进而编制我国经济社会协调发展指数。

（一）经济发展度和社会发展度的测算

我国经济发展度体现了我国经济发展水平，同样社会发展度体现了我国社会发展水平。经济发展度是我国经济发展测度指标的指标值与各自权重乘积的总和，社会发展度是我国社会发展测度指标的指标值与各自权重乘积的总和，经济社会发展度则是我国经济发展度和社会发展度的均值，而经济社会协调度则是通过计算经济发展度和社会发展度之间的离差获得（见表5－4）。

表5－4　1986—2013年我国经济发展度与社会发展度

年份	经济发展度	社会发展度	年份	经济发展度	社会发展度
1986	0.1895	0.3491	2000	0.3725	0.5340
1987	0.2063	0.3475	2001	0.3863	0.5350
1988	0.2032	0.3585	2002	0.4168	0.5155
1989	0.1082	0.3385	2003	0.4472	0.4996
1990	0.1361	0.3730	2004	0.4776	0.4791
1991	0.2285	0.3874	2005	0.5084	0.4727
1992	0.3044	0.3720	2006	0.6463	0.5040
1993	0.3235	0.3619	2007	0.6293	0.4936
1994	0.2927	0.3471	2008	0.6182	0.5119
1995	0.2981	0.3672	2009	0.5997	0.5744
1996	0.3075	0.4486	2010	0.7354	0.5878
1997	0.3185	0.5034	2011	0.7831	0.6037
1998	0.3138	0.4877	2012	0.8118	0.6405
1999	0.3343	0.5093	2013	0.8863	0.7292

表中给出了1986—2013年各年的经济发展度数据和社会发展度数据。

从数据本身来看，我国经济发展度和社会发展度均呈现稳步增长态势。经济发展度最低水平的是1989年的0.1082，同样，社会发展度最低水平也是1989年的0.3385，2013年我国经济发展度、社会发展度均达到了最高水平，分别为0.8863和0.7292，在这一过程中，经济发展变化显然要比社会发展变化快，且随后几年来经济发展水平也相对社会发展水平要高。

为了更加清晰地展现经济发展度与社会发展度的变化及趋势，将我国经济发展度和社会发展度数据绘制成折线图（见图5－2）。可见，在2005年以前，经济发展落后于社会发展，而在2005年以后，经济发展则超过了社会发展，并进入了经济发展的快速道。

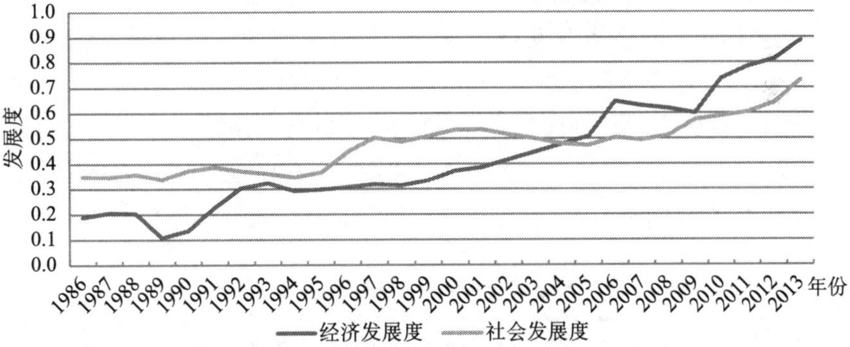

图5－2　1986—2013年我国经济发展度与社会发展度变化趋势

（二）经济社会协调发展度的测算及其分析

以上对我国经济发展度和社会发展度进行了测算，综合这些数据，采用所构造的我国经济社会协调发展动态监测模型，计算了我国经济社会协调发展度。

从测算结果来看，我国经济社会协调发展度最低为1989年的0.3471，最高值为2013年的0.8903。事实上，通过数学计算出来的数字往往只是一个值，仅仅知道哪种状态更好，但其确切的含义还需要进一步赋予，为了进一步描述数值的意义，本书将用一个等级对数值进行刻画，以便形象地表达其含义。

参照国内外各种综合指数的分级方法，按照协调度的大小将我国经济社会协调发展度划分为“优良协调”、“良好协调”、“中级协调”、“初级协调”、“勉强协调”、“濒临失调”、“轻度失调”、“中度失调”、“严重失调”、“极度失调”10个等级标准（见表5－5）。

表5－5 我国经济社会协调发展度等级划分标准

协调等级	协调发展度	协调等级	协调发展度
极度失调	0.00—0.10	勉强协调	0.50—0.60
严重失调	0.10—0.20	初级协调	0.60—0.70
中度失调	0.20—0.30	中级协调	0.70—0.80
轻度失调	0.30—0.40	良好协调	0.80—0.90
濒临失调	0.40—0.50	优质协调	0.90—1.00

按照十个等级对我国经济社会协调发展度进行刻画，可知1986—2013年我国经济社会协调发展总体上开始由失调向协调转变。分时期来看，我国经济社会协调发展度由“七五”时期的0.4395上升到“八五”时期的0.5619，再由“九五”期间的0.6157上升到“十五”期间的0.6826，直至“十一五”期间的0.7599，在“十二五”前三年达到了0.8498，其协调等级也从“轻度失调”向“良好协调”转变（见表5－6）。

表5－6 1986—2013年我国经济社会协调发展度及其协调等级

年份	经济社会协调发展度	协调等级	经济社会协调发展度	时期
1986	0.4734	濒临失调	0.4395	“七五”时期
1987	0.4920	濒临失调		
1988	0.4894	濒临协调		
1989	0.3471	轻度失调		
1990	0.3953	轻度失调		
1991	0.5180	勉强协调	0.5619	“八五”时期
1992	0.5758	勉强协调		
1993	0.5836	勉强协调		
1994	0.5615	勉强协调		
1995	0.5705	勉强协调		
1996	0.5935	勉强协调	0.6157	“九五”时期
1997	0.6086	初级协调		
1998	0.6033	初级协调		
1999	0.6215	初级协调		
2000	0.6519	初级协调		

续表

年份	经济社会协调发展度	协调等级	经济社会协调发展度	时期
2001	0.6610	初级协调		
2002	0.6751	初级协调		
2003	0.6859	初级协调	0.6826	“十五”时期
2004	0.6916	初级协调		
2005	0.6995	初级协调		
2006	0.7468	中级协调		
2007	0.7384	中级协调		
2008	0.7451	中级协调	0.7599	“十一五”时期
2009	0.7658	中级协调		
2010	0.8032	良好协调		
2011	0.8188	良好协调		
2012	0.8403	良好协调	0.8498	“十二五”时期
2013	0.8903	良好协调		

另外，由于我国经济社会协调发展水平由“发展度”和“协调度”两个重要因素决定，从理论上来讲，我国经济社会协调发展水平呈现四种类型：高协调、高发展型；高协调、低发展型；低协调、低发展型；低协调、高发展型，其中高协调、高发展型是我国经济社会协调发展的理想类型。但从研究结果来看，我国经济社会协调发展水平主要集中表现为高协调、低发展型和低协调、低发展型两种类型。造成这种现状的重要原因在于我国经济社会发展水平低下，尤其是社会发展水平较低，因此，加快经济发展和社会发展是促进经济社会协调发展的重要途径。还需要注意的是，当经济发展与社会发展均处于较低发展水平时，其协调度可能会高，也就是说经济发展与社会发展几乎同步，但此时的同步只是经济发展与社会发展在较低水平的一种低效协调，并非本书所研究的经济社会协调发展中的高效协调之意。

三、纵向经济社会协调发展指数的编制

表5－6显示了1986—2013年我国经济社会协调发展度，以该数据为依据，将1986年设为基期100，其他年度的协调发展度与之进行比较，编制了1986—2013年我国经济社会协调发展指数（见表5－7）。

表 5－7 1986—2013 年我国经济社会协调发展指数

年份	经济社会协调发展指数	年份	经济社会协调发展指数	年份	经济社会协调发展指数
1986	100.00	1996	125.37	2006	157.75
1987	103.93	1997	128.56	2007	155.98
1988	103.38	1998	127.44	2008	157.39
1989	73.32	1999	131.28	2009	161.77
1990	83.50	2000	137.71	2010	169.67
1991	109.42	2001	139.63	2011	172.96
1992	121.63	2002	142.61	2012	177.50
1993	123.28	2003	144.89	2013	188.07
1994	118.61	2004	146.09	—	—
1995	120.51	2005	147.76	—	—

指数形式表明了对比 1986 年而言，其他年份的相对变化程度。总体而言，1986—2013 年我国经济社会协调发展水平呈现上升趋势。为更加直观地反应这一趋势，绘制了 1986—2013 年我国经济社会协调发展指数变化折线图，见图 5－3。可见，1986—2013 年我国经济社会协调发展指数总体呈现上升趋势。

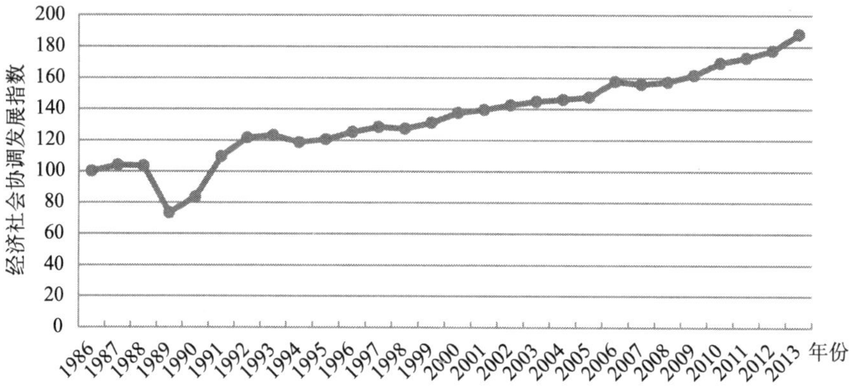

图 5－3 1986—2013 年我国经济社会协调发展指数变化趋势

第三节
经济社会协调发展的横向监测

我国幅员辽阔，31 个省、自治区、直辖市之间人文以及自然禀赋之间差异较大，因而在经济社会发展方面也必然存在较大差异。本书在把握各省域的经济发展度和社会发展度基础上，计算各省域的协调发展度，并编制其协调发展指数，以更加直观地了解我国经济社会协调发展状况。

一、数据的采集与无量纲处理

本节将对我国 31 个省、自治区、直辖市的经济社会协调发展水平进行测量，需要采集相关数据，并对数据进行无量纲处理。

通过查找 2013 年《中国统计年鉴》、各省《统计年鉴》、《中国科技统计年鉴》、《中国教育统计年鉴》、《中国教育经费统计年鉴》、《中国国土资源年鉴》、《中国高技术产业统计年鉴》以及政府工作报告等资料，采集了我国 31 个省、自治区、直辖市的经济社会协调发展动态监测指标数据，其中部分指标是原始数据，部分是经过简单计算得到的数据。

根据指标的性质，选择直线型无量纲处理方法中的阈值法对数据进行处理。为了方便起见，规定效用值的区域范围为［0，1］，即监测指标最大的效用值为 1，最小的效用值为 0。在进行无量纲处理时，对“正效用指标”和“负效用指标”区别对待，无量纲数据处理计算公式如下：

$$Y'_{ij}=\frac{Y_{ij}-Y_{i\min}}{Y_{i\max}-Y_{i\min}}\quad（当\ Y_{ij}为正效用指标时）$$

$$X'_{ij}=\frac{X_{i\max}-X_{ij}}{X_{i\max}-X_{i\min}}\quad（当\ Y_{ij}为负效用指标时）$$

式中，Y_{ij}表示社会发展度第 i 项监测指标在第 j 年度的原始数据；$Y_{i\max}$表示社会发展度第 i 项监测指标在各年度原始数据中的最大值；$Y_{i\min}$表示社会发展度第 i 项监测指标在各年度原始数据中的最小值；Y'_{ij}表示社会发展度第 i 项监测指标在第 j 年度的效用值。

表 5－8　　2013 年我国 31 个省、自治区、直辖市经济发展指标无量纲数据

省份	X_{11}	X_{12}	X_{13}	X_{14}	X_{15}	X_{21}	X_{22}	X_{23}	X_{24}	X_{31}	X_{32}	X_{33}	X_{11}	X_{12}
北京	0. 9166	0. 3409	1. 0000	1. 0000	0. 2738	0. 5246	0. 4462	0. 4460	0. 3693	0. 8293	1. 0000	0. 2183	0. 9166	0. 3409
天津	1. 0000	0. 5048	0. 7190	0. 3265	0. 6777	0. 6315	0. 7567	0. 4280	0. 0000	1. 0000	0. 8637	0. 4297	1. 0000	0. 5048
河北	0. 2060	0. 0613	0. 2309	0. 0453	0. 1599	0. 2094	0. 4339	0. 3926	0. 8974	0. 6992	0. 5385	0. 6612	0. 2060	0. 0613
山西	0. 1551	0. 0189	0. 2253	0. 1790	0. 3914	0. 0000	0. 5178	0. 4352	0. 7377	0. 3133	0. 2846	0. 2627	0. 1551	0. 0189
内蒙古	0. 5813	0. 0247	0. 4176	0. 0621	0. 2483	0. 1665	0. 4620	0. 4143	0. 6488	0. 6175	0. 4808	0. 4715	0. 5813	0. 0247
辽宁	0. 5055	0. 1473	0. 5282	0. 1469	0. 2993	0. 4211	0. 3345	0. 3778	0. 8494	0. 7177	0. 6505	0. 6535	0. 5055	0. 1473
吉林	0. 3165	0. 0437	0. 3949	0. 0440	0. 2545	0. 3997	0. 4732	0. 4278	0. 8503	0. 8032	0. 7456	0. 7251	0. 3165	0. 0437
黑龙江	0. 1902	0. 0324	0. 2906	0. 1906	0. 5863	0. 0861	0. 4210	0. 4285	0. 8730	0. 4250	0. 6802	0. 4537	0. 1902	0. 0324
上海	0. 8759	1. 0000	0. 8094	0. 6693	0. 4120	0. 3009	0. 4190	0. 3895	0. 3821	0. 8267	0. 9132	0. 3000	0. 8759	1. 0000
江苏	0. 6740	0. 4111	0. 5919	0. 2616	0. 7045	0. 5067	0. 5122	0. 3708	0. 8918	0. 5618	0. 9231	0. 5420	0. 6740	0. 4111
浙江	0. 5939	0. 3649	0. 6375	0. 3083	0. 8918	0. 3695	0. 4419	0. 3810	0. 7960	0. 7515	0. 9286	0. 3054	0. 5939	0. 3649
安徽	0. 1143	0. 0286	0. 1246	0. 0000	0. 8314	0. 6072	0. 6606	0. 4750	0. 9750	0. 5551	0. 8385	0. 6266	0. 1143	0. 0286
福建	0. 4556	0. 2218	0. 4619	0. 1256	0. 7461	0. 5459	0. 8051	0. 4181	0. 9745	0. 2350	0. 8989	0. 5164	0. 4556	0. 2218
江西	0. 1154	0. 0341	0. 1024	0. 0294	0. 1861	0. 5703	0. 7583	0. 5389	0. 9402	0. 4533	0. 8951	1. 0000	0. 1154	0. 0341
山东	0. 4356	0. 1737	0. 4917	0. 1815	0. 2732	0. 4979	0. 5224	0. 3913	0. 9306	0. 7443	0. 7830	0. 7302	0. 4356	0. 1737
河南	0. 1467	0. 0298	0. 1962	0. 0339	0. 4400	0. 3559	0. 7671	0. 4505	0. 9401	0. 4235	0. 7610	0. 6588	0. 1467	0. 0298

续表

省份	X_{11}	X_{12}	X_{13}	X_{14}	X_{15}	X_{21}	X_{22}	X_{23}	X_{24}	X_{31}	X_{32}	X_{33}	X_{11}	X_{12}
湖北	0. 2568	0. 0268	0. 3658	0. 1398	0. 8706	0. 5818	0. 8402	0. 5182	0. 9549	0. 6447	0. 7516	0. 5859	0. 2568	0. 0268
湖南	0. 1805	0. 0128	0. 2047	0. 1558	0. 8693	0. 5578	0. 5881	0. 5490	0. 9492	0. 4816	0. 7615	0. 8662	0. 1805	0. 0128
广东	0. 4645	0. 6668	0. 5224	0. 3380	1. 0000	0. 4167	0. 5771	0. 3002	0. 8212	0. 2074	0. 9434	0. 4407	0. 4645	0. 6668
广西	0. 1000	0. 0383	0. 1255	0. 0781	0. 1400	0. 5337	0. 5493	0. 5352	0. 9065	0. 4407	0. 8132	0. 5675	0. 1000	0. 0383
海南	0. 1616	0. 0848	0. 1321	0. 4053	0. 0799	0. 5696	0. 7305	0. 5193	0. 8763	0. 6549	0. 8725	0. 2933	0. 1616	0. 0848
重庆	0. 2592	0. 1033	0. 2658	0. 2887	0. 2620	0. 6342	0. 0000	0. 8351	0. 9754	0. 3769	0. 7291	0. 5114	0. 2592	0. 1033
四川	0. 1243	0. 0305	0. 1909	0. 0464	0. 3118	0. 5082	0. 6297	0. 4755	0. 9334	0. 3646	0. 7049	0. 4792	0. 1243	0. 0305
贵州	0. 0000	0. 0000	0. 0000	0. 2991	0. 1805	1. 1412	0. 7907	0. 4468	0. 9687	0. 2070	0. 3110	0. 3029	0. 0000	0. 0000
云南	0. 0282	0. 0113	0. 0544	0. 1925	0. 1537	0. 8659	0. 8490	0. 6558	0. 9331	0. 4258	0. 6143	0. 2879	0. 0282	0. 0113
西藏	0. 0410	0. 0302	0. 0804	0. 4506	0. 0585	1. 0000	0. 4181	0. 3560	1. 0000	0. 0000	0. 5495	0. 0000	0. 0410	0. 0302
陕西	0. 2578	0. 0225	0. 1987	0. 0418	0. 4144	0. 6410	0. 3969	0. 7942	0. 9602	0. 4840	0. 7879	0. 3751	0. 2578	0. 0225
甘肃	0. 0179	0. 0072	0. 0506	0. 2103	0. 3348	0. 6346	0. 6987	0. 0559	0. 9320	0. 6149	0. 4824	0. 4052	0. 0179	0. 0072
青海	0. 1772	0. 0007	0. 0809	0. 0444	0. 1251	0. 6367	0. 8357	0. 0000	0. 9756	0. 6251	0. 1093	0. 2149	0. 1772	0. 0007
宁夏	0. 2151	0. 0147	0. 0785	0. 2025	0. 1039	0. 4691	0. 7036	1. 0000	0. 6000	0. 3985	0. 0000	0. 2705	0. 2151	0. 0147
新疆	0. 1859	0. 0854	0. 0778	0. 1498	0. 0000	0. 6737	1. 0000	0. 3807	0. 8125	0. 5748	0. 3566	0. 3487	0. 1859	0. 0854

表 5－9　　2013 年我国 31 个省、自治区、直辖市社会发展指标无量纲数据

省份	Y_{11}	Y_{12}	Y_{13}	Y_{14}	Y_{21}	Y_{22}	Y_{23}	Y_{24}	Y_{25}	Y_{26}	Y_{31}	Y_{32}	Y_{33}	Y_{34}
北京	0.9874	1.0000	0.8428	0.8390	0.0968	1.0000	1.0000	0.5695	0.3529	1.0000	0.8372	0.9386	0.9841	0.5113
天津	0.3642	0.8481	0.5719	0.8301	0.0740	0.4618	0.2500	1.0000	0.4706	0.3782	0.9076	0.8663	0.9713	0.0922
河北	0.0941	0.3126	0.7840	0.9521	0.0507	0.0223	0.2188	0.6814	0.5294	0.0672	0.6432	0.0000	0.0000	0.3107
山西	0.0954	0.2051	1.0000	0.9080	0.1753	0.0431	0.4063	0.4532	0.4706	0.1849	0.8449	0.1932	0.2975	0.2233
内蒙古	0.2452	0.2950	0.8092	0.8009	0.0280	0.0152	0.2188	0.3967	0.4118	0.2017	0.8811	0.1650	0.5406	0.2718
辽宁	0.2729	0.3972	0.7889	0.8159	0.0056	0.1727	0.3125	0.5566	0.8824	0.2017	0.7323	0.3308	0.3851	0.5502
吉林	0.0583	0.3641	0.9348	0.9080	0.0778	0.0429	0.2188	0.8242	0.5882	0.1513	0.8686	0.7123	0.9015	0.5858
黑龙江	0.0390	0.3284	0.6105	0.8159	0.0994	0.0759	0.0000	0.7976	1.0000	0.1597	0.8273	0.5452	0.8665	0.6311
上海	1.0000	1.1830	0.6555	0.7179	0.0665	0.5030	0.1250	0.7310	0.9412	0.6218	0.7458	0.8518	0.9606	0.1052
江苏	0.4684	0.6890	0.6634	0.9041	0.0001	0.5529	0.4375	0.7313	0.9412	0.1681	0.3127	0.3506	0.7555	0.1877
浙江	0.6881	1.0341	0.6782	0.8395	0.0108	0.2364	0.4375	0.8610	0.9412	0.3109	0.5170	0.6160	0.9083	0.8883
安徽	0.1166	0.2833	0.4464	0.6250	0.1332	0.1733	0.3125	0.5879	0.8824	0.0084	0.6953	0.5380	0.7304	0.3770
福建	0.3320	0.5052	0.5536	0.4315	0.0213	0.0734	0.2500	0.6507	0.8235	0.1513	0.7037	0.7508	0.8096	1.0000
江西	0.0898	0.3040	0.5166	0.5133	0.2059	0.0182	0.3750	0.6727	0.8235	0.0252	0.7643	0.6593	0.7401	0.9029
山东	0.2803	0.4428	0.7548	0.8438	0.0125	0.2103	0.3750	0.6237	1.0000	0.2185	0.4291	0.0514	0.5851	0.2023
河南	0.0747	0.2936	0.7415	0.8480	0.1154	0.0430	0.4063	0.6785	0.5882	0.0504	0.5247	0.1382	0.6294	0.2799

续表

省份	Y_{11}	Y_{12}	Y_{13}	Y_{14}	Y_{21}	Y_{22}	Y_{23}	Y_{24}	Y_{25}	Y_{26}	Y_{31}	Y_{32}	Y_{33}	Y_{34}
湖北	0.1118	0.3564	0.4157	0.7487	0.0359	0.0898	0.2813	0.7295	0.6471	0.1176	0.6629	0.6386	0.8179	0.5534
湖南	0.1791	0.2988	0.6426	0.6794	0.0826	0.0471	0.0625	0.5147	0.8235	0.0756	0.6475	0.6346	0.8266	0.7055
广东	0.3865	0.4759	0.5660	0.4054	0.0365	0.1955	0.6250	0.5318	0.8235	0.2269	0.0000	0.4601	0.8707	0.7621
广西	0.1126	0.1915	0.5072	0.6079	0.1696	0.0870	0.3438	0.3863	1.0000	0.0672	0.7431	0.7115	0.8296	0.8463
海南	0.1015	0.2791	0.1676	0.2663	0.2881	0.0232	0.6875	0.6052	0.6471	0.1429	0.9637	0.9773	0.9988	0.8285
重庆	0.1274	0.2522	0.3697	0.4473	0.0950	0.1243	0.3125	0.5040	0.7059	0.0504	0.8396	0.7507	0.9348	0.5534
四川	0.0941	0.2425	0.4226	0.5141	0.1422	0.0823	0.0938	0.5417	0.6471	0.0924	0.6470	0.5991	0.6821	0.5016
贵州	0.0277	0.0268	0.6070	0.4833	0.4221	0.0267	0.3438	0.0414	0.8235	0.0000	0.8973	0.5734	0.8176	0.5324
云南	0.1034	0.0986	0.5077	0.4294	0.3163	0.0174	0.1250	0.1292	0.4706	0.0504	0.8232	0.6381	0.6348	0.7411
西藏	0.0208	0.0838	0.0000	0.0000	1.0000	0.0000	0.5938	0.2661	0.1765	0.0084	1.0000	1.0000	1.0000	0.1262
陕西	0.0989	0.1306	0.5793	0.9602	0.1845	0.2130	0.3438	0.2429	0.5294	0.2017	0.8517	0.5119	0.8339	0.6019
甘肃	0.0000	0.0000	0.5601	0.7346	0.3311	0.0364	0.6563	0.0000	0.4118	0.0588	0.9301	0.7196	0.8708	0.1149
青海	0.0192	0.0758	0.6362	1.0000	0.3097	0.0191	0.3438	0.2435	0.0000	0.1765	0.9802	0.9029	0.7201	0.0227
宁夏	0.0641	0.1746	0.8008	0.9889	0.1845	0.0773	0.0938	0.4374	0.2941	0.1681	0.9609	0.7610	0.9321	0.1246
新疆	0.0487	0.1961	0.6495	0.8729	0.3639	0.0197	0.3125	0.5203	0.0000	0.2353	0.8884	0.4239	0.7922	0.0000

2013 年我国 31 个省、自治区、直辖市经济发展指标无量纲数据和社会发展指标无量纲数据分别如表 5－8 和表 5－9 所示。

二、动态监测结果及分析

计算 2013 年我国 31 个省、自治区、直辖市的经济社会协调发展水平，首先需要测算各省域的经济发展度、社会发展度，在此基础上采用我国经济社会协调发展动态监测模型计算 31 个省域的经济社会协调发展度，并编制经济社会协调发展指数。

（一）经济发展度和社会发展度的测算

经济发展度体现了 2013 年各省、自治区、直辖市经济发展水平，同样，社会发展度体现了 2013 年各省域的社会发展水平。经济发展度是各省域经济发展测度指标的指标值与各自权重乘积的总和，社会发展度是各省域社会发展测度指标的指标值与各自权重乘积的总和（见表 5－10）。

表 5－10 2013 年我国 31 个省、自治区、直辖市经济发展度与社会发展度

省份	经济发展度	社会发展度	省份	经济发展度	社会发展度
北京	0.7501	0.8734	湖北	0.4926	0.5121
天津	0.7696	0.6697	湖南	0.4351	0.5152
河北	0.3350	0.4408	广东	0.5336	0.4349
山西	0.3100	0.4456	广西	0.3491	0.4906
内蒙古	0.4315	0.4409	海南	0.4205	0.5335
辽宁	0.4943	0.5226	重庆	0.3957	0.4810
吉林	0.4458	0.6082	四川	0.3455	0.4519
黑龙江	0.3296	0.5641	贵州	0.3239	0.4092
上海	0.6958	0.7476	云南	0.3578	0.3976
江苏	0.6206	0.5288	西藏	0.3016	0.3789
浙江	0.5989	0.7045	陕西	0.4180	0.4686
安徽	0.4177	0.4762	甘肃	0.3246	0.4089
福建	0.5229	0.5748	青海	0.3129	0.4700
江西	0.3950	0.5214	宁夏	0.2747	0.5374
山东	0.5189	0.4537	新疆	0.3622	0.4448
河南	0.3662	0.3874	—	—	—

表5－10中给出了2013年我国31个省、自治区、直辖市的经济发展度数据和社会发展度数据。从数据来看，经济发展度的最大值是天津的0.7696，而最小值是宁夏的0.2747；社会发展度最高值出现在北京0.8734，最小值出现在西藏0.3789。此外，从经济发展度与社会发展度的极差来看，社会发展度的极差与经济发展度的极差基本相同，分别是0.4949和0.4945，可见，我国31个省域之间经济社会发展存在较为严重的不均衡性，尤其表现在社会发展方面，这在图5－4中有直观的显示。

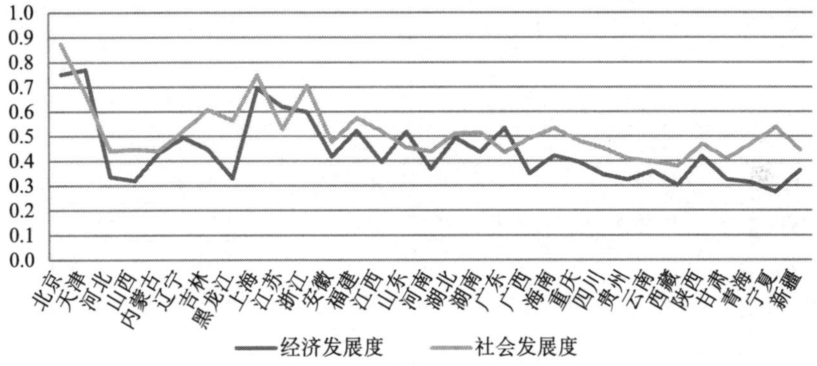

图5－4　2013年我国31个省、自治区、直辖市经济发展度与社会发展度比较

（二）经济社会协调发展度的测算及其分析

以上对31个省、自治区、直辖市的经济发展度和社会发展度进行了测算，综合这些数据，运用所构建的公式对我国经济社会协调发展度进行计算。

表5－11中列出了31个省、自治区、直辖市的经济社会协调发展度数据，从数值上来看，最大值为北京的0.8919，最小值则为西藏的0.5384，从协调等级来看分布在濒临失调和良好协调之间。为了确切地表达其含义，仍然对其按前文10个等级标准进行划分①。

从协调等级来看，我国31个省、自治区、直辖市处于良好协调的有3个，分别是北京、天津及上海；处于中级协调的有6个，分别是辽宁、吉林、江苏、浙江、福建及湖北；处于初级协调的有19个，分别是河北、山西、内蒙古、黑龙江、安徽、江西、山东、河南、湖南、广东、广西、

① 前文中对等级划分做了较为详细的论述，在此不一一赘述。

表 5-11　　2013 年我国 31 个省、自治区、直辖市经济社会协调发展度及其等级

省份	经济社会协调发展度	协调等级	省份	经济社会协调发展度	协调等级
北京	0.8919	良好协调	湖北	0.7072	中级协调
天津	0.8384	良好协调	湖南	0.6892	初级协调
河北	0.6164	初级协调	广东	0.6898	初级协调
山西	0.6025	初级协调	广西	0.6474	初级协调
内蒙古	0.6518	初级协调	海南	0.6885	初级协调
辽宁	0.7130	中级协调	重庆	0.6551	初级协调
吉林	0.7238	中级协调	四川	0.6305	初级协调
黑龙江	0.6519	初级协调	贵州	0.5989	勉强协调
上海	0.8484	良好协调	云南	0.6045	初级协调
江苏	0.7493	中级协调	西藏	0.5384	勉强失调
浙江	0.7958	中级协调	陕西	0.6658	初级协调
安徽	0.6685	初级协调	甘肃	0.5964	勉强协调
福建	0.7402	中级协调	青海	0.6051	初级协调
江西	0.6755	初级协调	宁夏	0.6178	初级协调
山东	0.6952	初级协调	新疆	0.6277	初级失调
河南	0.6298	初级协调	—	—	—

海南、重庆、四川、云南、陕西、青海、宁夏以及新疆；处于勉强协调的有 3 个，分别是贵州、西藏、甘肃。

根据表 5-11 中的数据可以了解到我国经济社会协调发展度的区域分布状况，从整体上来讲，良好协调和勉强失调这两个等级相对较少，而中级协调和初级协调则相对较多。从地域分布上来看，其协调水平大致是从东部沿海到西部内地呈现依次递减趋势，也就是说东部沿海的经济社会协调发展水平一般而要高于西部内地的经济社会协调发展水平。我国经济社会协调发展水平的分布与我国传统上划分的三大经济带也有着密切的关系，这主要源于经济社会协调发展水平在一定程度上与经济发展水平相关。

同样，由于经济社会协调发展度是考察了“协调”和“发展”两个方面的内容。因此，从理论上而言，31 个省、自治区、直辖市的经济社会协调发展情况呈现四种类型：高协调、高发展型；高协调、低发展型；低协调、低发展型；低协调、高发展型。比较而言，北京市可视为高协调、高发展型的代表，北京是我国政治、文化、科教以及国际交往中心，也是经济、金融的决策和管理中心，在社会发展方面，无疑走在全国的前列，在经济发展方面，也处于全国前列，这样使得北京经济发展与社会发展处于较高水平，且较为均衡。内蒙古自治区则是高协调、低发展型的代表，其经济发展与社会发展在全国来看，均处于中等偏低水平，此时经济发展与社会发展具有一定的均衡性，但其发展水平相对全国来说则较低。宁夏回族自治区则是低协调、低发展型的代表，不论是在经济发展还是社会发展方面，在全国都也均处于较低水平，从而出现低协调、低发展的局面。浙江则是低协调、高发展型的代表，浙江是改革开放的前沿阵地，在社会管理、政府管理方面有着丰富的经验，其社会发展态势良好，而经济发展较社会发展而言，与全国其他地区相比其优势没有社会发展明显，因而，即使社会发展度较高，但经济发展与社会发展的协同度不高，形成低协调、高发展型。以上通过进一步细分经济社会协调发展类型，能有效识别经济社会协调发展度不高的原因，为提出促进经济社会协调发展的对策指明了方向。

三、横向经济社会协调发展指数的编制

以上计算了 2013 年我国 31 个省、自治区、直辖市经济社会协调发展度，以该数据为依据，将北京设为基期 100，其他省域的协调发展度与之进行比较，编制 2013 年我国 31 个省域经济社会协调发展指数，见表 5 - 12。

表 5 - 12　2013 年我国 31 个省、自治区、直辖市经济社会协调发展指数

省份	协调发展指数	省份	协调发展指数	省份	协调发展指数
北京	100.00	安徽	74.95	重庆	73.45
天津	94.01	福建	82.99	四川	70.69
河北	69.11	江西	75.74	贵州	67.14
山西	67.55	山东	77.94	云南	67.78
内蒙古	73.08	河南	70.61	西藏	60.37
辽宁	79.94	湖北	79.29	陕西	74.65
吉林	81.16	湖南	77.28	甘肃	66.87
黑龙江	73.09	广东	77.34	青海	67.84
上海	95.13	广西	72.59	宁夏	69.27
江苏	84.01	海南	77.20	—	—
浙江	89.22	新疆	70.38	—	—

指数形式表明了相对于北京市而言，其他省域的相对经济社会协调发展水平。为更加直观地体现省域之间经济社会协调发展水平差异，绘制了2013年我国31个省、自治区、直辖市经济社会协调发展指数变化折线图（见图5-5）。

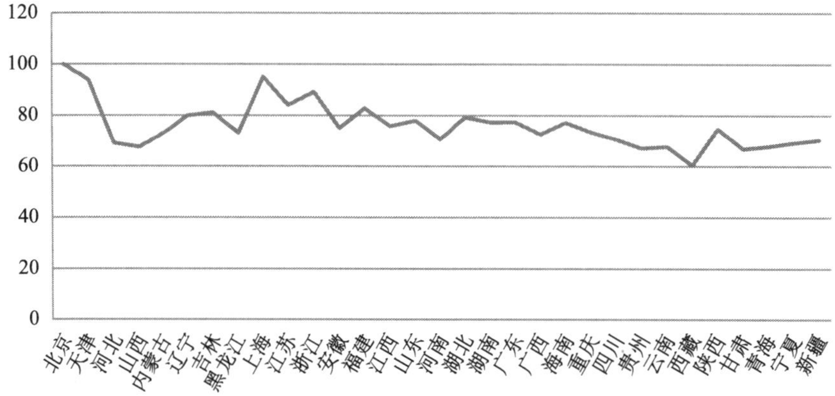

图5-5　2013年我国31个省、自治区、直辖市经济社会协调发展指数比较

2013年我国31个省、自治区、直辖市经济社会协调发展指数折线图反映了以北京为基期的其他各省域的经济社会协调发展指数的变化情况。可知，其他省域与北京比较，其经济社会协调发展指数均低于北京，且各省、自治区、直辖市之间存在较大差异。这样的现状与我国的国情相符，我国地域广阔，各地自然禀赋以及人文历史都存在差别，因而各省域的发展也存在较大差距，这种差距也会表现在经济社会协调发展方面。

第六章

我国经济社会协调发展政策供给演进及特征分析

资源作为经济社会发展的基础，是在市场－政府－社会三维资源配置主体的作用机制下分配给诸发展领域。政府作为重要的资源配置主体，是通过公共政策的制定与执行来调节经济社会发展过程中的资源分配，并规范、引导、约束市场（企业）、社会（个人、社会组织）的行为。一定时期内政府的经济政策、社会政策实际供给及其演进特征，本质上是经济社会发展过程中资源分配状况的外在表现。新中国成立以来，我国社会政策供给的演进轨迹反映了经济增长过程中，以及社会发展领域资源分配的流向转变。

第一节 公共政策的内涵与分类

公共政策是工业化的产物，是现代政府履行经济调节、市场监管、公共服务和社会管理职能的重要手段，调节和控制着社会资源分配，并以此推动经济社会发展。哈罗德·拉斯韦尔（1951）认为公共政策是一种含有目标、价值与策略的大型计划，打破了政策过程无法分析的思维限制，推动了政策科学的兴起与发展。戴维·伊斯顿（1953）认为公共政策是对全社会的价值做有权威性的分配。托马斯·戴伊（2010）将公共政策界定为“政府选择做与选择不做的事情，调节社会内部冲突，动员人民协同对外，向社会成员提供各种象征性的奖励和实质性的服务，以税收的形式从社会中汲取资金等是政府要处理的事务。因此，公共政策涉及调节个体行为、构建官僚体系、分配利益、征税，或者同时完成这些事务”。詹姆斯·安德森（2009）认为，政策是一个或一组行动者为解决一个问题或相关事务所采取的相对稳定的、有目的的一系列行动。米切尔·黑尧（2004）从市场行为中存在的失灵、外部性、垄断等内在缺陷的视角分析了国家作为公共政策主体的必要性，认为公共政策是国家组织的控制者决定要做的事情。国内学者张金马等（1992）认为，公共政策是党和政府用以规范、引导有关机构团体和个人行动的准则或指南，其表达形式有法律规章、行政命令、政府首脑的口头或书面声明和指示，以及行动计划与策略等，具有阶级性、价值相关性、合法性、权威性和强制性、功能多样性、过程性等特征。陈振明（2004）认为，公共政策是国家机关、政党及其他政治团体在特定时期为实现或服务于一定社会政治、经济、文化目标所采取的政治行为或规定的行为准则，是一系列谋略、法令、措施、办法、条例等的总称；其在本质上是执政党、国家或政府公共管理的手段或工具，服务于社会经济发展和文化进步；并作为分配或调整各种利益关系的手段或工具，是各种利益关系的调节器。

在政策类别上，根据政策协调方式的不同，可将公共政策划分为分配型政策、再分配型政策、管制型政策、构成型政策（Lowi，1982；Salisbury，1968）。日常生活中根据政策涉及的领域，可分为国防政策、经济政策、能源政策、卫生政策、人口政策、科技政策、工业政策、农业政策、对外政策、教育政策等（张金马，1992）。根据政策作用效力的层次性，纵向上可分为总政策、基本政策、具体政策。根据政策所涉及社会生活领域的不同，横向上可分为政治政策、经济政策、社会政策、文化政策。其中，经济政策是政府处理经济问题，调整人们的经济利益关系的手段，如财政政策、税收政策、货币政策、产业政策等。社会政策是政府用以处理狭义的社会问题所采取的行动或行为规范，目的是解决社会问题、提高人民生活、增加社会利益、谋求社会秩序平衡发展，如人口政策、环保政策、社会保障政策等（陈振明，2004）。

在现代民主政治体制下，有关政党、民族、外交等重要政治政策主要通过代议制民主议事机关或现代政府的首长负责制来制定和执行，且在国家政治稳定的背景下，政治政策通常保持稳定性。因而，公共政策的重点作用领域集中于促进经济增长、社会发展和文化发展等方面。同时，教育政策、卫生政策是以促进人的发展，并最终推动社会发展为目的，本书将其归结为社会政策类别。因此，经济社会协调发展就是通过经济政策、社会政策的制定和执行，引导、激励经济领域、社会领域的发展进步，并采用政策调控手段支持或抑制经济社会各领域的发展态势，以此促进二者的协调发展。

第二节
经济社会协调发展政策供给演进

新中国成立后，我国参照苏联模式进行社会主义经济社会建设，鉴于当时经济基础薄弱、社会贫穷落后的发展情境，在计划经济体制下集中资源发展工业尤其是重工业，成为国家发展战略。社会发展方面，通过城市单位制福利体制、农村集体经济支撑下的社会福利制度，为公众提供具有平均主义色彩、低水平的社会福利制度。改革开放以后，促进经济增长成为国家发展的主线，平均主义社会政策供给模式经历变迁，在传统社会福利制度瓦解与新社会福利制度确立之间，出现了影响社会公众生活质量水平的缝隙。社会发展落后带来的问题不断显现，因而使得政府再次将目光转向社会发展领域，加强社会政策供给，以此推动经济社会协调发展。由于我国经济社会协调发展中的突出问题是社会发展没有随着经济增长而进步，因此如何加强社会发展成为这一研究主题的中心。本书也是从社会政策方面分析经济社会协调发展的政策供给演进。

一、平均主义社会政策供给模式

新中国成立至改革开放前夕，我国经济社会发展的重要战略是发展工业，围绕着重工业发展制定各项经济政策。同时，在城乡社会建立了具有平均主义色彩的社会福利体制，以适应计划经济体制下的经济社会制度安排，是与较低经济发展水平相联系的低水平社会福利。由于生产、分配、交换和消费都采取国家计划统一管理的模式，各项关系公众生活的制度安排都以服务于经济生产为准绳，社会政策融合于各项经济政策之中。以户籍制度为基础，按照城乡分割的原则，实行两套截然不同的社会政策供给模式。在城镇，建立了以城镇职工为主体的劳动保险、公费医疗、工伤保险等社会福利体制，同时城镇职工家属也可以享有一定程度照顾的社会福利服务；在农村，建立了农村合作医疗制度和“五保户”供养制度，由农村集体经济组织承担筹资责任，建立卫生服务机构，培训赤脚医生，为农民提供医疗保健服务，为农村中失去生活来源的孤寡幼童等提供保证其生老病死、接受教育等经济帮助。

改革开放前，我国初步形成了一个低水平、广覆盖、城乡有别的社会福利体系。在城市和农村内部，实行具有平均主义色彩的福利分配机制。总体而言，这一时期我国的经济发展水平较低，社会发展难以获得足够的资源支持，基本维持在低水平社会福利状态。

二、补缺型社会政策供给模式

中共十一届三中全会开启了我国经济社会发展的新征程，在以经济建设为中心的思想指导下，开始了以发展经济为导向的经济社会双重转型。国家的发展战略重点转向经济增长，政府的经济政策作用凸显，社会政策的地位作用进一步弱化，服务于经济改革需要，以推动经济增长。在西方政府市场化改革浪潮影响下，政府有意识地弱化了其在社会发展方面的功能角色。在改革初期，只是对计划经济时期确立的社会政策体系进行微调，如对劳动保险制度的修改完善。1985 年随着城市经济体制改革的推进，社会福利制度改革就显得极为迫切。1986 年“七五”计划提出“我国将逐步建立起具有中国特色的社会保障制度雏形”。同年，开始选择江西九江和江苏镇江，开展城镇职工养老保险和医疗保险制度改革试点。由于经济发展优先性导向，社会政策供给主要是为了解决因企业自主权扩大、劳动用工制度改革而带来的制度不协调问题，具有恢复、应急和补救的性质。可以说，从改革开放至1992年中共十四大召开前夕，补缺型社会政策是这一时期促进社会发展方面典型的政策供给模式。

三、市场化社会政策供给模式

从1992年中共十四大到2002年中共十六大召开，十年时间内我国逐步确立了社会主义市场经济体制，促进经济增长成为这一时期的发展主线，各项束缚生产力发展的意识形态、制度体制得以纠正或废除，发展主义特征表现得尤为明显。十四届三中全会通过了《中共中央关于建立社会主义市场经济体制若干问题的决定》，提出建立社会主义市场经济体制，要使市场在国家宏观调控下对资源配置起基础性作用。为实现这个目标，经济政策方面建立现代企业制度，形成全国统一开放的市场体系；社会政策方面建立以按劳分配为主体，效率优先、兼顾公平的收入分配制度；建立多层次的社会保障制度，为城乡居民提供同我国国情相适应的社会保障，促进经济发展和社会稳定。重点完善企业养老和失业保险制度，强化社会服务功能以减轻企业负担，促进企业组织结构调整，提高企业经济效益和竞争能力。城镇职工养老和医疗保险筹资由单位和个人共同负担，实行社会统筹和个人账户相结合。农民养老以家庭保障为主，与社区扶持相结合，有条件的地方，根据农民自愿，实行个人储蓄积累养老保险。

在社会政策供给方面，为配合经济体制改革，国家开始从多个社会福利领域退出，转而依托于市场化供给。医疗卫生服务是市场化改革最为突出的领域。传统的农村合作医疗制度随着农村集体经济的瓦解而崩溃，家庭成为承担农民医疗卫生服务支出的主体，农村社会因病致贫、因病返贫现象严重，农村医疗服务组织和公共卫生防疫机构服务能力也处于不断弱化之中。在卫生总费用构成中，政府的卫生支出逐年减少，而社会和个人的卫生支出逐年增加。医院、公共卫生服务机构逐渐丧失其公益性，转而演变为营利性机构，以药养医是医疗卫生服务市场化改革的产物。此外，住房、教育领域也经历市场化改革，政府逐渐从这些服务领域中退出，最终导致社会问题丛生。本应由政府占主导性地位供给的社会保障、医疗卫生服务、公共住房等演变为依靠社会公众个人力量，大大加重了国民的经济负担（见图6－1）。

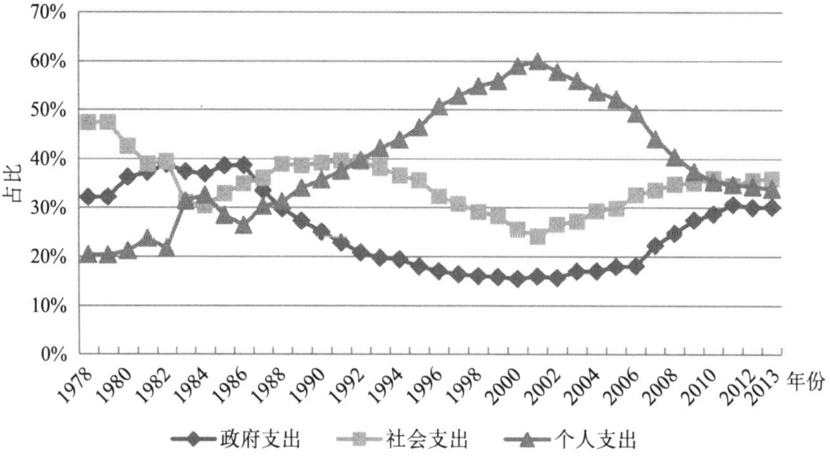

图 6－1 1978—2013 年我国卫生费用来源构成

数据来源：《2014 中国统计年鉴》。

财政政策方面的“生产性财政政策”特征明显，国家财政资源用于经济建设支出占有较大比重，而用于社会文教方面的支出则长期维持在较低水平，且增长缓慢。如图 6－2 所示，1978—2006 年国家财政用于经济建设支出由 64.1% 下降到 26.6%，同期社会文教费支出由 13.1% 提高到 26.8%，且增速缓慢。而行政管理费支出和其他项支出则分别由 4.7%、3.2% 上涨到 18.7%、20.5%，且增长速度较快。财政支出结构变化反映了一定时期内国家经济社会发展中的资源配置偏向。

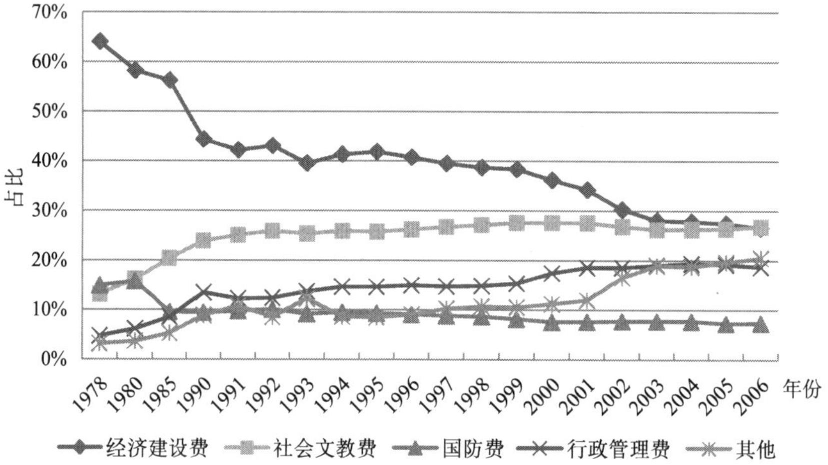

图 6－2 1978—2006 年国家财政支出按功能分类构成

数据来源：《2007 中国统计年鉴》。

四、制度化社会政策供给模式

制度化供给重在强调社会政策供给上，我国突破了传统上以单位、个人身份为资格的福利享有方式，转而通过制定具有普遍性的规则，从制度上为社会公众享有各种社会福利铺平了道路。这一模式是以 2002 年中共十六大召开为时间界限，以 2003 年“非典”疫情爆发为起点，使国家意识到“效率优先，兼顾公平”的原则在我国经济取得快速增长的新情境下引致较多问题。长期忽视社会发展将使得经济社会发展遭遇潜在危机。此后，科学发展观、社会主义和谐社会、新农村建设等成为国家新的发展战略目标。2006 年中共十六届六中全会通过的《中共中央关于建设社会主义和谐社会若干重大问题的决定》标志着我国社会政策时代的来临（岳金伦，2009）。中共十七大报告明确“必须在经济发展的基础上，更加注重社会建设，着力保障和改善民生”；中共十八大报告明确科学发展观是党必须长期坚持的指导思想，提出加强社会建设是社会和谐稳定的重要保证，必须从维护最广大人民群众根本利益的高度，加快健全基本公共服务体系，必须以保障和改善民生为重点，必须加快推进社会体制改革。具体提出“一是要努力办好人民满意的教育；二是要推动实现更高质量的就业；三是要千方百计增加居民收入；四是要统筹推进城乡社会保障体系建设；五是要提高人民健康水平；六是要加强和创新社会管理”。可以认为，2003 年以来我国在社会政策供给方面进行了广泛的探索，内容涵盖教育、医疗卫生、社会保障、就业、住房等领域，从制度上将城乡居民囊括其中，凸显了制度化供给的普遍性特征。

第三节
经济社会协调发展政策实际供给及特征

一、经济社会协调发展政策实际供给

资源的稀缺性决定了政府、市场和社会等资源配置主体考量如何将有限的资源分配给经济社会发展诸领域，以达到资源配置效率目标的实现和

社会公平原则的维护。具体行为过程中，公共政策则是政府调控资源分配的重要手段。一项具体政策的制定、执行、评估、终结等环节，既体现了政策的作用机制，也包含着相应的资源支持。就经济社会发展而言，投资政策和产业政策是影响经济发展的两大政策工具，教育政策、社会保障政策、医疗卫生政策、就业政策、收入分配政策是影响社会发展的政策作用手段，而作为政府公共资源汲取和分配的财政政策则是经济社会发展的连接点。

（一）投资政策供给

投资政策是指国家对经济社会发展过程中的资金投入，重点是固定资产投资进行宏观调节或宏观管理的政策。随着 1929 年西方经济大危机的爆发，凯恩斯主义兴起，国家开始盛行对宏观经济进行干预和调节，其中对投资的干预和调节占有重要的地位，由此形成了相应的投资政策。国家投资政策与货币政策、财政政策相协调配合，在促进经济增长、调整产业结构、协调区域经济发展方面具有重要的调节作用。新中国成立后，国家在经济濒临崩溃、社会发展落后的基础上进行社会主义建设，并在较短的时间内建成了较为全面的工业体系，其中投资政策发挥了重要的作用。从计划经济体制向社会主义市场经济体制转型过程中，我国的投资政策供给也经历了不断调整与优化的过程，重点体现在投资管理体制、投资行业领域、投资区域方面的变化。在投资管理体制上，新中国成立初期为了改变落后的经济社会面貌，中央政府总揽经济社会发展的政策措施，实行“全包全统”的投资管理体制，由中央政府统一负责经济社会发展中的投资项目、资金配备等。20 世纪 50 年代后期至改革开放前，由于受政治运动的影响，经济社会发展严重受挫，投资管理体制也处在变革之中，但投资管理体制中的政府集权特色依然明显。改革开放后，围绕着以经济建设为中心的任务，大力引进外资、放开市场，改革传统以政府为主的投资体制，拓宽资金多元化筹资渠道，编制国家投资指导性计划，加强重点项目管理，从而使得我国经济取得快速增长。在投资行业领域方面，新中国成立初期为改变我国落后的经济社会面貌，发展工业尤其是重工业成为战略重点，这一发展战略在 20 世纪 50 年代后期受国内外政治环境的影响而得以加强。改革开放后，农业、能源、交通、教育和科技成为投资的重点。此后，经历“八五”、“九五”、“十五”、“十一五”等国家发展规划，投资行业重点从机械电子、石油化工、汽车等支柱产业向农业、水利、电子等行业转变，再向基础设施建设、产业升级改造、新能源、新材料、高新技术产业等转变，重点是引导我国产业结构调整升级和经济发展方式转变（谢百三，2009）。在投资区域上，我国经历了战略重心西移、发展战略东移、追求东西部地区均衡发展等演变；在城乡投资政策上，由重城轻乡向农村倾斜的转变，加强社会主义新农村建设。1999 年以来，为了促进国家区域经济协调发展，国家先后实施西部大开发、振兴东北老工业基地、中部地区崛起等区域发展战略，调整与完善国家的投资发展战略。

改革开放以来，投资一直是拉动我国经济增长“三驾马车”（投资、消费、出口）中的主力军。这一经济增长方式的形成，既受到计划经济时期经济发展战略的影响，又受到 20 世纪 90 年代以来不断增长的就业压力所牵制。过度依赖投资拉动经济增长造成投资与消费结构失衡，农村剩余劳动力、城市下岗工人和大学毕业生等就业压力又迫使经济保持适当的增长速度，从而使得我国经济发展陷入一种难以自拔的循环之中。这一结果也造成当前经济发展方式转变困难，公众消费需求不足、社会发展滞后的状况。图 6－3 显示了 2000 年以来我国固定资产投资增长情况，不难看出固定资产投资增速快，尤其是 2011 年之后增长尤为迅速，这一结果进一步凸显了当前我国经济社会发展中公众消费需求不足、投资仍是拉动经济增长主力军的不利局面。

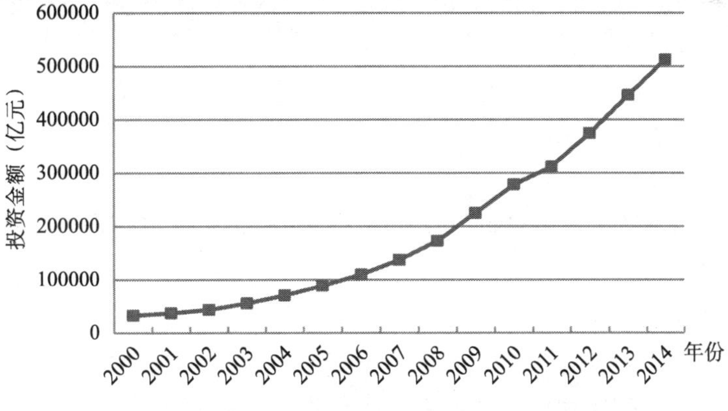

图 6－3　2000—2014 年全社会固定资产投资增长情况

数据来源：《2014 中国统计年鉴》、《2014 年国民经济和社会发展统计公报》。

（二）财政政策供给

财政政策是政府依据客观经济规律制定的指导财政工作和处理财政关系的一系列方针、准则和措施的总称，是政府调节经济运行、干预经济活动、促进经济稳定增长和持续发展、实现社会与经济预期目标的基本手段，充分就业、经济增长、物价稳定、国际收支平衡是财政政策目标的重要内容（谢百三，2008）。其中，充分就业是消除了非自愿失业（包括摩擦性失业、结构性失业）时社会的就业情况。财政政策的作用就在于通过财政工具操作，增加政府和社会投资需求，实现更大规模的就业；在私人部门需求不足的时候，增加政府需求，从而避免经济衰退，保持适度的经济增长。国家一方面通过预算和税收从社会汲取财政资源，另一方面通过预算支出分配财政资源到经济社会发展领域。

新中国成立以来，我国财政政策供给主要反映在政府财政管理体制上的变革，以及由此形成的中央与地方财政分配关系。新中国建国初期，我国财政体制的指导思想是“统一领导、分级管理”，1950 年政务院通过《关于统一国家财政经济工作的决定》，统一全国财政收支、物资和现金管理，初步形成了高度集中的统收统支的财政体制。此后，在中央与地方财政分配关系上有所调整，但基本没有脱离中央高度集中财政管理体制。改革开放以后，我国开始改革财政管理体制。1980 年国务院发布《关于实行“划分收支、分级包干”财政管理体制的暂行规定》，实行分灶吃饭的办法。在财务管理体制方面，改革固定资产投资财务管理体制，基本建设由财政拨款改为银行贷款；改革行政事业单位财务管理体制，对文教、行政单位实行“预算包干”，对国营企业单位实行“财务包干”和“经费包干”等政策。

财政包干体制下，中央与各省市间的财政关系变动频繁，同时各省市间的财力分配不均、缺乏公平性，中央政府的宏观经济调控能力也遭到削弱。1993 年中共十四届三中全会通过的《中共中央关于建立社会主义市场经济体制若干问题的决定》提出进行财税体制改革目标，重要内容之一就是建立中央政府与地方政府间的分税制财政管理体制。1994 年分税制实施后，改变了财政包干体制下我国“央弱地强”的财政资源分配格局，国家财政汲取能力增强，同时也扭转了中央财政收入比重过低的局面，增强了中央政府的宏观调控能力。1994 年以后中央财政收入呈现增长状态，近年基本维持在55%左右。另一方面，地方财政支出则呈现逐年增长状态，从而使得地方政府更加依赖于中央的财政转移支付，也在一定程度上造成地方财政的困难，缺乏足够的资金用于社会发展方面的投入（见图6－4、图6－5、图6－6）。

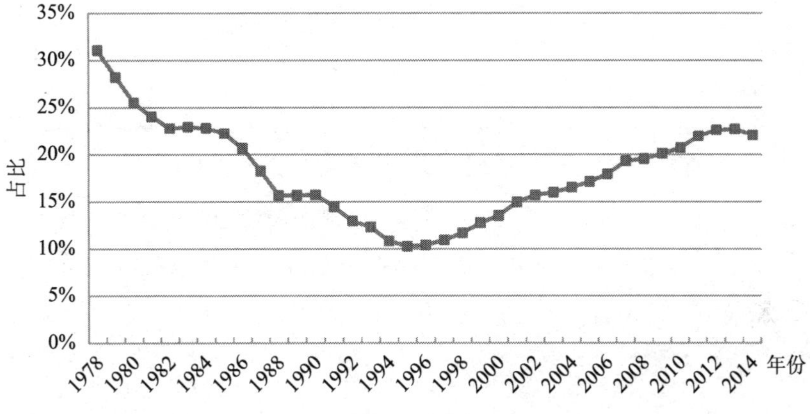

图6－4　1978—2014年国家财政收入占GDP比重

数据来源：历年《中国统计年鉴》、《2014年国民经济和社会发展统计公报》。

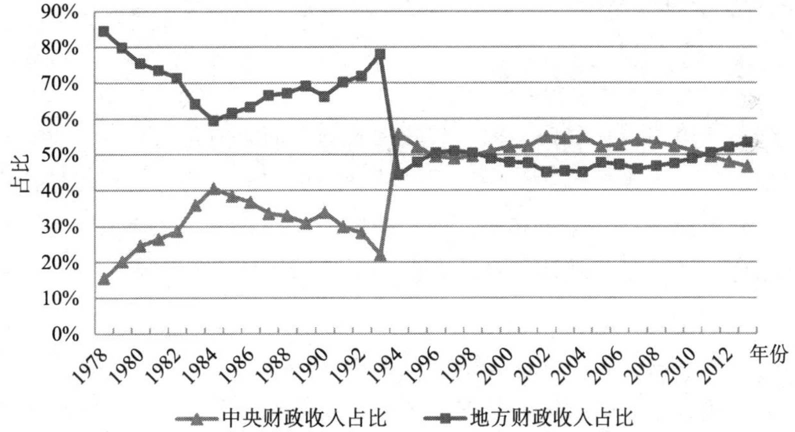

图6－5　1978—2013年中央与地方财政收入构成

数据来源：《2014中国统计年鉴》。

在具体政策供给方面，2003年以来我国财政政策走向“中性”财政政策，在总量上实施对宏观经济不产生刺激性或抑制性的影响；在结构上“有保有控”，通过一定的财政手段促进短缺、瓶颈部门发展的同时，控

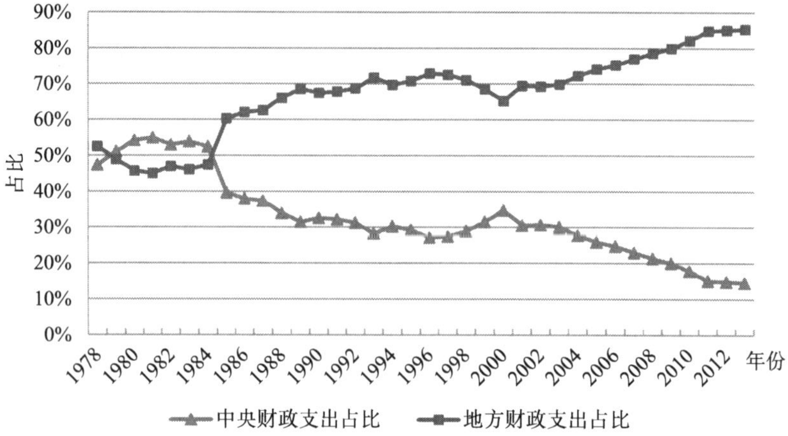

图 6－6　1978—2013 年中央与地方财政支出构成

数据来源：《2014 中国统计年鉴》。

制偏热行业的过快增长，以促进经济协调发展。社会发展和民生问题成为财政政策关注的焦点，尤其是解决“三农”问题，增强新农村建设投入。随着和谐社会建设的提出，财政政策越来越倾向于民生领域，特别是收入分配、社会保障、教育和医疗卫生方面。

（三）社会保障政策供给

社会保障是现代社会政策和社会福利制度的主体，也是现代政府再分配干预的核心政策措施。社会保障是社会稳定的减震器，具有促进社会公平、提高公民福利、保障和改善民生的作用。在我国，社会保障是国家依法强制建立的，具有经济福利的国民生活保障和社会稳定系统，是各种社会保险、社会救助、社会福利、军人保障、医疗保健、福利服务以及各种政府或企业补助、社会互助保障等社会措施的总称（郑功成，2000）。

新中国成立后，我国社会保障政策供给大致可划分为三个阶段：第一阶段，即新中国成立至 1978 年，计划经济时代建立的城市单位制福利和农村集体福利制度；第二阶段，1979—2002 年，随着社会主义市场经济体制的逐步确立、发展与巩固，我国开始探讨现代社会保障制度；第三阶段，2003 年以来，在深入贯彻科学发展观，构建和谐社会的目标要求下，随着主要针对城乡居民养老和医疗保障政策的陆续出台，目前已经建立了一套覆盖城乡的社会保障政策体系。

1. 养老保险

养老保险制度改革是从城镇职工群体开始的，随着现代企业制度的建立，为减轻企业沉重的社会负担，释放经济活力。自20世纪90年代中期开始探索城镇职工养老保险改革，1998年提出建立覆盖城镇居民的现代养老保险制度。在我国经历社会转型的发展阶段，灵活就业群体、农民工等成为城市建设的重要主体，城市就业群体的流动性增强，传统的养老保险制度面临新的问题。2005年《国务院关于完善企业职工基本养老保险制度的决定》提出“参保扩面工作”，将个体工商户、灵活就业人员纳入养老保险体系。此外，2007年提出养老保险省级统筹改革步伐，以提高基金支付能力和待遇水平。2009年出台了养老保险关系跨省转移办法，切实提高了部分就业流动群体的福利保障。

居民养老保险方面，2009年国家出台《国务院关于开展新型农村社会养老保险试点的指导意见》，开始在全国开展新型农村养老保险试点改革，其突出特点是强调了国家在农村居民养老保险制度中的筹资责任，为建立覆盖城乡的养老保险体系奠定了基础。2011年国家出台《国务院关于开展城镇居民社会养老保险试点的指导意见》，开始在全国试点建立城乡居民社会养老保险制度，年满16周岁，不符合城镇职工基本养老保险参保的城镇非从业居民，可以自愿参加城镇居民养老保险。至此，我国建立了包括城镇职工基本养老保险、新型农村社会养老保险和城镇居民社会养老保险在内的养老保障体系，实现了养老保障制度全覆盖。

2. 医疗保险

医疗保险制度改革是从城镇企业职工的公费医疗改革开始的，经历了20世纪80年代的探索，至20世纪90年末，我国建立了城镇职工基本医疗保险制度，将在企业从事工作的职工囊括进这一保险体系。同样地，社会的发展变迁要求医疗保险制度进行改革，一是城镇职工医疗保险的“参保扩面”工作。二是建立新型农村合作医疗制度，强化政府在农村居民医疗保险方面的制度责任，不断提高农村居民医疗保障的待遇水平。2007年参照新型农村合作医疗，在城市实施城镇居民医疗保险制度，将不符合城镇职工医疗保险的人群纳入医疗保险体系之中。

医疗救助政策方面，我国政府分别在2003年和2005年出台了《关于实施农村医疗救助的意见》和《关于建立城市医疗救助制度试点工作的意见》，初步建立起城乡居民大病医疗救助制度。2009年国务院实施为期

3 年的医药卫生体制改革，提出建立中国特色的医药卫生体制，逐步实现人人享有基本医疗卫生服务的目标。2011 年 2 月国务院办公厅公布《医药卫生体制五项重点改革 2011 年度主要工作安排》，目的是提高“新农合”和城镇居民医保补助标准，提高政策范围内住院费用支付比例等。

至此，我国已经基本建立起包括城镇职工基本医疗保险、新型农村合作医疗和城镇居民基本医疗保险，以及城乡居民医疗救助在内的医疗保障体系，实现了基本医疗保障制度全覆盖，并顺利实施了国家基本药物制度，大大提高了医疗保障水平，促进了卫生公平。

3. 最低生活保障制度

作为社会保障制度重要补充的是社会救助制度，在我国表现为最低生活保障制度、医疗救助制度等。我国在 1999 年正式建立城市居民最低生活保障制度，2007 年建立农村居民最低生活保障制度。2014 年底，全国共有城市低保对象 1026.1 万户、1877 万人；农村低保对象 2943.6 万户、5207.2 万人；农村五保供养对象 529.1 万人。财政支出方面，全年各级财政共支出城市低保资金 721.73 亿元。2014 年全国城市低保平均标准 411 元/人、月，比上年增长 10.1%；全年各级财政共支出农村低保资金 870.3 亿元，其中中央补助资金 582.6 亿元，占总支出的 66.9%。2014 年全国农村低保平均标准 2777 元/人、年，比上年提高 343 元，增长 14.1%；全年各级财政共支出农村五保供养资金 189.8 亿元，比上年增长 10.2%。2005—2014 年，城乡社会救助人员情况见图 6－7。

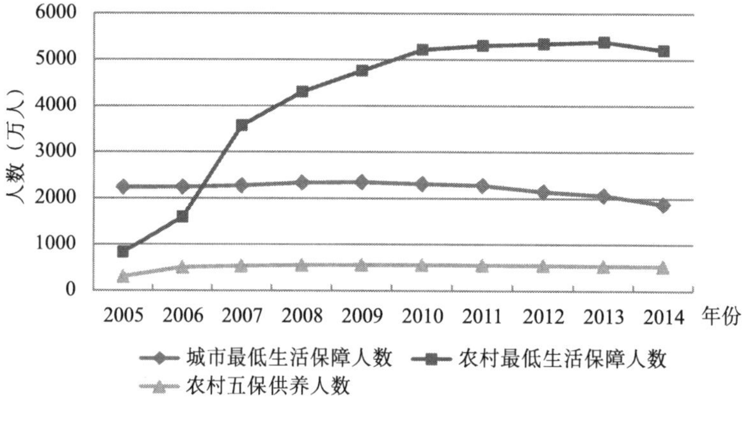

图 6－7 2005—2014 年我国获得社会救助人员情况

数据来源：《2014 年社会服务发展统计公报》。

（四）义务教育政策供给

教育政策是指国家或政府制定教育规划、规范教育关系、保证教育机会、分配教育资源等一系列政策活动的总和。其中，义务教育具有普及性、免费性和强制性特点。大力发展公共教育、实施义务教育政策是现代国家促进教育公平、提高人类发展水平的主要手段，是人力资本投资和提高国民素质的关键环节，是经济增长、社会发展的基石。

1986 年最高国家立法机构颁布的《中华人民共和国义务教育法》为我国义务教育的发展奠定了制度框架和法律基础，成为我国第一部有关义务教育的专门法律。该法正式确立了“九年义务教育”，并原则上规定义务教育免收学费，但要求学生家长合理分担费用，以补充公用教育经费的不足。1992 年党的十四大报告确立优先发展教育的战略地位，同年出台的《中华人民共和国义务教育法实施细则》进一步明确了“地方负责、分级管理”的义务教育体制，义务教育经费主要由地方筹资和承担，中央则提供少量的专项转移支付。1993 年《中国教育改革和发展纲要》明确提出了到 2000 年全国基本普及九年义务教育的目标。1995 年颁布的《中华人民共和国教育法》进一步巩固了“地方负责、分级管理”的义务教育体制。总体来说，20 世纪 90 年代中期以来，这种“地方负责、分级管理”的义务教育体制逐渐演化为城市义务教育筹资“以县为主”、农村义务教育筹资“以乡为主”的体制。

2003 年国务院召开首次全国农村教育工作会议，将农村教育提上教育事业发展的“重中之重”战略地位，作出加快普及农村义务教育、新增教育经费主要用于农村等重大决策，提出在农村地区实施针对贫困学龄人口的“两免一补”（免杂费、免教科书费、补助寄宿生生活费）的资助政策。到 2007 年，“两免一补”政策基本覆盖了全国农村学生。

2005 年以来，随着基本公共服务均等化目标的提出，我国义务教育的发展进入了加快推进城乡义务教育均衡发展阶段。2005 年教育部印发了《关于进一步推进义务教育均衡发展的若干意见》，国务院印发了《关于深化农村义务教育经费保障机制改革的通知》，提出了“明确各级政府责任、中央地方共担、加大财政投入、提高保障水平、分布组织实施”的措施，要求将义务教育全面纳入公共财政保障范围。到 2008 年农村和城市义务教育实现全免费；2010 年全国初中教育毛入学率达到 100.1%，小学教育净入学率达到99.7%。2012年国家财政性教育经费占GDP比例首次达到4%，标志着我国教育发展进入一个新的发展阶段。1992—2012年国家财政性教育经费占教育总经费比重情况见图6-8。

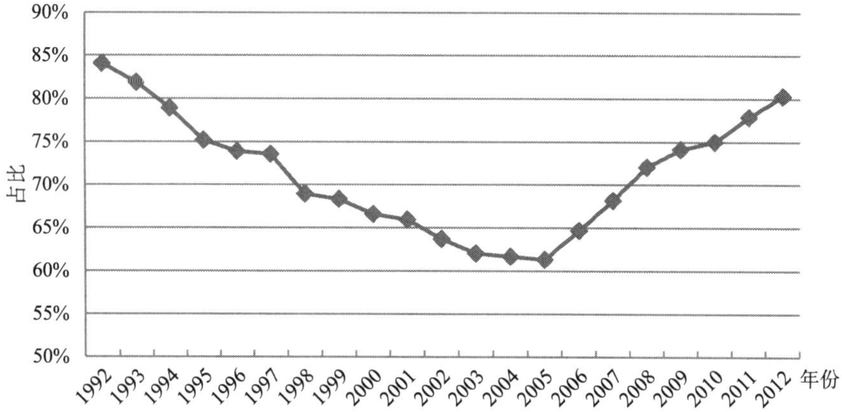

图6-8 1992—2012年国家财政性教育经费占教育总经费比重情况

数据来源：《2014中国统计年鉴》。

（五）就业政策供给

就业是民生之本，它直接关系到社会成员的生存和发展，也是个人获得社会地位和尊严的重要手段。就业政策兼具经济与社会政策的双重性质，它对经济增长和民生服务都具有重要而直接的影响。现代政府在就业政策方面的职能，主要是规范劳动力市场、保护劳动者权益、促进或实现充分就业。

随着市场经济体制改革的推进，我国劳动就业政策的改革与发展也进入全面市场化和法制化阶段。到21世纪，我国已经基本建立起一个与社会主义市场经济相适应的新型劳动就业体制。1994年《中华人民共和国劳动法》对劳动合同、集体协商与集体合同、最低工资、社会保险、劳动争议处理等与劳动者权利与义务密切相关的问题作出了相关规定。为进一步促进劳动力资源优化配置、规范劳动力市场管理，我国于1995年出台了《就业登记规定》和《就业和失业统计管理暂行办法》，由此建立了以“城镇登记失业率”为主的失业统计制度。在促进就业方面，随着国有企业改革的深入推进，出现了大量下岗工人。我国于1998年正式提出“劳动者自主择业、市场调节就业、政府促进就业”的就业方针，并在随后的《关于切实做好国有企业下岗职工基本生活保障和再就业工作的通知》中要求，所有国有企业必须建立下岗职工管理与再就业服务中心，帮助下岗职工再就业并提供基本生活费。

2003年以来，我国就业政策发展进入劳动关系全面法制化、促进就业与再就业并重的发展阶段。我国于2004年颁布了新的《集体合同规定》，完善了集体协商与集体合同制度。并于2007年出台《中华人民共和国劳动合同法》、《中华人民共和国就业促进法》、《中华人民共和国劳动争议调解仲裁法》、《职工带薪年休假条例》等。在促进就业方面，自党的十六大报告提出实施积极的就业政策和扩大就业任务后，促进就业与再就业成为党和政府就业政策的核心方面。2005年《国务院关于进一步加强就业再就业工作的通知》和2007年《国务院办公厅关于切实做好2007年普通高等学校毕业生就业工作的通知》要求，各地劳动保障部门积极鼓励、支持大学生面向基层、自主创业和灵活就业。我国于2011年开始在全国通用“就业失业登记证”，改变了过去只以城镇登记失业率为统计口径的做法。另外，政府加大了就业公共服务方面的政策供给，建立了公共部门的三级就业服务平台，基本实现信息化，并形成了比较完善的“政府主导、社会参与”的多元化职业介绍与就业培训网络。

我国2000年以来城镇登记失业率基本维持在4%左右，城镇登记失业人数呈缓慢增长态势，见图6－9所示。

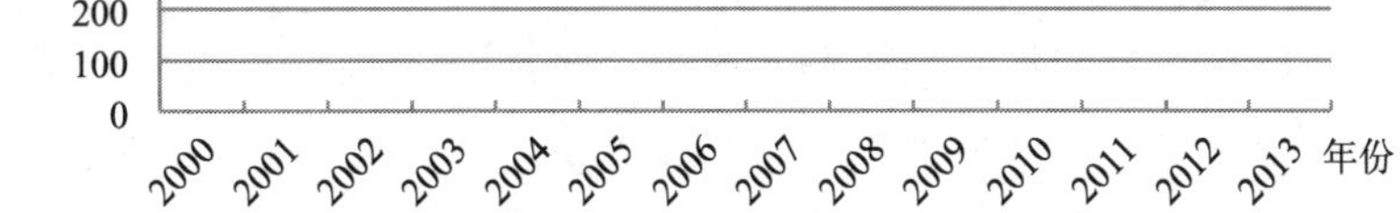

图6－9　2000—2013年我国城镇登记失业人数增长趋势

数据来源：历年《中国统计年鉴》。

二、经济社会协调发展政策供给特征

公共政策作为调控经济增长、促进社会公平的重要手段，从政策议程的提出、方案的制定、执行、评估与调整、终结等过程，都是以一定的价值理念为指导，围绕着政策目标的实现进行人、财、物资源的分配。从宏观上分析，公共政策的制定与执行、调整与终结都服从于国家的发展战略要求，并推进国家发展战略目标的实现。1978 年中共十一届三中全会和随之掀起的改革开放，使得我国经济社会发展从计划经济体制向社会主义市场经济体制转变，并带动了社会体制转型。国家的发展理念、战略目标、社会群体的思想观念、生活目标也经历着急剧的转变。因而在改革开放三十多年的发展实践中，我经济社会发展诸领域事实上是处于新旧观念、体制、机制的转变过程，而在此过程中因为相关的制度、法律、政策的不完善，易于形成制度漏洞和制度真空，并因此产生诸多问题。事实上，我国 2003 年以来提出的可续发展观、社会主义和谐社会、建设新农村等发展理念和战略任务，正是因为改革开放带来经济增长的同时，忽视社会发展而造成社会矛盾、问题的集中爆发，经济社会发展失衡问题影响到国家的稳定发展。

从经济社会发展的资源分配角度分析，国家在一定时期内加强某一领域的发展，或者忽视某一领域的发展，表现在公共政策领域即政策供给力度和财政投入强度。新中国成立六十多年来，我国经济社会建设是在贫穷落后的面貌上起步的，加强经济建设、丰富和扩大社会物质产品生产能力、提高人民的生活质量水平始终是国家发展的主导理念。改革开放以后，一方面，以经济建设为中心的指导思想深入到社会各领域，经济增长也成为各级政府一以贯之的主题，而对于社会发展问题的认识存在偏差，资源投入不足；另一方面，我国幅员辽阔，地区间的资源禀赋、地理环境、交通状况差异明显，城市和农村长期形成二元相对隔绝的发展状态。在此基础上，经济社会发展的非均衡性贯穿于新中国成立六十多年的实践之中。作为调节资源分配的工具，公共政策的供给实际上也显现了上述非均衡发展的特征。

一是在政策目标定位上。经济增长始终是重点，相关的政策制定、资源配置都偏向于经济领域，而体现在资源分配上即是投资与消费结构的失衡。计划经济时期，国家集中全社会可支配资源用于工业建设，尤其是发展重工业；改革开放以后，这一局面有所缓解，但是在转变经济发展方式与强大的就业压力面前，投资依然占据着重要的地位。另外，社会政策及社会发展是以服从于经济增长需要而定位的，无论是计划经济时期、市场经济体制改革初期，社会政策的制定与资源投入都是以经济增长或改革的需要为目的。区别在于前者突出了平均主义色彩，后者强调了正规就业人员的福利资格。

二是在政策内容设计上。经济发展方面的投资政策、财政政策、货币政策在改革开放前服从于国家以工业投资为主导、优先发展重工业的发展目标。改革开放后注重调整经济体制中政府占据主导性资源配置角色带来的弊端，赋予市场一定的活力，但是政策供给始终处于政府与市场、中央政府与地方政府权力、资源配置的博弈之中，尚没有正确处理好相关主体间关系。社会政策供给方面，涵盖了个人生老病死、就学、就业、住房等政策内容，经历了由绝对平均主义福利走向市场化、个人及家庭化、效率性的转变。在经历经济社会发展过程中各种矛盾问题不断暴露的基础上，社会政策供给从效率性、市场化向公平性、制度化回归。

三是在政策工具运用上。2003 年以来国家认识到长期重视经济增长、忽视社会发展带来的严重问题，力图加大社会政策供给力度和财政投入强度，以此推动经济社会的协调发展。然而，长期发展所形成路径依赖、经济增长与社会就业间的内在矛盾、政府行政性思维与垄断性权力，成为改变这种局面的巨大制度障碍。尽管国家认识到社会发展中的政府责任、经济发展中的政府放权与发挥市场作用，但是实践中仍存在诸多突出问题。经济社会发展政策供给，无论是在政策文本制定、执行方面，还是在资源投入、配置制度改革完善的方面，都存在急需改进的地方。总体而言，在我国经济社会发展过程中，社会政策供给经历了社会政策供给服从于经济增长、加大社会政策供给力促经济社会协调发展两个阶段，在此过程中凸显了社会政策供给的制度化倾向，尽管问题重重但积极意义不言而喻。

第七章

基于SD的我国经济社会协调发展政策仿真模拟

经济社会发展依赖于资源支撑，资源分配机制影响着经济社会发展的状态水平，公共政策则是调节资源分配的重要工具。依据系统理论，经济社会发展系统是由诸多子系统组成，各子系统间呈现错综复杂、非线性、耦合关系；子系统的发展水平主要由其内部构成要素决定，并受到外在系统要素影响。当某一子系统及其构成要素发生变化，在耦合关系作用下其他子系统也会受到影响，进而对系统产生影响。系统动力学（System Dynamics，SD）基于系统论、信息论和控制论思想，从系统内部的机制、微观结构入手，剖析系统进行建模，借助计算机模拟技术来分析研究系统内部结构与其动态行为的关系，并寻觅解决问题的对策（李旭，2011）。从经济社会协调发展目标出发，在分析系统内部构成要素、结构的基础上建立仿真模型，选取反映经济社会各子系统发展水平的观测变量，仿真模拟我国经济社会发展状态和趋势，通过调控政策变量寻找促进经济社会协调发展的政策优化路径。

第一节
经济社会协调发展 SD 模型构建

一、经济社会协调发展系统性分析

人类所处的社会是一个复杂巨系统，经济增长、社会发展是推动人类进步的双翼。由于经济增长、社会发展的内在作用机理不同，因而评价二者发展水平的标准不同。在社会生产力落后、物质产品匮乏的发展情境下，增加生产要素投入以实现经济增长，从而使得用于分配的物质产品数量最大化。相应地在资源分配机制上，劳动力、资金、自然资源等要素都偏向于满足经济增长的需要。20 世纪五六十年代，经济增长被视为欠发达国家摆脱贫困、实现社会发展进步的重要甚至唯一的标准。我国在 1978 年中共十一届三中全会上提出了“以经济建设为中心”的指导思想，继而掀起了改革开放的大幕。对内进行农村家庭联产承包责任制和城市经济体制改革，对外设立经济特区、开放沿海城市，大力解放和发展生产力，努力消除人民群众日益增长的物质文化需求与落后社会生产力之间的矛盾。1987 年中共十三大将“以经济建设为中心”确立为党的基本路线核心内容。1992 年年初，邓小平同志在视察南方的谈话中提出“发展才是硬道理”、“三个有利于”的标准等论断，并阐明社会主义的本质是解放生产力、发展生产力、消灭剥削、消除两极分化，和最终达到共同富裕。因而在改革开放实践中，我国始终将经济增长放在首位，经过三十多年的发展已跨入中等收入国家行列。

另一方面，随着生产环节中经济总量不断增多，根据马克思社会生产总过程中“生产、分配、交换、消费”等环节间的关系，如何公平合理地分配社会财富问题受到日益关注。从国民收入分配理论分析，经济增长所带来的社会财富需要进行初次分配、再分配，从而完成社会财富在政府、企业和个人间的分配。其中，初次分配是国民收入在物质生产领域内部进行的分配，形成了劳动者报酬、生产税净额、企业利润等三大部分。再分配是在国民收入初次分配的基础上，各级政府以社会管理者身份，通过税收和财政支出的形式进一步调整社会的分配结构。在整个收入分配过程中，初次分配遵循效率原则，再分配强调公平原则，从而较好地将公平与效率贯穿于经济社会活动之中。20 世纪 80 年代初，计划经济体制下形成的“一大二公”分配制度广受质疑，突破平均主义分配方式、追求效率成为改革共识，因而在短期内释放了巨大的生产活力，一定程度上改善了人民的生活水平。同时，这一时期的改革属于增量改革，只要积极投身于改革实践，付出劳动，都能获得相应的回报。但随着改革的深入推进和各项制度的完善，改革收益的分配不再具有普遍性，一部分人获益的同时，另一部分人的利益则在改革中减少。社会财富的分配由改革前的绝对平均状态，日渐趋向于不平等且日益严峻。21 世纪初，“效率优先，兼顾公平”的原则受到质疑，改革成果没有被社会成员共享，社会财富分配不公，公共财政体制、社会福利制度在实现再分配过程中的调节作用有限，社会矛盾增多、社会问题涌现，贫富两极分化现象日益明显。显然，这一局面与社会主义的本质尚有距离。因此，树立科学发展观、构建社会主义和谐社会成为政府的发展理念和战略任务，实现经济社会协调发展成为贯彻这一发展理念的目标之一。

从系统论角度分析，经济社会协调发展这一目标，在形式上即表现为经济发展子系统、社会发展子系统在耦合关系下，随着时间的推移能够显现同步、有序的发展状态；子系统内部要素间也形成良好、有序的发展状态。当某一子系统或要素受到外力或自身因素影响而发生改变后，整个经济社会发展系统会受到影响，系统也从协调状态趋向于不协调。随着时间的推移，当某一子系统或要素再次受到外力或自身因素影响而发生改变后，整个经济社会发展系统则会再次受到影响，即趋向于协调，或者进一步趋向于不协调。因而，整个经济社会协调发展系统实际上就处于“……协调→不协调→协调……”的螺旋式循环推进状态。

在内容上，经济社会协调发展，即经济增长的同时社会财富经过国民收入的两次分配过程，较好地体现了社会公平原则，收入分配差距处于绝对公平的状态；同时，政府通过公共财政体制和社会福利制度，基于公民身份权利的要求，为公民提供相对均等化的基本公共服务。社会发展进步也为经济发展提供良好的人力资源和资金，从而形成经济发展与社会发展间的良性循环。与此相反，经济社会不能协调发展的表现形式众多，各种社会矛盾、问题激发。但在本质上即表现为两方面：一是经济增长所带来的社会财富不能较为平等地进行分配，收入分配差距日渐拉大；二是政府没能以社会公平原则为导向对社会财富进行再分配，教育、医疗卫生、社会保障、住房、就业等社会问题突出，普通劳动者在社会财富不断增多的同时却日益陷入生活困境。

中共十八大报告提出“努力实现居民收入增长和经济发展同步、劳动者报酬增长和劳动生产率提高同步，强调初次分配和再分配都要兼顾效率和公平，再分配更加注重公平”等论断，成为我国缩小收入分配差距，促进社会和谐发展的重要实现路径。本书基于资源配置视角，从代表经济增长的国内生产总值三种核算方法出发，运用系统动力学模型分析 2000 年以来，经济增长中的产业结构变化、投资与消费拉动经济增长的作用机制、国民收入分配格局演变等，并与人口、教育、科技、城乡居民生活、环境污染等子系统相关联，通过仿真模拟观测经济社会趋向于协调发展的状态变量，并进行政策优化方案选择。

二、经济社会协调发展结构分析

根据经济社会协调发展的系统性分析，确定各子系统及其反馈回路。本书将经济社会协调发展系统划分为人口、经济、科技、教育、城乡收入、环境等子系统。

（一）经济发展子系统

经济发展是整个社会发展的前提和基础，经济发展使社会财富增加，从而提高了个人、企业、政府用于国民收入分配的水平，也为教育、科技、环境保护、社会保障等提供资金支持。同时，经济发展依赖于自然资源、人力资源、资金等生产要素的投入，在生产过程中会产生废气、废水、固体废弃物等，给生态环境带来负面影响。

经济增长通常以 GDP 为代表，一方面，按照生产法核算，一定时期内一个国家的经济增长是生产要素投入到三大产业后产生的增加值。根据柯布—道格拉斯生产函数（C—D），经济增长可简化为劳动力、资金、科技等要素的投入产出过程，把资金作为内部因素，将劳动力作为外部投入要素，运用黑箱化方法表示投入产出转换机制。与此相应，一个国家经济发展过程中生产要素投入到三大产业的配置比例影响到产业结构的发展。

另一方面，从 GDP 的支出法核算途径，一定时期内一个国家经济增长是投资、消费和进出口“三驾马车”拉动的结果，而经济增长主要依赖于哪一驾马车也反映了该国的经济发展情况。从效益、可持续性角度分析，发达国家的经济增长主要依靠消费拉动，发展中国家如中国长期依赖于投资和进出口，消费的表现则是需求不足。就投资与消费结构而言，过度依赖投资必然削弱了用于消费的份额，且过度投资易于导致效益低下、创造的就业岗位减少等问题；就国际贸易而言，进出口在国家经济增长中所占比重偏大，当全球经济出现衰退时，将会损及较多的外贸出口企业；就消费内部结构而言，政府消费与居民消费的比例、城镇居民消费与农村居民消费的比例，反映了不同群体的社会财富占有份额情况以及存在的差距。

我国经济经历了较长时期的粗放式高增长，在取得经济总量增加的同时，面临着资源高消耗、环境高污染等问题。另外，也面临着三大产业结构不合理，产业间劳动力资源配置、固定资产投资结构比例与所创造的产值不相匹配，生产方式落后，效益较低的问题。经济增长过度依赖于投资和出口，国内有效需求严重不足，经济增长可持续性存在较大隐患。党的十八大强调加快转变经济发展方式，推进经济结构战略性调整，改善需求结构、优化产业结构、促进区域协调发展，着力解决制约经济持续健康发展的重大结构性问题。十八大报告提出，到 2020 年，我国经济要在转变经济发展方式上取得重大进展，在发展平衡性、协调性、可持续性明显增强的基础上，实现国内生产总值和城乡居民人均收入比 2010 年翻一番。

根据上述分析，经济发展系统选取第一产业产值、第二产业产值、第三产业产值为状态变量；第一产业产值增加、第二产业产值增加、第三产业产值增加为速率变量；以 GDP、固定资产投资总额为观测变量；第一产业固定资产投资总额、第二产业固定资产投资总额、第三产业固定资产投资总额、第一产业产值增长率、第二产业产值增长率、第三产业产值增长率、固定资产投资因子、第一产业固定资产投资比例、第二产业固定资产投资因子、第三产业固定资产投资因子为辅助变量，并与劳动力、科技投入相耦合，形成经济子系统因果关系图与反馈回路。

（二）人口子系统

人口是国家经济社会发展的前提，同时人的发展也是经济社会发展的最终目的。我国是人口大国，经历 20 世纪 80 年代前人口高增长阶段后，在计划生育基本国策的影响下，人口增长趋于平缓。同时，我国也是一个农业大国，农村人口在总人口中占据较高比重。从人口就业情况分析，三大产业结构中，从事第一产业的劳动人口占据较高比重，农村剩余劳动力向第二、第三产业转移是未来一段时期内劳动力就业的发展趋势。随着每年高校毕业生人数的增多，就业压力将不断加大。另外，我国已进入老龄社会，老年人口在总人口中的比重不断上升，人口红利将在未来一段时期内消失，相应地养老负担将越来越沉重。十八大报告提出“控制人口总量，提高人口素质，优化人口结构，促进人口长期均衡发展”的战略目标。选取总人口为状态变量，出生人口、死亡人口为速率变量，出生率、死亡率为辅助变量；并由总人口引出劳动力、第一产业劳动力、第二产业劳动力、第三产业劳动力等观测变量；劳动力比例、第一产业劳动力因子、第二产业劳动力因子、第三产业劳动力因子、就业政策、人口政策等为调控变量，与经济子系统相关联。

（三）教育、科技子系统

教育是提高国民素质水平的重要途径，为经济子系统提供优质人力资源，科学技术是第一生产力，共同作用于经济发展之中。影响教育发展的重要因素是资金投入，通常以财政性教育经费占 GDP 比重衡量教育投入水平，而接受高等教育的人口数量一定程度上代表了国家的国民素质水平，因此选取高校在校生人数变量，并与总人口相关联，观测国民教育水平的变化。科技发展则体现为投入与产出转换过程，投入方面主要是用于科技发展的人力、物力和财力，产出方面的结果有科技论文数、专利授权数、高新技术产出等。选取研究与试验发展（R&D）经费支出代表科技投入，并作为经济增长过程中科技投入因子，与经济子系统相关联。

（四）居民收入与消费子系统

从收入分配角度分析，经济社会协调发展即表明随着经济增长，居民收入也相应地提高，同时居民收入分配间的差距维持在合理水平，既有利于物质激励，又避免造成社会不公平。衡量收入分配状况的指标如基尼系数、收入五等份分配等。就我国收入分配差距进行分析，基尼系数早已超过国际警戒线，国家统计局公布 2012 年基尼系数为 0.474。但中国基尼系数是分别计算城镇居民基尼系数和农村居民基尼系数之后合成的，因而实际上没有真正反映居民收入分配差距。改革开放以来，我国城乡居民人均收入在总量上呈增长趋势，但城乡居民收入差距在不断拉大，加上城市居民所享受的社会福利待遇，导致城乡之间的差距更大。因此，选择城镇居民人均纯收入、农村居民人均纯收入为状态变量，以城镇居民人均收入增加、农村居民人均收入增加为速率变量，并与人均 GDP 相关联，以城镇居民人均收入增长率、农村居民人均收入增长率、改善城乡居民收入差距的政策等为调节变量，观测我国城乡居民收入差距比的变化情况。在 GDP 收入法方面，分析劳动者报酬、生产税净额、企业利润在 GDP 中的占比变化情况，反映了随着我国经济增长而带来的收入分配不合理状况，从根源上反映了经济社会不协调发展的内在机制。

从投资消费角度分析，形成合理的投资消费结构，也是促进经济社会形成良性发展的重要表现。选取政府消费、农村居民消费、城镇居民消费、固定资本形成总额等为状态变量；政府消费增加、农村居民消费增加、城镇居民消费增加、固定资本形成总额增加为速率变量；政府消费增长率、农村居民消费增长率、城镇居民消费增长率、固定资本形成总额增长率为调节变量。通过状态变量与 GDP 相关联，形成因果关系回路，观测政府消费与居民消费水平、农村居民与城镇居民消费水平、最终消费与资本形成总额水平的比值，分析我国经济社会发展状况。

（五）环境子系统

一方面，经济发展需要从自然界汲取资源，同时产出过程中会带来较多废弃物，破坏了生态环境；但另一方面，经济发展过程中又会将部分资金用于环境保护，治理经济增长所产生的污染。污染主要是在工业生产过程中产生的，表现为废气、废水和固体废气物。本书从第二产业产值引出我国工业产值，与环保投资中的工业污染源治理投资相关联，通过工业污染源治理因子进行政策调节，分析我国经济发展过程中环境污染水平。

三、经济社会协调发展模型的设定

在对我国经济社会协调发展系统性分析和结构分析基础上，形成经济社会协调发展系统混合图（见图 7－1），模型的边界设定为我国 31 个省、自治区、直辖市，所采用的数据均来自政府部门统计年鉴、统计公报、统计摘要等，时间范围为 2000—2025 年，其中 2000—2010 年为历史数据，预测 2011—2025 年我国经济社会发展状态水平，并通过调节政策变量，以寻找表征经济社会协调发展的优化政策方案①。

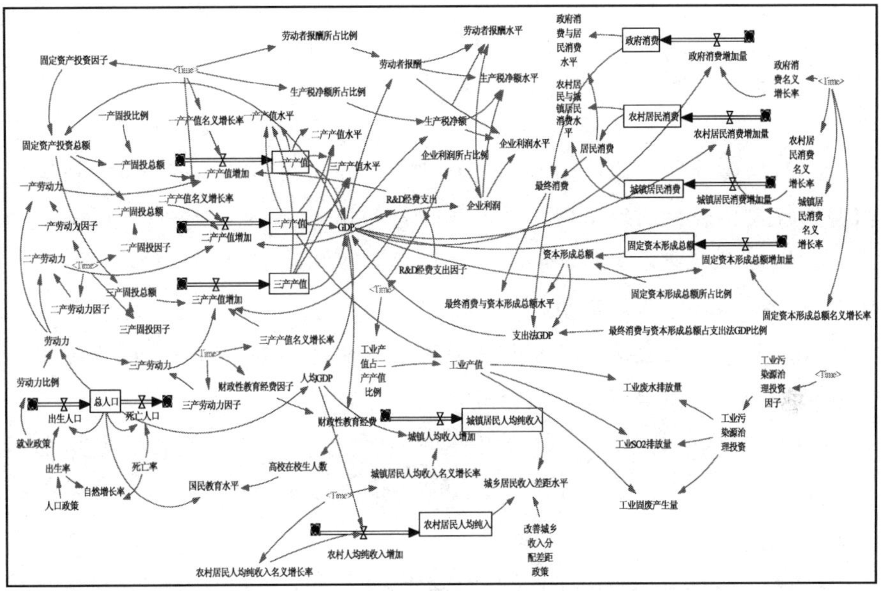

图 7－1　经济社会协调发展系统混合图

模型中的主要回路有：

GDP→R&D 经费支出→第三产业产值增加→第三产业产值→GDP

GDP→R&D 经费支出→第二产业产值增加→第二产业产值→GDP

GDP→R&D 经费支出→第一产业产值增加→第一产业产值→GDP

GDP→固定资产投资总额→第三产业固投总额→第三产业产值增加→第三产业产值→GDP

GDP→固定资产投资总额→第二产业固投总额→第二产业产值增加→第二产业产值→GDP

GDP→固定资产投资总额→第一产业固投总额→第一产业产值增加→第一产业产值→GDP

总人口→劳动力→第三产业劳动力→第三产业产值增加→第三产业产值→GDP

---

① 因有些指标的最新统计数据只到 2010 年，故模拟预测起始时间为 2011 年。

总人口→劳动力→第二产业劳动力→第二产业产值增加→第二产业产值→GDP

总人口→劳动力→第一产业劳动力→第一产业产值增加→第一产业产值→GDP

政府消费→最终消费→支出法 GDP→GDP→政府消费增加量→政府消费

农村居民消费→居民消费→最终消费→支出法 GDP→GDP→农村居民消费增加量→农村居民消费

城镇居民消费→居民消费→最终消费→支出法 GDP→GDP→城镇居民消费增加量→城镇居民消费

固定资本形成总额→资本形成总额→支出法 GDP→GDP→固定资本形成总额增加量→固定资本形成总额

第二节 经济社会协调发展 SD 模型参数设置与检验

一、SD 模型参数设置

系统动力学 Vensim PLE 是在可视化窗口下，通过图形化的方式形成变量流图，用箭头表示变量之间的关系。在此基础上，通过方程（equation）编辑窗口，输入变量之间的函数关系。考虑到部分变量间的非线性关系，所以采用表函数的方式定义变量之间的关系，为较好地描述系统的动态关系提供了便利。

在绘制好经济社会协调发展系统混合图的基础上，需要借助数学方法定义变量之间的方程，设定初始值、变量间的系数等。根据系统研究设定的时间边界和空间边界，从统计数据中得出相关变量初始值。对于方程参数的设置，主要采取算数平均值、回归分析、趋势外推、增长率的数学计算法，设置完成系统中的每一个变量，并根据系统仿真模拟结果与历史值的误差检验不断调整参数，最终得到本书所需的参数方程。

表 7 - 1 所示的 SD 模型中部分变量的初始值，以及一些变化率不大

的参数采用算数平均值以简化模型。

表7-1　　　　经济社会协调发展变量初始值

变量名	单位	初始值（系数值）	计算依据
总人口	万人	126743	2000年人口数
劳动力	万人	72085	2000年就业人口数
第一产业劳动力	万人	36043	2000年第一产业就业人数
第二产业劳动力	万人	16129	2000年第二产业就业人数
第三产业劳动力	万人	19823	2000年第三产业就业人数
GDP	亿元	99214.6	2000年生产法GDP
支出法GDP	亿元	98749.0	2000年支出法GDP
固定资产投资	亿元	32917.7	2000年固定资产投资
出生率	无量纲	0.01246	2000—2011年人口出生率均值
死亡率	无量纲	0.00673	2000—2011年人口死亡率均值
劳动力比例	无量纲	0.5696	2000—2011年就业比率均值
第一产业固投比例	无量纲	0.0285	2005—2011年均值

主要参数方程如下：

（1）财政性教育经费 = GDP × 财政性教育经费因子

Units：亿元

（2）财政性教育经费因子 = WITH LOOKUP（Time，（[（2000，0）-（2025，0.1）]，（2000，0.025829），（2001，0.027878），（2002，0.029015），（2003，0.02835），（2004，0.027933），（2005，0.027907），（2006，0.029348），（2007，0.031151），（2008，0.033274），（2009，0.035879），（2010，0.036538），（2011，0.039305），（2012，0.0401），（2013，0.0411），（2014，0.0423），（2015，0.0438），（2016，0.0459），（2017，0.0487），（2018，0.0503），（2019，0.0512），（2020，0.0528），（2021，0.0556），（2022，0.0562），（2023，0.0571），（2024，0.0588），（2025，0.06）））

Units：Dmnl

（3）城乡居民收入差距水平 =（城镇居民人均纯收入 ÷ 农村居民人均纯收入）× 改善城乡收入分配差距政策

Units：Dmnl

（4） 城镇居民人均纯收入 = INTEG （城镇人均收入增加，6280）

Units：元

（5） 城镇居民人均收入名义增长率 = WITH LOOKUP(Time,([(2000,0) - (2025,0.5)],(2000,0.072767),(2001,0.092293),(2002,0.122123),(2003,0.099886),(2004,0.112061),(2005,0.113717),(2006,0.1207),(2007,0.172312),(2008,0.144711),(2009,0.088328),(2010,0.112654),(2011,0.141309),(2012,0.1501),(2015,0.1427),(2018,0.1458),(2020,0.1498),(2023,0.1487),(2025,0.1502)))

Units：Dmnl

（6） 城镇居民消费 = INTEG （城镇居民消费增加量，30707.2）

Units：亿元

（7） 城镇居民消费名义增长率 = WITH LOOKUP(Time,([(2000,0) - (2025,0.25)],(2000,0.123312),(2001,0.095667),(2002,0.093328),(2003,0.123943),(2004,0.149587),(2005,0.115124),(2006,0.146965),(2007,0.186503),(2008,0.164518),(2009,0.126038),(2010,0.150189),(2011,0.172512),(2013,0.0902),(2015,0.0834),(2018,0.0589),(2020,0.0403),(2022,0.0276),(2025,0.0201)))

Units：Dmnl

（8） 城镇居民消费增加量 = （5599.58 + 0.256 × GDP） × 城镇居民消费名义增长率

Units：亿元

（9） 城镇人均收入增加 = ACTIVE INITIAL((1268.88 + 0.61 × 人均GDP) × 城镇居民人均收入名义增长率，6280)

Units：元

（10） 出生率 = 0.01246 × 人口政策

Units：Dmnl

（11） 出生人口 = 总人口 × 出生率

Units：万人

（12） 第二产业产值 = INTEG （第二产业产值增加，44555.9）

Units：亿元

（13） 第二产业产值名义增长率 = WITH LOOKUP(Time,([(2000,0) - (2025,0.25)],(2000,0.1102),(2001,0.0868),(2002,0.0886),

(2003,0.1584),(2004,0.1837),(2005,0.1853),(2006,0.184),(2007,0.2132),(2008,0.1842),(2009,0.058),(2010,0.1887),(2011,0.1763),(2013,0.0688),(2015,0.0501),(2018,0.0255),(2020,0.0301),(2022,0.0101),(2025,0.0051)))

Units: Dmnl

(14) 第二产业产值水平 = 第二产业产值 ÷ (第一产业产值 + 第二产业产值 + 第三产业产值)

Units: Dmnl

(15) 第二产业产值增加 = (-89036.7 - 0.02 × 第二产业固投总额 + 7.78 × 第二产业劳动力 + 15.662 × R&D 经费支出) × 第二产业产值名义增长率

Units: 亿元

(16) 第二产业固投因子 = WITH LOOKUP (Time, ([(2000,0) - (2025,1)], (2000, 0.3261), (2001, 0.3261), (2002, 0.3377), (2003, 0.3843), (2004, 0.4078), (2005, 0.4375), (2006, 0.4407), (2007, 0.4453), (2008, 0.4453), (2009, 0.4285), (2010, 0.4246), (2011, 0.4253), (2012, 0.4341), (2013, 0.4453), (2014, 0.4325), (2015, 0.4293), (2016, 0.4131), (2017, 0.4032), (2018, 0.4001), (2019, 0.3925), (2020, 0.3902), (2021, 0.3851), (2022, 0.3801), (2023, 0.3731),(2024,0.3624),(2025,0.3501)))

Units: Dmnl

(17) 第二产业固投总额 = 固定资产投资总额 × 第二产业固投因子

Units: 万元

(18) 第二产业劳动力 = 劳动力 × 第二产业劳动力因子

Units: 万人

(19) 第二产业劳动力因子 = WITH LOOKUP (Time, ([(2000,0) - (2025,1)],(2000,0.225),(2001,0.223),(2002,0.214),(2003,0.216),(2004, 0.225), (2005, 0.238), (2006, 0.252), (2007, 0.268), (2008, 0.272),(2009,0.278),(2010,0.287),(2011,0.295),(2012,0.2998),(2013,0.3076),(2014,0.3153),(2015,0.3231),(2016,0.3308),(2017, 0.3386), (2018, 0.3463), (2019, 0.3541), (2020, 0.3696), (2021, 0.3618), (2022, 0.3773), (2023, 0.3851), (2024, 0.3928), (2025,

0.4006)))

Units：Dmnl

(20) 高校在校生人数 = 4.02603 × 财政性教育经费^0.668749

Units：万人

(21) 改善城乡收入分配差距政策 = 1

Units：Dmnl

(22) 工业产值 = 第二产业产值 × 工业产值占第二产业产值比例

Units：亿元

(23) 工业产值占第二产业产值比例 = 0.8739

Units：Dmnl

(24) 工业废水排放量 = 1.803e + 006 + 0.806 × 工业产值 + 1048.71 × 工业污染源治理投资

Units：万吨

(25) 工业固废产生量 = 33947.9 + 1.27 × 工业产值 - 1.549 × 工业污染源治理投资

Units：万吨

(26) 工业污染源治理投资 = 工业污染源治理投资因子

Units：亿元

(27) 工业污染源治理投资因子 = WITH LOOKUP(Time,([(2000,0)-(2025,1000)],(2000,239.5),(2001,174.5),(2002,188.4),(2003,221.8),(2004,308.1),(2005,458.2),(2006,483.9),(2007,552.4),(2008,542.64),(2009,442.62),(2010,396.98),(2011,444.4),(2012,468.8),(2013,494.63),(2014,521.83),(2015,550.53),(2016,580.5),(2017,612.76),(2018,646.46),(2019,682.01),(2020,719.53),(2021,759.1),(2022,800.85),(2023,844.9),(2024,891.36),(2025,940.4)))

Units：亿元

(28) 工业 SO_2 排放量 = 1363.34 - 0.002 × 工业产值 + 1.933 × 工业污染源治理投资

Units：万吨

(29) 固定资本形成总额 = INTEG(固定资本形成总额增加量，33844.4)

Units：亿元

(30) 固定资本形成总额名义增长率 = WITH LOOKUP (Time, ([(2000,0) - (2025,0.25)], (2000,0.10866), (2001,0.115532), (2002, 0.155679), (2003,0.225948), (2004,0.217365), (2005,0.13998), (2006, 0.18484), (2007,0.181851), (2008,0.23219), (2009,0.223254), (2010, 0.171913), (2011, 0.16027), (2013, 0.1043), (2015, 0.0602), (2018, 0.0401), (2020,0.0311), (2022,0.0111), (2025,0.0051)))

Units: Dmnl

(31) 固定资本形成总额所占比例 = 0.948834

Units: Dmnl

(32) 固定资本形成总额增加量 = (-14883.5 + 0.482 × GDP) × 固定资本形成总额名义增长率

Units: 亿元

(33) 固定资产投资因子 = WITH LOOKUP (Time, ([(2000,0) - (2025,1)], (2000, 0.3318), (2001, 0.3394), (2002, 0.3615), (2003, 0.4091), (2004,0.4408), (2005,0.48), (2006,0.5085), (2007,0.5166), (2008,0.5503), (2009,0.6588), (2010,0.6927), (2011,0.6587), (2012, 0.6207), (2013, 0.6001), (2014, 0.5983), (2015, 0.5854), (2016, 0.5721), (2017, 0.5501), (2018, 0.5424), (2019, 0.5321), (2020, 0.5126), (2021, 0.5102), (2022, 0.4835), (2023, 0.4825), (2024, 0.4731), (2025,0.4732)))

Units: Dmnl

(34) 固定资产投资总额 = GDP × 固定资产投资因子

Units: 亿元

(35) 国民教育水平 = 高校在校生人数 ÷ 总人口

Units: Dmnl

(36) 就业政策 = 1

Units: Dmnl

(37) 居民消费 = 城镇居民消费 + 农村居民消费

Units: 亿元

(38) 农村居民人均纯收入 = INTEG (农村人均纯收入增加, 2253.4)

Units: 元

(39) 农村居民人均纯收入名义增长率 = WITH LOOKUP (Time,

([(2000,0) - (2025,0.5)],(2000,0.0195),(2001,0.050146),(2002,0.046146),(2003,0.059218),(2004,0.119823),(2005,0.108466),(2006,0.102031),(2007,0.154279),(2008,0.149797),(2009,0.082458),(2010,0.148615),(2011,0.178793),(2012,0.1435),(2015,0.1527),(2018,0.1329),(2020,0.1287),(2022,0.1305),(2025,0.1398)))

Units：Dmnl

(40) 农村居民消费 = INTEG (农村居民消费增加量，15147.4)

Units：亿元

(41) 农村居民消费增加量 = (8885.07 + 0.059 × GDP) × 农村居民消费名义增长率

Units：亿元

(42) 农村居民与城镇居民消费水平 = 农村居民消费 ÷ 城镇居民消费

Units：Dmnl

(43) 农村人均纯收入增加 = (666.476 + 0.178 × 人均 GDP) × 农村居民人均纯收入名义增长率

Units：元

(44) 劳动力 = 总人口 × 劳动力比例

Units：万人

(45) 劳动力比例 = 0.5696 × 就业政策

Units：Dmnl

(46) 劳动者报酬 = GDP × 劳动者报酬所占比例

Units：亿元

(47) 劳动者报酬水平 = 劳动者报酬 ÷ (劳动者报酬 + 企业利润 + 生产税净额)

Units：Dmnl

(48) 劳动者报酬所占比例 = WITH LOOKUP(Time,([(2000,0) - (2025,1)],(2000,0.51382),(2001,0.514532),(2002,0.509205),(2003,0.496246),(2004,0.45065),(2005,0.414017),(2006,0.406066),(2007,0.397397),(2008,0.412925),(2009,0.466187),(2010,0.450139),(2011,0.449348),(2012,0.4498),(2013,0.4501),(2014,0.4559),(2015,0.4618),(2016,0.4637),(2017,0.4699),(2018,

0.4759)，(2019，0.4801)，(2020，0.4887)，(2021，0.4965)，(2023，0.5087)，(2024，0.5121)，(2025，0.5125)))

Units：Dmnl

(49) 企业利润 = GDP × 企业利润所占比例

Units：亿元

(50) 企业利润水平 = 企业利润 ÷ (劳动者报酬 + 企业利润 + 生产税净额)

Units：Dmnl

(51) 企业利润所占比例 = WITH LOOKUP(Time，([(2000，0) - (2025，1)]，(2000，0.344627)，(2001，0.344718)，(2002，0.350353)，(2003，0.360899)，(2004，0.360899)，(2005，0.406495)，(2006，0.444826)，(2007，0.448332)，(2008，0.461038)，(2009，0.452038)，(2010，0.398667)，(2011，0.421502)，(2012，0.4181)，(2013，0.4144)，(2014，0.4042)，(2015，0.398)，(2016，0.3905)，(2017，0.3815)，(2018，0.3778)，(2019，0.3738)，(2020，0.3671)，(2021，0.3576)，(2022，0.351)，(2023，0.3366)，(2024，0.3324)，(2025，0.3275)))

Units：Dmnl

(52) 死亡率 = 0.00673

Units：Dmnl

(53) 死亡人口 = 总人口 × 死亡率

Units：万人

(54) 人均GDP = (GDP ÷ 总人口) × 10000

Units：元

(55) 生产税净额 = GDP × 生产税净额所占比例

Units：亿元

(56) 生产税净额水平 = 生产税净额 ÷ (劳动者报酬 + 企业利润 + 生产税净额)

Units：Dmnl

(57) 生产税净额所占比例 = WITH LOOKUP(Time，([(2000，0) - (2025，1)]，(2000，0.141553)，(2001，0.14075)，(2002，0.140423)，(2003，0.142855)，(2004，0.142855)，(2005，0.141157)，(2006，0.145402)，(2007，0.141565)，(2008，0.135037)，(2009，0.135147)，

(2010,0. 128665),(2011,0. 12915),(2012,0. 1321),(2013,0. 1355),(2014,0. 1399),(2015,0. 1402),(2016,0. 1458),(2017,0. 1486),(2018,0. 1499),(2019,0. 1503),(2020,0. 1528),(2021,0. 1537),(2022,0. 1525),(2023,0. 1547),(2024,0. 1555),(2025,0. 16)))

Units：Dmnl

(58) 第三产业产值 = INTEG（第三产业产值增加，38713. 9）

Units：亿元

(59) 第三产业产值水平 = 第三产业产值 ÷（第一产业产值 + 第二产业产值 + 第三产业产值）

Units：Dmnl

(60) 第三产业产值增加 =（-35274. 7 - 0. 064 × 第三产业固投总额 + 2. 904 × 第三产业劳动力 + 20. 127 × R&D 经费支出）× 第三产业产值名义增长率

Units：亿元

(61) 第三产业固投因子 = WITH LOOKUP(Time,([(2000,0) - (2025,1)],(2000,0. 6447),(2001,0. 6447),(2002,0. 6281),(2003,0. 586),(2004,0. 5654),(2005,0. 5363),(2006,0. 5343),(2007,0. 5299),(2008,0. 5254),(2009,0. 5408),(2010,0. 5469),(2011,0. 5466),(2012,0. 5374),(2013,0. 5262),(2014,0. 539),(2015,0. 5422),(2016,0. 5584),(2017,0. 5683),(2018,0. 5714),(2019,0. 579),(2020,0. 5813),(2021,0. 5864),(2022,0. 5914),(2023,0. 5984),(2024,0. 6091),(2025,0. 6214)))

Units：Dmnl

(62) 第三产业固投总额 = 固定资产投资总额 × 第三产业固投因子

Units：亿元

(63) 第三产业劳动力 = 劳动力 × 第三产业劳动力因子

Units：万人

(64) 第三产业劳动力因子 = WITH LOOKUP(Time,([(2000,0) - (2025,1)],(2000,0. 275),(2001,0. 277),(2002,0. 286),(2003,0. 293),(2004,0. 306),(2005,0. 314),(2006,0. 322),(2007,0. 324),(2008,0. 332),(2009,0. 341),(2010,0. 346),(2011,0. 357),(2012,0. 3636),(2013,0. 3712),(2014,0. 3788),(2015,0. 3863),(2016,0. 3939),(2017,

0. 4015),(2018,0. 409),(2019,0. 4166),(2020,0. 4242),(2021,0. 4318),(2022,0. 4393),(2023,0. 4469),(2024,0. 4545),(2025,0. 462)))

Units：Dmnl

(65) FINAL TIME =2025

Units：Year

The final time for the simulation.

(66) INITIAL TIME =2000

Units：Year

The initial time for the simulation.

(67) 支出法 GDP =(最终消费 + 资本形成总额) ÷ 最终消费与资本形成总额占支出法 GDP 比例

Units：亿元

(68) 第一产业产值 = INTEG (第一产业产值增加，14944. 7)

Units：亿元

(69) 第一产业产值名义增长率 = WITH LOOKUP(Time,([(2000,0) -(2025,0. 25)],(2000,0. 0118),(2001,0. 056),(2002,0. 0479),(2003,0. 0511),(2004,0. 2319),(2005,0. 047),(2006,0. 0723),(2007,0. 1908),(2008,0. 1773),(2009,0. 0452),(2010,0. 1507),(2011,0. 1715),(2013,0. 0445),(2015,0. 0331),(2018,0. 0289),(2020,0. 0211),(2022,0. 0201),(2025,0. 0101)))

Units：Dmnl

(70) 第一产业产值水平 = 第一产业产值 ÷(第一产业产值 + 第二产业产值 + 第三产业产值)

Units：Dmnl

(71) 第一产业产值增加 =(36476. 5 - 0. 52 × 第一产业固投总额 - 0. 66 × 第一产业劳动力 + 3. 815 × R&D 经费支出) × 第一产业产值名义增长率

Units：亿元

(72) 第一产业固投比例 =0. 0285

Units：Dmnl

(73) 第一产业固投总额 = 固定资产投资总额 × 第一产业固投比例

Units：亿元

（74）第一产业劳动力 = 劳动力 × 第一产业劳动力因子

Units：万人

（75）第一产业劳动力因子 = WITH LOOKUP(Time,([(2000,0) - (2025,1)],(2000,0.5),(2001,0.5),(2002,0.5),(2003,0.491),(2004,0.469),(2005,0.448),(2006,0.426),(2007,0.408),(2008,0.396),(2009,0.381),(2010,0.367),(2011,0.348),(2012,0.3366),(2013,0.3213),(2014,0.3059),(2015,0.2906),(2016,0.2753),(2017,0.26),(2018,0.2446),(2019,0.2293),(2020,0.214),(2021,0.1987),(2022,0.1834),(2023,0.168),(2024,0.1527),(2025,0.1374)))

Units：Dmnl

（76）资本形成总额 = 固定资本形成总额 ÷ 固定资本形成总额所占比例

Units：亿元

（77）最终消费 = 居民消费 + 政府消费

Units：亿元

（78）最终消费与资本形成总额水平 = 最终消费 ÷ 资本形成总额

Units：Dmnl

（79）最终消费与资本形成总额占支出法 GDP 比例 = 0.95669

Units：Dmnl

（80）自然增长率 = 出生率 - 死亡率

Units：Dmnl

（81）总人口 = INTEG（出生人口 - 死亡人口，126743）

Units：万人

（82）政府消费 = INTEG（政府消费增加量，15661.4）

Units：亿元

（83）政府消费名义增长率 = WITH LOOKUP(Time,([(2000,0) - (2025,0.25)],(2000,0.141793),(2001,0.117271),(2002,0.072118),(2003,0.068004),(2004,0.114715),(2005,0.181997),(2006,0.15643),(2007,0.175966),(2008,0.162999),(2009,0.094321),(2010,0.167785),(2011,0.192288),(2013,0.0832),(2015,0.0667),(2018,0.0399),(2020,0.0329),(2022,0.0211),(2025,0.0188)))

Units：Dmnl

（84）政府消费与居民消费水平 = 居民消费 ÷ 政府消费

Units：Dmnl

（85）政府消费增加量 =（3303.41 + 0.126 × GDP）× 政府消费名义增长率

Units：亿元

（86）R&D 经费支出 = GDP × R&D 经费支出因子

Units：亿元

（87）R&D 经费支出因子 = WITH LOOKUP（Time,（[（2000,0）-（2025,0.1）],（2000,0.009028）,（2001,0.009507）,（2002,0.0107）,（2003,0.011335）,（2004,0.012299）,（2005,0.013248）,（2006,0.013883）,（2007,0.013958）,（2008,0.014699）,（2009,0.01702）,（2010,0.01759）,（2011,0.01837）,（2012,0.0189）,（2013,0.0195）,（2014,0.0199）,（2015,0.0205）,（2016,0.0211）,（2017,0.0219）,（2018,0.0228）,（2019,0.0238）,（2020,0.0247）,（2021,0.0254）,（2022,0.0263）,（2023,0.0271）,（2024,0.0283）,（2025,0.03）））

Units：Dmnl

二、模型检验

系统动力学模型检验贯穿于整个建模过程始终，模型对于复杂系统的抽象刻画能否有效地反映系统间的真实关系决定了模型仿真结果的真实与否。对于模型的检验，主要有模型结构与实际系统一致性检验、模型结构适合性检验、模型行为与实际系统一致性检验（即历史检验）。

本模型在构建过程中主要是从 GDP 的三种核算方法入手，较好地将经济发展与体现社会发展的状态指标相结合，同时与人口、教育、科技、环境、城乡居民收入等子系统相关联，模型结构与实际系统具有一致性。

在模型结构性检验方面，通过 Vensim PLE 中“模型检查（Check model）”和“单位检查（Units check）”按钮，对模型结构、变量量纲进行调整，最终得到“Model is OK”信息，表明模型通过了结构性检验。

在模型历史检验方面，主要选取反映系统关键状态的变量，通过模拟得到仿真值，将仿真值与实际值进行比较，得出两者间的误差比例。由于 SD 模拟只是接近于系统的实际状况，因而允许存在一定的误差，通常在 5%—10% 范围内都被认为是可接受的。本书选取总人口、就业人口数、

R&D 经费支出、固定资产投资总额、GDP、政府消费、城镇居民人均纯收入、农村居民人均纯收入，模拟求得各变量 2000—2010 年仿真值，并与历史统计数据计算误差。

根据表 7－2、表 7－3、表 7－4 可见，总人口、就业人数、R&D 经费支出、GDP、固定资产投资等变量的误差值在 5% 以内，少数年份误差大于 5%；支出法 GDP、城镇居民人均纯收入、农村居民人均纯收入等变量的误差值在 10% 以内，少数年份大于 10%。总体分析，仿真模型较好地模拟了系统的实际运行状态，能够较为准确地仿真预测未来一段时期内我国经济社会系统发展状况。

表 7－2　　模拟数据与历史数据比较（一）

年份	总人口			就业人数			R&D 经费支出		
	实际值（万人）	模拟值（万人）	误差	实际值（万人）	模拟值（万人）	误差	实际值（亿元）	模拟值（亿元）	误差
2000	126743	126743	0.00%	72085	72193	0.15%	895.70	886.681	－1.01%
2001	127627	127469	－0.12%	72797	72607	－0.26%	1042.50	1042.54	0.00%
2002	128453	128200	－0.20%	73280	73023	－0.35%	1287.60	1298.66	0.86%
2003	129227	128934	－0.23%	73736	73441	－0.40%	1539.60	1522.04	－1.14%
2004	129988	129673	－0.24%	74264	73862	－0.54%	1966.30	1889.3	－3.92%
2005	130756	130416	－0.26%	74647	74285	－0.48%	2450.00	2404.78	－1.85%
2006	131448	131163	－0.22%	74978	74711	－0.36%	3003.10	2953.54	－1.65%
2007	132129	131915	－0.16%	75321	75139	－0.24%	3710.24	3555.06	－4.18%
2008	132802	132671	－0.10%	75564	75569	0.01%	4616.00	4582.23	－0.73%
2009	133450	133431	－0.01%	75828	76002	0.23%	5802.11	6139.65	5.82%
2010	134091	134196	0.08%	76105	76438	0.44%	7062.58	7061.83	－0.01%

表 7－3　　模拟数据与历史数据比较（二）

年份	GDP			固定资产投资			支出法 GDP		
	实际值（亿元）	模拟值（亿元）	误差	实际值（亿元）	模拟值（亿元）	误差	实际值（亿元）	模拟值（亿元）	误差
2000	99215	98215	－1.01%	32918	32588	－1.00%	98749	101585	2.87%
2001	109655	109660	0.00%	37214	37219	0.01%	109028	112411	3.10%
2002	120333	121370	0.86%	43500	43875	0.86%	120476	123868	2.82%
2003	135823	134278	－1.14%	55567	54933	－1.14%	136613	138247	1.20%
2004	159878	153614	－3.92%	70477	67713	－3.92%	160957	158779	－1.35%

续表

年份	GDP			固定资产投资			支出法 GDP		
	实际值（亿元）	模拟值（亿元）	误差	实际值（亿元）	模拟值（亿元）	误差	实际值（亿元）	模拟值（亿元）	误差
2005	184937	181521	-1.85%	88774	87130	-1.85%	187424	184287	-1.67%
2006	216314	212745	-1.65%	109998	108181	-1.65%	222713	211427	-5.07%
2007	265810	254697	-4.18%	137324	131577	-4.18%	266599	247871	-7.02%
2008	314045	311737	-0.74%	172828	171549	-0.74%	315975	296443	-6.18%
2009	340903	360731	5.82%	224599	237650	5.81%	348775	356925	2.34%
2010	401513	401468	-0.01%	278122	278097	-0.01%	402817	416266	3.34%

表 7-4 模拟数据与历史数据比较（三）

年份	城镇居民人均纯收入			农村居民人均纯收入		
	实际值（元）	模拟值（元）	误差	实际值（元）	模拟值（元）	误差
2000	6280.0	6280.0	0.00%	2253.4	2253.4	0.00%
2001	6859.6	6716.3	-2.09%	2366.4	2293.3	-3.09%
2002	7702.8	7317.4	-5.00%	2475.6	2403.4	-2.91%
2003	8472.2	8177.1	-3.48%	2622.2	2511.9	-4.21%
2004	9421.6	8932.0	-5.20%	2936.4	2660.1	-9.41%
2005	10493.0	9863.7	-6.00%	3254.9	2986.2	-8.25%
2006	11759.5	10948.6	-6.90%	3587.0	3320.3	-7.43%
2007	13785.8	12257.2	-11.09%	4140.4	3673.4	-11.28%
2008	15780.8	14407.2	-8.70%	4760.6	4280.8	-10.08%
2009	17174.7	16577.7	-3.48%	5153.2	4980.8	-3.35%
2010	19109.4	18107.9	-5.24%	5919.0	5422.0	-8.40%

第三节 经济社会协调发展系统行为分析与仿真模拟

一、2000—2010 年我国经济社会协调发展系统行为分析

SD 模型在对系统要素间关系分析基础上，依靠统计数据求得变量间

的数学关系，因而模型本身就是对系统发展历史的图像化分析，展示了系统发展的状态水平和趋势。只有对系统发展的准确描述和趋势分析才能发现问题，进而根据期望值以调整政策变量，拟定政策优化方案，最终使系统发展状态趋向于目标值。根据能够反映我国经济社会发展水平的变量，通过 Vensim PLE 模拟 2000—2010 年我国相关发展指标的发展趋势，揭示我国经济社会不协调发展的主要症结，为政策优化提供参考。

（一）经济发展方面

劳动力就业、固定资产投资、三大产业增加值描述了我国经济增长的结构变化情况。图 7－2 反映了 2000—2010 年我国三大产业人口就业情况，第一产业就业人数呈下降趋势，但仍然是吸纳劳动力最多的，说明转移农业富余劳动力存在较大压力；第二、第三产业的就业人口十年来一直处于增长态势，第二大吸纳就业产业为第三产业，但二者在吸纳就业人口的速度上都较缓慢，且在 2007 年后趋于平缓。

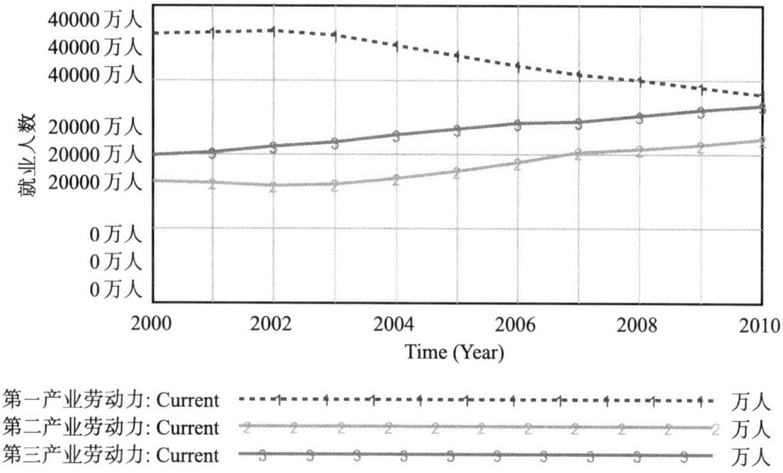

图 7－2　2000—2010 年人口就业结构

图 7－3 反映了我国固定资产投资总额及三大产业内部固定资产投资情况，2000—2010 年固定资产投资总额呈增长态势，特别是 2006 年之后增长迅猛，五年左右时间固定资产投资总额增长近 2 倍。在产业内部投资结构上，第一产业投资数额低，增长速度长期保持较低水平，如果扣除物价因素，则第一产业固定资产投资近乎没有增加，而第二、第三产业固定

资产投资则随固定资产投资总额增加而呈同步增长态势。第三产业固定资产投资总额一直高于第二产业，且在 2008 年之后第三产业固定资产投资增速提高，第二、第三产业之间固定资产投资差额呈拉大趋势。

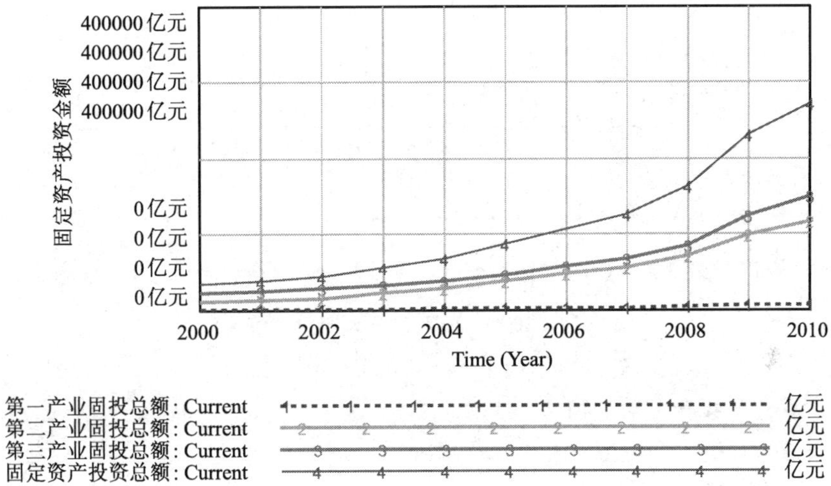

图 7－3 2000—2010 年固定资产投资结构

图 7－4 反映了以三大产业产值总和为分母，第一产业产值、第二产业产值、第三产业产值为分子计算得出的三大产业产值水平。可见，从产业产值角度分析，第一产业产值呈下降趋势；第二产业产值始终占据最大份额，第二产业产值水平基本保持平稳态势；第三产业产值水平在 2000—2003 年呈上升态势，2003—2006 年呈下降态势，2006 年以后开始缓慢上升，第二、第三产业产值水平间差距也随第三产业产值水平变化而增减。

从劳动力就业结构、固定资产投资结构、三大产业产值水平的系统模拟可见，当前我国产业结构发展确实存在不合理成分。剩余劳动力、固定资产投资不足、产值水平低是第一产业所面临的问题，除劳动力转移因农民工外出流动而比图 7－2 所示有所减轻外，资金投入不足确实是影响农业发展的重要原因。第二产业依然在我国占据重要地位，第二产业产值占据首位，但吸纳就业人口能力不足，表明其增长主要依靠固定资产投资；第三产业产值水平一直低于第二产业，但就业人口数、固定资产投资份额又都高于第二产业，表明第三产业存在效率低下问题。

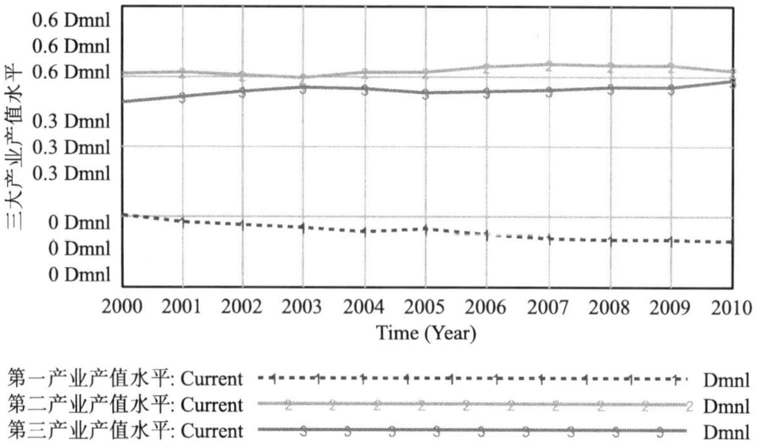

图 7-4　2000—2010 年三大产业产值水平

（二）社会发展方面

图 7-5、图 7-6、图 7-7、图 7-8 反映了 2000—2010 年我国收入分配与消费结构方面的发展态势，集中表明随着我国经济增长，相应地衡量社会发展方面的收入分配情况、居民消费情况等却呈相反方向变化。经济增长所创造的社会财富并没有在社会公众间公平分配，没有形成经济增长与社会发展的良性循环，因而经济增长就过多地依赖于投资，也就难以提高社会公众的消费水平和生活水平。在城乡二元经济社会体制下，社会发展系统内部的差距因制度体制约束，进一步加大了社会差距。

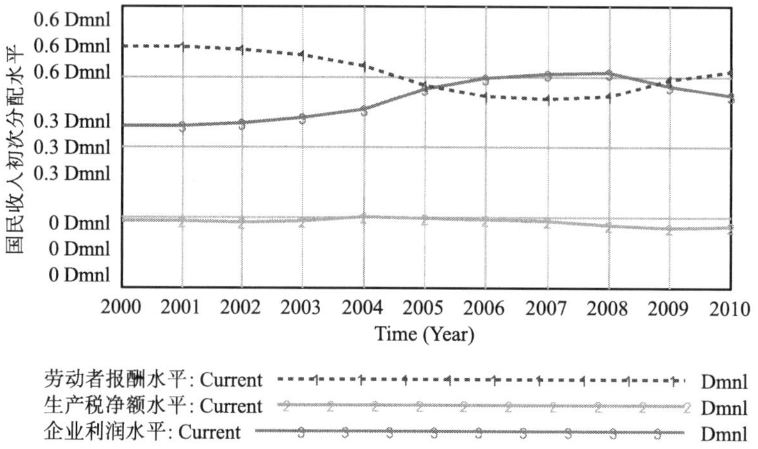

图 7-5　2000—2010 年国民收入初次分配水平

图 7－5 反映的是我国国民收入初次分配中，劳动者报酬、生产税净额、企业利润三者间的变化情况。2000—2010 年在国民收入初次分配中，生产税净额水平变化较小，2000—2004 年政府所获得的份额缓慢增长，达到 15%左右，此后开始微小下降，维持在 12.5%左右。这一方面表明有关政府在初次分配中的制度体制没有发生变化；另一方面政府财政收入逐年增加，表明我国政府主要依靠间接税来获得财政收入。而劳动者报酬水平和企业利润水平在这一时期呈现此消彼长的关系。总体来说，2000—2008 年劳动者报酬水平呈下降趋势，企业利润呈增长趋势，其中在 2005 年企业利润水平超过劳动者报酬水平；2008 年以后，劳动者报酬呈增长态势，并在 2009 年超过企业利润水平，而同期企业利润水平则呈下降态势。

图 7－6 反映了我国城乡居民人均纯收入增长变化情况，不难看出 2000—2010 年，城乡居民人均纯收入都呈增长态势。但是在增长速度方面，农村居民人均纯收入增长曲线平缓，而城镇居民人均纯收入增长曲线较为陡峭，特别是 2006 年之后增长更为迅速。因而，城乡居民人均纯收入之间的差距呈扩大趋势。

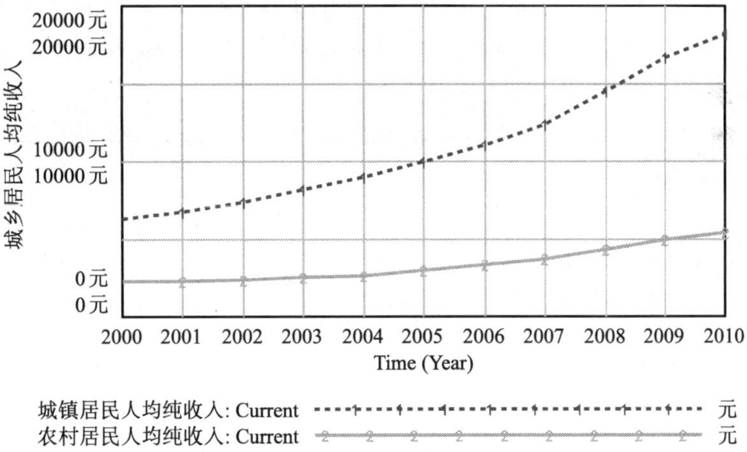

图 7－6　2000—2010 年城乡居民人均纯收入增长

图 7－7 反映了最终消费结构变化情况，消费主体可划分为居民消费和政府消费，居民消费又可划分为城镇居民消费、农村居民消费。从图中消费增长曲线分析，2000—2010 年三种消费主体的消费额都呈增长态势，但是在份额、增长速度方面显现了差异。在消费份额方面，城镇居民消费

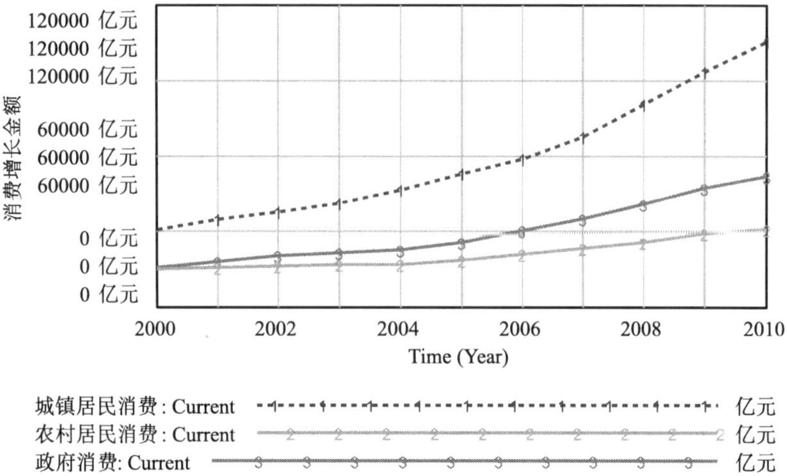

图 7－7 2000—2010 年消费增长情况

一直远高于其他二者，政府消费居于中间位置，农村居民消费份额最低。在消费增长速度方面，2000—2006 年，三条增长曲线都较为平缓，但是 2006 年之后城镇居民消费、政府消费曲线都开始变得陡峭，而农村居民消费曲线依然平缓。这一结果表明，在经济增长过程中，占据消费份额主体的是城镇居民和政府，而农村居民一直居于末梢地位。一方面说明农村居民获得的用于消费的份额较少，另一方面也是二元社会福利制度影响了农村居民的消费需求，缺乏社会风险保障的农民消费较低。

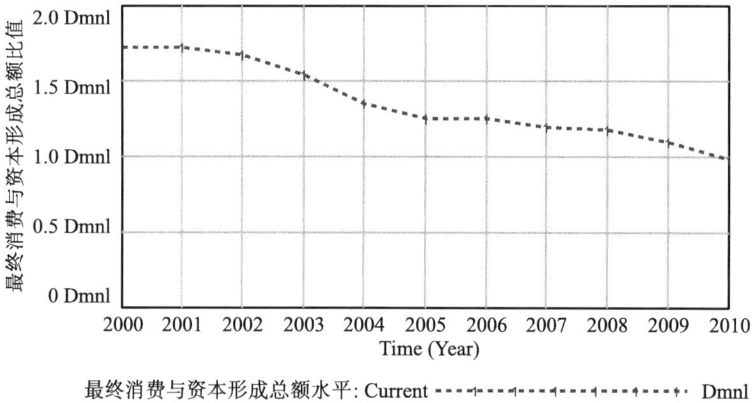

图 7－8 2000—2010 年最终消费与资本形成总额比值水平变化

图 7－8 反映了按照支出法 GDP 核算，投资、消费“两驾马车”在经济增长中所形成份额的比值变化情况。分子是最终消费所占份额，分母是

资本形成总额所占份额，在不考虑进出口份额影响后，当 GDP 总额一定时，分母增长速度快于分子，则比值将越来越小；反之，则比值越来越大。从图 7－8 中所示曲线可见，2000—2010 年曲线呈下降态势，由 1.72 下降到 0.96，表明资本形成总额逐渐成为拉动经济增长的动力，消费拉动能力则在下降，这与我国长期存在的内需不足、高度依赖投资和出口相吻合。

（三）环境污染方面

污染主要来自于人类的日常生活和工业生产，前者表现为生活污水和垃圾排放，环境治理依赖于市政管网建设、污水和垃圾处理设备投资。因为相关数据不全，本书主要关注工业生产带来的废水、废气和固体废弃物污染。从图 7－9 可见，2000—2010 年工业污染排放总量都有上升，其中工业废水排放量和工业 SO_2 排放量变化不大，2008 年后二者都开始减少。而工业固体废弃物产生量则一直处于上涨态势，2005 年之后固废产生量增长曲线开始上扬。总体而言，随着工业产值的增加，工业污染产生量一直处于增长态势，加强环境污染治理仍然面临艰巨任务。

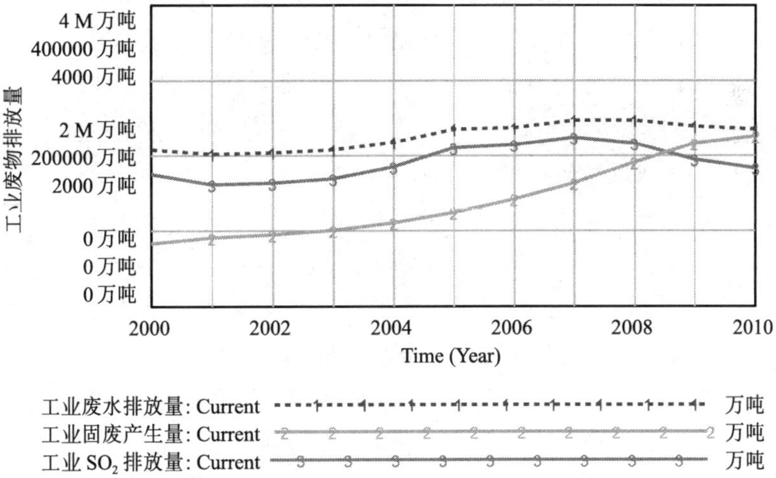

图 7－9　2000—2010 年工业废弃物排放

二、经济社会协调发展政策仿真模拟

对我国 2000—2010 年经济社会发展状态系统动力学分析发现，经济增长一直是发展主题，GDP 由 2000 年的 99214 亿元增长至 2010 年的 401512 亿元，后者是前者的 4.05 倍，人均 GDP 同期也由 7858 元增长至 30015 元。然而，在经济高速增长的同时，发展中的各种问题也不断显现。作用于经济增长的劳动力、固定资产投资、科学技术成果及其转化等各项生产要素在三大产业结构内部配置不合理，难以实现资源配置效率最大化。在社会发展方面，经济增长创造的社会财富没有在社会成员间进行公平合理地分配，一是表现为财政收入连年增长的同时，用于教育、医疗卫生、社会保障、就业和住房等社会事业的财政投入水平没有随之而增长，社会事业发展日益滞后于经济增长；二是表现为社会成员个人及其家庭占有社会财富分配差距日益拉大，与经济增长相伴随的是收入分配差距日渐拉大。由于产业结构不合理，经济增长主要依赖于第二产业，而第二产业产值增加所能吸纳的就业能力有限，人口增长背景下的就业压力随之显现。为了创造更多的就业岗位，只能依靠持续不断的经济增长，在消费需求不旺的情境下，便将更多的资金投资于经济发展。因而，在拉动经济增长的最终消费、投资和进出口“三驾马车”中，主要依靠增加投资、扩大对外贸易来刺激经济增长。不合理的投资消费结构，既是我国推动经济增长的动力机制，又是实现我国经济社会协调发展的障碍因素。上述发展状态在我国城乡二元经济社会体制下，进一步表现为城镇居民人均可支配收入与农村居民人均纯收入、城镇居民消费与农村居民消费之间的差距呈逐渐扩大趋势。

因此，选取反映经济增长、社会发展方面的状态变量，通过改变政策调控变量的取值，监测状态变量的变化情况。从当前我国经济社会发展存在的问题出发，分析促进经济社会协调发展的政策方案。

（一）总人口、就业人口发展趋势模拟

进入 21 世纪以来，在国家人口政策作用下，我国人口出生率维持在较为稳定的状态。由于当前已处于快速老龄化时期，老龄人口的增多使得死亡率相对有所提高，但人口总量在未来一段时期内将保持平稳、缓慢增长态势，预计 2025 年我国总人口将达到 14.62 亿人。

就业人口方面，我国就业人口占总人口的比重维持在 57% 左右，未来一段时期内就业人口数量增长趋缓，预计到 2025 年将达到 8.33 亿人。在就业总人口增长相对趋缓的背景下，就业面临的主要问题是三大产业内

部就业人口的配置问题。从图7－10可见，三大产业内部就业人口配置的趋势是第一产业劳动力逐年下降，第二产业、第三产业劳动力逐年增多。第一产业剩余劳动力逐渐向第二、第三产业转移。从总量上分析，第三产业劳动力在2011年超过第一产业劳动力数量，第二产业劳动力在2014年超过第一产业劳动力数量。第三产业劳动力数量一直多于第二产业劳动力，且保持较为平稳的增长趋势；第二产业劳动力在产业转移过程中经历了数量波动，2020年第二产业劳动力出现下降趋势，此后又缓慢增长，但拉大了与第三产业就业人口数量间的差距。

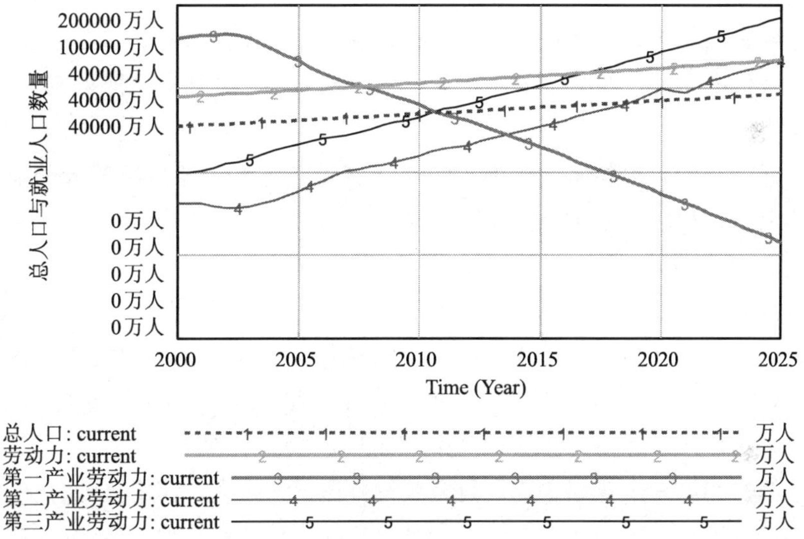

图7－10　总人口与就业人口增长仿真模拟

从就业政策角度分析，政府可通过税收减免、创造就业岗位、财政扶持等措施促进就业。未来一段时期，就业面临的重要难题是供给与需求之间的矛盾。每年几百万的高校毕业生需要就业，东部沿海外向型经济高度依赖国际经济环境，存在就业需求过旺和需求疲软的波动性问题，如2008年金融危机下大量农民工返乡。以第二产业为主导的经济发展路径，在有效需求不足的情况下不断增加投资，资本密集型企业所创造的就业岗位相对不足。因而，城镇登记失业人口和农村隐性失业人口的问题使我国在未来一段时期内将依然面临严峻的就业问题，政府需要加大就业政策力度，更好地促进劳动力就业。

（二）经济增长趋势模拟

经济增长始终是人类社会发展的基础，只有经济增长创造更多的社会财富，才能为改善人类社会的生产生活水平奠定基础。我国是一个发展中国家，人口众多、资源分布不均，尽管人均 GDP 已达到中等收入国家水平，但是不合理的产业结构、过度依赖投资，以及地区间、城乡间的巨大差距，要求我国转变经济发展方式，努力实现经济增长速度与效益的统一。2020 年我国将全面建成小康社会，党的十八大报告提出 GDP 比 2010 年翻一番，即 GDP 为 80 万亿元。未来一段时期，我国经济增长的重要方向是转变发展方式、调整产业结构，经济增长速度放慢，即维持在 8% 左右。经济增长的内在动力依靠产业结构调整和科技创新，从而形成三二一产业格局。

图 7－11 模拟的是我国固定资产投资及在三大产业内部的分配情况。总体上看，2015 年后固定资产投资增长速度趋缓，2021 年固定资产投资达到峰值 48.96 亿元，此后开始缓减。产业内部投资，第一产业固定资产投资数额始终较低，这种情况与统计数据没有将农户用于生产改造的小额资金纳入统计范围有一定的关系，总的看来，第一产业固定资产投资数额偏低。第三产业固定资产投资数额始终占据首位，且在 2015 年之后继续保持较高的增长速度；而第二产业固定资产投资则在 2015 年之后开始减少，第二、第三产业固定资产投资数量差额逐渐拉大。固定资产投资及在三大产业内部分配的变化趋势，与当前我国调整产业结构，由过度依赖第二产业投资刺激经济增长转向依靠大力发展第三产业的要求相吻合，是未来一段时期内我国经济发展的主导方向。至 2025 年，固定资产投资总额、第一、第二、第三产业固定资产投资数额分别达到 49.78 万元、1.42 万亿元、17.43 万亿元、30.93 万亿元。

图 7－12 反映的是我国经济增长情况，未来一段时期内经济仍将保持适度的增长态势，三大产业也都继续保持增长态势，但产业内部将发生变化。GDP 增长曲线表现为“S”形，2000—2013 年经济增长速度较快，呈“S”形曲线的上升部分，2014 年开始经济增长速度趋缓，仿真模拟经济总量由 2000 年的 9.99 万亿元，增长到 2020 年的 92 万亿元，至 2025 年将达到 105 万亿元。这一模拟值超过了 2020 年 GDP 比 2010 年翻一番的目标，但在考虑通货膨胀、人口增长等因素下，实际 GDP 将会有所减少。

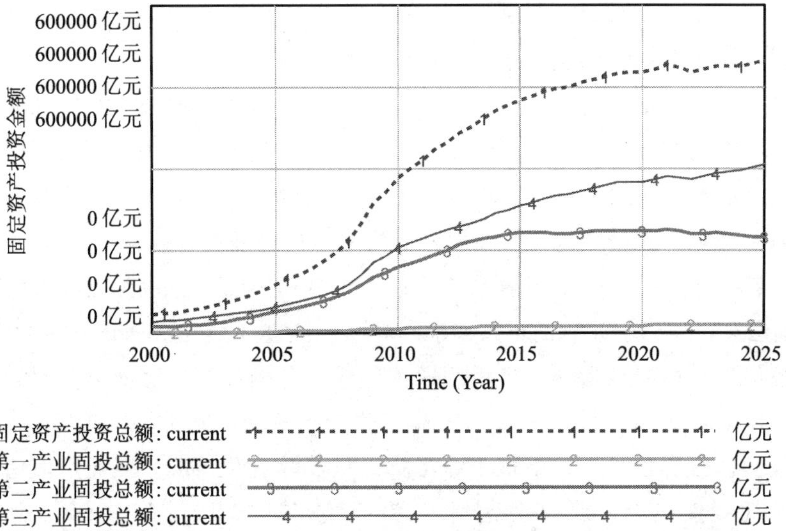

图 7－11　固定资产投资仿真模拟

在三大产业内部，第一产业产值增长缓慢且数量最低，2025 年约为 8.7 万亿元；第二、第三产业产值保持同步增长态势，其中 2000—2017 年第二产业产值略高于第三产业产值，但第三产业产值在 2018 年超过第二产业产值，并继续保持较高的增长速度，第二产业增速趋缓，二者之间的差距开始拉大，第三产业成为我国经济发展的主导产业，从而完成了“三二一”产业结构转变。

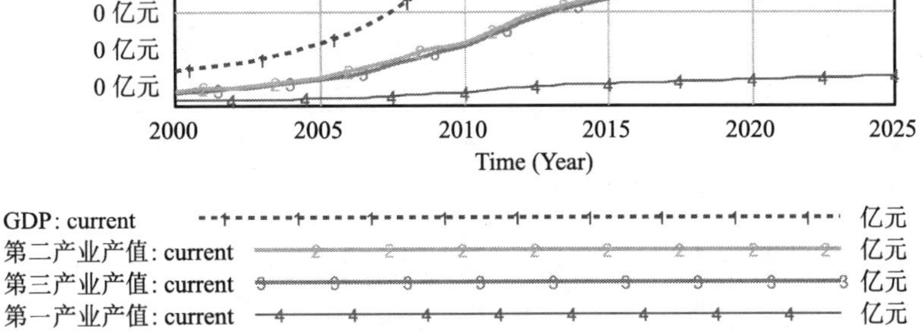

图 7－12　经济增长仿真模拟

（三）环境污染排放及治理仿真模拟

实现经济增长所付出的重要代价之一就是对环境的破坏，即开采自然资源、排放废弃物污染环境。改革开放以来，我国经济快速增长的同时对自然环境产生了较大破坏，工业生产所产生的废水、废气和固体废弃物对环境的破坏，在公众的环境保护意识淡薄、政府唯 GDP 增长的情境下，难以引起社会重视。用于环境保护治理的资金占 GDP 比重低，且波动性强。随着公众环境保护意识的提高，政府对以环境破坏换经济增长方式的纠偏，环境保护开始受到重视，环境问题甚至成为影响社会稳定的重要因素。

图 7－13 仿真模拟了我国工业产值、工业废水排放、工业 SO_2 排放、工业固体废弃物排放、治理工业污染源投资等变化情况。工业产值增长呈“S”形曲线，至 2025 年将达到 37.78 万亿元人民币。2000—2011 年工业污染源治理投资波动性较大，以 2011 年 444.44 亿元为基础，假定以每年 5% 的速率递增，至 2025 年将达到 940.4 亿元。工业污染排放方面，2000—2011 年工业废水、工业 SO_2 排放量呈波动性变化。2008 年达到峰值后开始降至 2010 年的最低点，此后在环境保护治理投资增长趋势下，二者的排放量增长趋缓，至 2025 年分别为 309364 万吨、2425 万吨。而工业固体废弃物排放量则一直呈增长趋势，2000—2015 年保持较高增长速度，2016 年后增长趋缓。

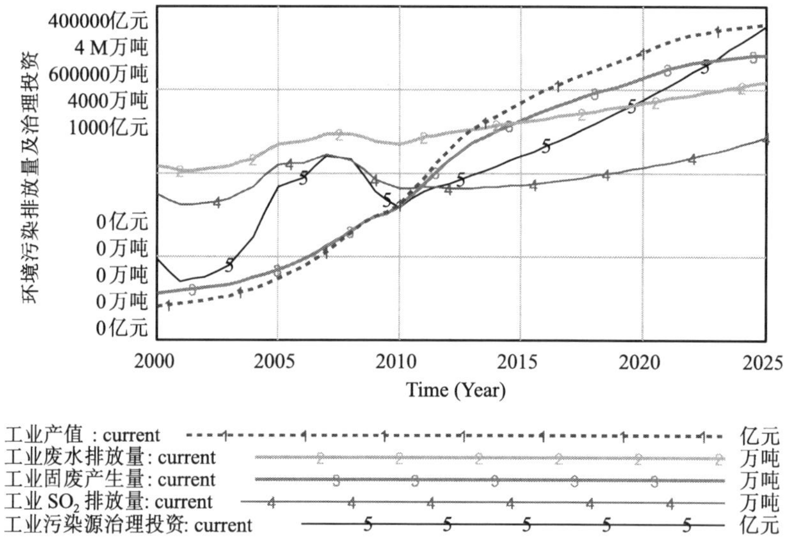

图 7－13 环境污染排放及治理仿真模拟

总体而言，我国环境污染问题严重，公众对于健康权的诉求日益高涨。加强环境保护宣传、增强环境保护投资，加大环境保护科技设备研发力度，提高工业生产总值效益，有效地改善和修复生态环境，成为经济社会协调发展中的重要体现，未来一段时期需要增强环境保护政策强度。

（四）表征经济社会协调发展状态仿真模拟

衡量经济社会协调发展，可采取主观性判断与客观性数据分析相结合的方法，对于经济社会协调发展的判断标准各异，得出来的结论也存在较大差异。系统动力学是在勾画系统诸要素间因果关系基础上，运用数据来动态仿真模拟系统发展状态，因而是一种客观性数据分析方法。系统动力学本身并不能刻画经济社会发展的协调状态，只是对系统过去行为的历史性描述，并依据系统的历史发展情况来预测系统未来的发展趋势。在研究经济社会协调发展方面，本书在对我国 2000—2010 年经济社会相关指标的历史性描述中发现，经济增长的同时，能够体现社会发展的指标没有得到相应的发展。因此本书从当前我国经济增长与社会发展不协调的前提出发，选取表征经济社会协调发展的指标进行模拟分析。通过改变相关指标的表函数取值来刻画未来一段时期内我国经济社会协调发展情况。

图 7－14 仿真模拟了我国国民教育水平的变化情况。人力资源是推动一个国家经济发展的生产要素之一，人才资源则是国家科技创新的动力源泉，人口受教育水平也是衡量一个国家国民素质的重要标准之一，实现这一系列目标的重要途径是教育。教育的公共产品属性决定了政府财政投入的必要性，财政性教育经费占 GDP 的比重成为衡量国家教育投入状况的重要标志，国际上发展中国家这一占比基本达到 4%，英美发达国家占比更高。虽然改革开放以来，我国经济总量增长迅速，但财政性教育经费直到 2012 年才实现了占 GDP 4% 的目标。本书以财政性教育经费为控制变量，以高校在校生人数与总人口的比值为观察变量，分析随着财政性教育经费增加，国民受教育水平的变化情况。以 2012 年财政性教育经费占 GDP 的 4% 为基础，不断增加财政投入，至 2025 年实现财政性教育经费占 GDP 的比重为 6%。以此政策变量为基础，发现国民受教育水平也在不断提高。2000—2010 年国民受教育水平增长缓慢，2011 年后这一状态水平增速提供。具体数值上，2000、2010、2025 年分别为 0.00607、0.01857、0.04466，表明随着经济增长，教育获得了相应的财政投入，取

得了同步发展。

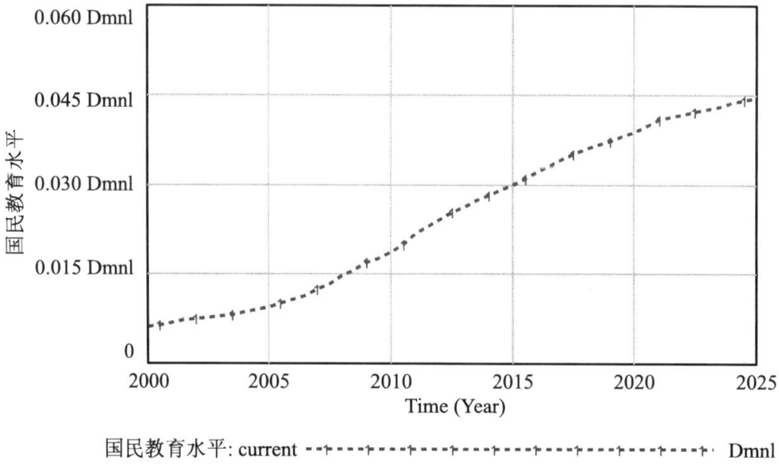

图 7-14 国民教育水平仿真模拟

图 7-15 仿真模拟了我国人均 GDP、城乡居民人均纯收入、城乡居民收入差距比值等变化情况。当我国人口增长保持较稳定状态后，经济保持适度增长状态，则人均 GDP 将逐步提高。仿真模拟表明，2000、2010、2020、2025 年我国人均 GDP 分别为 7882 元、30469 元、65254 元、71934 元，在增长速度方面与 GDP 增长曲线相一致，呈“S”形。在人均 GDP 增长的同时，我国城镇居民人均可支配收入、农村居民人均纯收入也呈增长态势，但是城镇居民人均可支配收入增长曲线在 2010 年之后开始变得陡峭，而农村居民人均纯收入曲线依然保持较平缓的增长态势，二者之间的差距逐渐拉大，2020 年城镇居民人均可支配收入超过人均 GDP，并继续上翘。在城乡收入差距水平上，曲线表明城乡居民收入差距水平在 2025 年维持在 2.75 倍左右。城乡居民收入差距逐渐拉大，反映了经济增长所创造的社会财富没有在社会成员间进行较为公平的分配，经济增长与社会发展的不协调性突出。因此，为了缓和这种局面，促进经济社会协调发展，在政策设计上国家应加大对农村居民的政策扶持力度，努力提高农村居民收入增长率，强化改善城乡居民收入分配政策力度，努力缩小二者间的发展差距。

图 7-16 仿真模拟了收入法 GDP 构成中劳动者报酬、生产税净额、企业利润三者分配的比值水平。在我国经济社会发展实践中，国民收入初次分配结构中，劳动者报酬占比逐年下降，而企业利润则逐年增加，生产

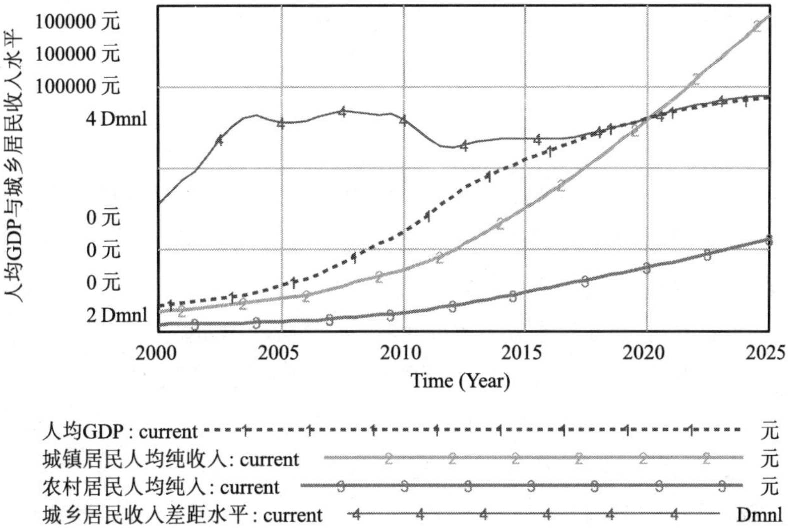

图 7－15 人均 GDP 与城乡居民收入仿真模拟

税净额则保持相对稳定状态。这种分配状况表明初次分配中，劳动者所获得的报酬份额越来越少，也就是说劳动者没有公平地获得经济增长中所创造的社会财富，企业则在这一过程中不断扩大盈余。显然这种分配状况突出反映了经济社会发展不协调的一面。根据 2000—2010 年我国收入法 GDP 分配中三者之间的关系变化，本书假定经济社会处于协调发展状态，从收入分配角度应该是劳动者报酬占比最高，政府生产税净额缓慢增长，提高直接税在政府财政收入中所占比重，企业利润则处于中间状态且呈下降趋势，从而形成公平合理的初次收入分配格局。

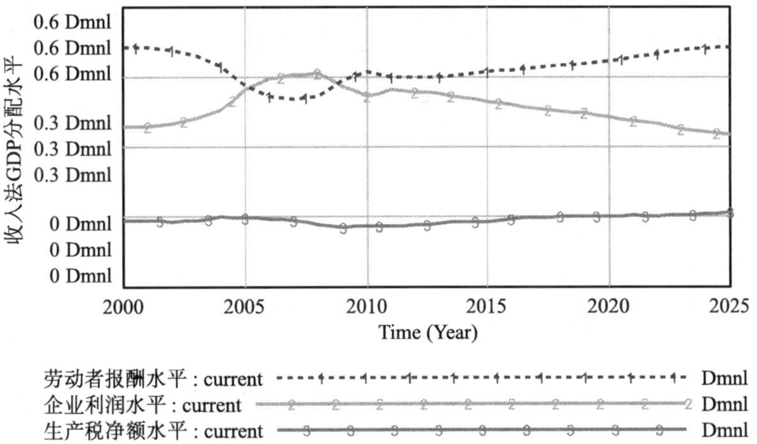

图 7－16 收入法 GDP 分配水平仿真模拟

本书基于上述假定，仿真模拟结果显示 2010—2025 年劳动者报酬水平由 0.4605 提高到 0.5125，同期企业利润由 0.4078 下降到 0.3275、生产税净额由 0.1316 增长到 0.16，总体上符合实现经济社会协调发展的要求。

图 7－17 仿真模拟了我国农村居民消费与城镇居民消费比值水平、政府消费与居民消费比值水平、最终消费与资本形成总额比值水平的变化情况。由于我国社会保障事业发展落后，教育、医疗卫生、住房等成为家庭开支的主要部分，为了降低个人及家庭面临的社会风险，社会公众、特别是中产阶层及中下层群体不敢消费成为一种普遍现象。投资、出口、消费中的内需不足是长期困扰我国经济发展的难题，其中内需不足又以居民消费不足、农村居民消费不足为典型。为了拉动经济增长，我国不得不依靠增加资金投入和进出口贸易。观察 2000—2010 年阶段仿真曲线形状，可以印证上述判断。而从发展目标分析，最终消费拉大经济增长强于资本形成总额，居民消费需求远高于政府消费，农村居民消费市场需求旺盛，农村居民消费与城镇居民消费水平相当，这是形成经济社会协调发展良性循环的前提基础。本书基于上述假定，通过改变政府消费增长率、农村居民消费增长率、城镇居民消费增长率、资本形成总额增长率等表函数参数，以此推动相关变量朝经济社会协调发展目标方向转变。

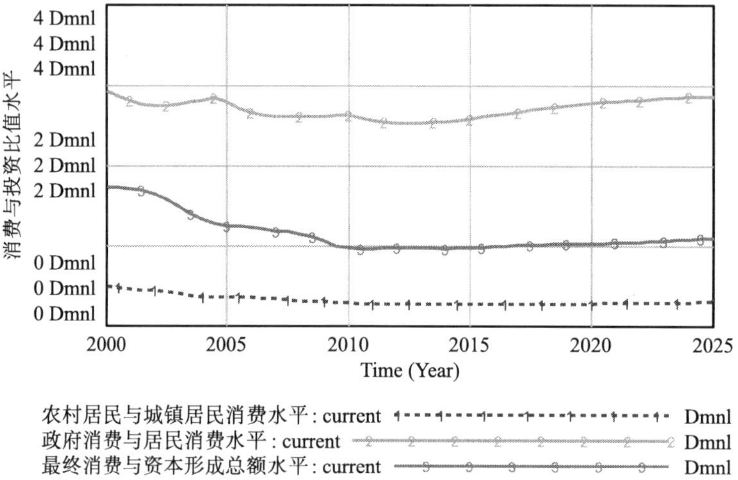

图 7－17 消费与投资比值水平仿真模拟

第八章

国外促进经济社会协调发展的政策比较与借鉴

如何正确处理好政府与市场的关系，市场－政府－社会三维资源配置主体在经济增长、社会发展过程中应该扮演怎样的角色在效率与公平间寻求平衡，进而形成经济增长与社会发展的良性循环机制，是任何一个经历工业化、城市化过程国家必须要面对的问题。经济增长与社会发展间呈现非协调性状态，是世界各国面临的普遍性难题。西方资本主义国家在漫长的工业化、城市化过程中，面对经济社会发展过程中的非协调性以及随之带来的社会矛盾和问题，采取渐进式的政策调整途径，逐步解决了经济增长过程中的社会保障缺失、收入分配差距、公共服务非均等化等问题。针对发展过程中经济增长后劲不足、经济危机等问题，通过加大社会政策供给、积极促进劳动力就业等途径调节资源分配，有效地应对了发展中显现的不协调难题。然而，拉美国家在经济发展过程中，没有正确地处理好政府与市场的关系，在资源配置上追求效率的同时忽视了社会公平，造成收入分配差距过大、社会发展滞后等问题，是经济社会不协调发展的经典案例。

第一节 西方发达国家促进经济社会协调发展的政策选择

一、早期西方发达国家促进经济社会协调发展的政策

自由资本主义经济兴起以来，市场一直被赋予资源配置的主体地位，政府扮演的是“守夜人”角色，提供产权保护、法律制度、维护秩序等公共服务，其余事务都交由市场自由调节。19 世纪后期，经历两次工业革命洗礼的欧洲诸国，掀起了城市化浪潮，形成了庞大的产业工人群体，传统家庭保障功能日渐衰微。工业革命带来社会财富急剧增长的同时，也导致更加严重的社会分配不公，产业工人群体面临医疗、工伤、养老等社会风险，并长期处于社会贫困状态，各国工人运动起伏彼此。作为降低工人群体所面临社会风险的现代社会保障制度开始在欧洲兴起，从而奠定了西方资本主义国家社会发展的基础。

19 世纪 80 年代，俾斯麦任首相的德国政府为了解决工人的伤残、疾病、养老等社会问题，提高劳动生产率，1883 年颁布《疾病保险法》，为 300 万工人及其家属提供医疗保障，费用由工人和雇主双方共同负担；1884 年颁布《意外伤害保险法》，规定因工伤亡的工人可以得到医疗及丧葬费，费用完全由资本家承担；1889 年颁布《伤残及养老保险法》，规定工人到 70 岁时可领取养老金，残疾人也可以领取津贴（郑秉文，2001），搭建了现代社会保障制度的基本框架。与此同时，早在 1601 年英国就颁布了具有惩贫性质的《伊丽莎白济贫法》，由政府干预对贫困人口的救济。随着工业革命的发展，各种社会矛盾和问题不断凸显，迫使政府重新考虑社会福利政策。1834 年颁布的《济贫法修正案》（新济贫法）废除了老济贫法的惩罚性质，强调政府照顾贫困居民的责任；而 1848 年颁布的《公共卫生法案》则强调政府对贫民的医疗照顾责任。随着工业革命的推进，英国开始进行社会改革，并将社会政策扩大到社会保险领域。1897 年议会通过了《工人赔偿法》，规定工人由于事故受伤或丧失劳动能力有权要求雇主给予赔偿。1906 年英国自由党上台执政，在财政大臣劳

合·乔治的领导下进行了广泛的社会立法。如1908年颁布《老年补助金法》，规定养老金领取完全由国库开支，个人免于缴费，标志着社会保障政策演变为现代意义上的社会福利制度。1909年劳合·乔治提出“人民预算案”，通过向富人征收财产税，以为贫困家庭的儿童和老人提供福利津贴，确立了赋税济贫制度（郭伟锋，2008）。1911年颁布的《国民保险法》规定“保险金”分为两部分，一部分用于工人的疾病和残疾，一部分用于工人的失业“补贴”，基金来源由国家、雇主和工人分担。此后，通过了新的教育法、新的失业法，至1929年经济大危机前，英国社会政策开始向福利国家转变。

19世纪中期北欧国家从农业社会进入工业社会，产业工人的增多使得社会保险问题引起关注，各国先后在养老、工伤、失业保险方面进行了早期的社会立法。如丹麦的《养老保险法》（1891）、瑞典的养老保险制度（1913）、挪威的《养老保险法》（1936）、芬兰建立的个人账户与家计调查相结合的养老保险（1937），四国均在20世纪30年代前建立了失业保险制度（吕薇洲，2012）。这些法律制度的颁布实施不仅促进了北欧国家的经济增长，而且也推动了北欧社会改革和社会政策的发展，奠定了福利国家的基础。

二、福利国家时期西方发达国家促进经济社会协调发展政策

（一）美国：从罗斯福“新政”到约翰逊“伟大社会”

20世纪20年代，随着自由资本主义过渡到垄断资本主义阶段，加上第一次世界大战的影响，美国国民经济得到了飞速的发展，形成了美国经济社会发展的“柯立芝繁荣”。然而在自由放任经济政策背景下，生产和资本的集中进一步加剧了资本主义的固有矛盾，美国经济繁荣实际上隐藏着巨大的隐患，并最终导致1929—1933年的世界经济大危机。凯恩斯经济理论的重要内核在于强调政府对于经济增长的宏观干预，通过扩大公共需求以刺激经济增长。为了应对经济危机，凯恩斯理论开始受到推崇，指明市场并非是最为有效的资源配置方式，同样存在失灵现象。政府不再局限于“守夜人”角色，而是应该积极干预经济社会生活。以罗斯福“新政”为起点，开创了政府干预社会经济生活之先河，从而结束了自由放任的资本主义阶段，进入国家垄断资本主义阶段。罗斯福“新政”前期关注经济改革，后期推动社会立法，其核心内容可用“3R”来概括，即

复兴（recovery）、救济（relief）、改革（reform）。罗斯福“新政”的主要政策包括整顿银行与金融系统、颁布工业复兴计划、颁布《农业调整法》、兴建公共工程、实行紧急失业救济，并于1935年开始转向社会立法方面，目的在于解决社会长期存在的一些问题，防止1929—1933年经济危机对美国社会构成的冲击再现，关注那些在社会底层千百万被遗忘的人（潘贤掌，1999；王晓华，2009）。此后《社会保险法》、《国家劳工关系法》、《公平劳动标准法》等在一定程度上缓解了发展中的社会矛盾。

“新政”是在美国经济危机背景下出台的，所采取的措施涉及美国社会经济生活的各个方面，其直接作用是使美国避免了经济大萧条，有助于美国走出危机。“新政”通过“以工代赈”，既提供了较多的就业机会，又在一定程度上改善了经济发展不平衡和社会分配不平衡状况。后期所实行的关于救济、养老保险、失业保险、最低工资等社会立法，构成了美国社会保障制度的框架基础。在不触动资本主义制度的前提下，加强了国家对社会经济生活的干预，使政府承担起保障经济稳定和社会发展的责任，是有力促进经济社会协调发展的经典案例。

二战即将结束之际，罗斯福总统突然逝世，继任者杜鲁门总统继承了前任总统的主要经济社会政策，同时提出“公平施政”计划，其主要目标和内容有以下三方面：一是维持美国经济稳定和繁荣；二是维持新政所建立的社会福利，包括特殊社会群体的权利，并在可能情况下加以扩大；三是关注日益觉醒的黑人运动，为黑人争取民权，主要是追求公平机会和公正司法（吴忠超，2003）。20世纪50年代，在共和党总统艾森豪威尔执政时期，国内经济增长速度放慢，远落后于西欧、日本和部分社会主义国家；贫困问题严重，在所谓丰裕社会中存在着四千万至五千万穷人的“另一个美国”；战后经济发展引起城市人口膨胀，住房、交通状况恶化，犯罪问题严重（徐以骅，1986）。肯尼迪总统提出“新边疆”改革纲领，试图进行大规模社会经济改革。1963年肯尼迪总统遇刺身亡后，林登·约翰逊就任美国第三十六任总统，继续实施肯尼迪未竟的“新边疆”计划。1964年1月约翰逊向国会提交的国情咨文中宣布“无条件地向美国的贫困宣战”，把反贫困作为施政的主要目的之一。同年5月，在密歇根大学毕业典礼的演说中，约翰逊声称当前“美国不仅有机会走向一个富裕的社会和强有力的社会，而且有机会走向一个伟大社会”。次年，约翰逊提出了“伟大社会”立法计划，要求国会在教育、医疗、环境保护、住房、反贫困和民权等领域采取广泛的立法行动，具体政策立法包括：向贫困宣战，保障黑人民权、维护人类权利平等，加强联邦教育政策资助、医疗照顾政策、城市住房政策等。

总之，从罗斯福“新政”到约翰逊“伟大社会”计划，是20世纪美国在坚持市场经济自由竞争的基础上，面对资本主义基本矛盾导致收入分配不平等、社会财富集中化趋势，在失业、社会贫困问题日益严重的状况下，政府开始干预社会经济生活，从增加就业岗位、进行失业救济，到建立社会保险法、医疗照顾与医疗救助、城市住房改造等，加大了社会发展方面的改革立法和财政支持，有力地促进了20世纪30年代以来美国的经济社会发展。

（二）英国：从贝弗里奇报告到建成福利国家

20世纪40年代，英国在经历第一次世界大战、20年代经济增长停滞、30年代经济大危机和第二次世界大战等冲击后，昔日的“日不落”帝国面临内外交困的发展局面。经济方面，经济大危机造成失业率居高不下，一度达到23%，近300万人失业（王波，2006）。传统的棉纺织品、煤炭出口受到美国、日本、波兰的排挤，资本对外输出受阻，由债权国演变为债务国。社会方面，20世纪30年代经济大危机给人民生活造成的极大困难，二次世界大战的残酷斗争给人民造成的心理阴影，使得人民渴望在战后过上安定的生活，摆脱经济大萧条带来的噩梦。而凯恩斯主义所强调的政府干预思想，加上战争期间的系列管制措施，提高了劳动者的工资收入，削减了财产所得者的收入水平，从而提高了社会平等水平，左翼思潮开始广泛传播，并易为人民所接收。政治方面，自由党自劳合·乔治在20世纪初提出“人民预算”以来，长期关注下层阶级和劳工的生存状况，主张为劳工提供更多的福利和扩大收入再分配。工党也积极主张加强社会保障制度建设，并将充分就业作为社会改革的重要内容。而面对战后重建的艰巨任务，增加社会福利支出，刺激需求就具有重要的战略意义了。

基于以上背景，催生了1942年《贝弗里奇报告》的诞生，从而奠定了福利国家的发展基础，也是现代资本主义国家强调经济增长的同时，加强社会发展的思想源泉。就《贝弗里奇报告》的基本原则和主要内容而言，首先，贝弗里奇将社会保险作为提供收入保障、消除贫困的一项基本社会政策，明确社会保障必须由国家和个人共同承担责任，通过国家和个人共同的合作来实现。其次，社会保障应遵循四项基本原则：一是普遍性原则，即社会保障应满足全体居民不同的社会保障需求；二是保障基本生活原则，即社会保障只能确保每一个公民基本的生活需要；三是统一原则，即社会保障的缴费标准、待遇支付和行政管理必须统一；四是权利和义务对等原则，即享受社会保障必须以劳动和缴纳保险费为条件。最后，报告设计了一整套“从摇篮到坟墓”的社会福利制度，提出国家为每个公民提供九种社会保险待遇，提供全方位的医疗和康复服务，并根据个人经济状况提供国民救助。

《贝弗里奇报告》发表后，引起强烈的社会反响，特别是受到士兵和劳工阶层的欢迎。1945 年 7 月，克莱门特·理查德·艾德礼为首相的工党政府取代了丘吉尔政府，基本接受了《贝弗里奇报告》的建议，先后通过了《家庭津贴法》（1945）、《国民保险（工伤）法》（1946）、《国民保险法》（1946）、《国民健康服务法》、《国民救助法》（1948），成立了国民保健署，大力对国内主要工业和公用事业进行国有化，成立国有的英国铁路，明确维持充分就业是政府的一项基本责任。至 1948 年年底，工党政府基本解决了失业问题。在努力实现充分就业的同时，又着手实施一系列社会福利计划，特别是国家保险法条例的出台，是“从摇篮到坟墓”的全面社会福利制度在英国确立的标志。同年，艾德礼首相宣布英国建成世界上第一个福利国家。

（三）北欧国家：社会民主主义与普享性福利国家政策

20 世纪 30 年代，丹麦、瑞典、挪威、芬兰等北欧国家也遭受经济大危机冲击，失业率居高不下，社会贫困问题突出。同其他资本主义国家一样，北欧国家纷纷进行社会改革。随着二战结束后经济恢复，加上《贝弗里奇报告》的影响，北欧国家逐渐形成福利国家体制，并发展为具有普遍主义色彩的“社会民主主义模式”，由政府负责幼儿园、学校、医院等公共服务机构的建设发展，并为儿童、残疾人、妇女提供具有普遍主义性质的津贴。养老保险方面，1946 年瑞典建立了以税收为基础的统一养老金，1956 年丹麦通过了国民年金立法，芬兰通过了为所有超过 65 岁的公民提供养老金的《全民养老金法案》，挪威在 1957 年颁布了国民年金与收入相关的社会保险计划（吕薇洲，2012）。医疗保险方面，1960 年丹麦通过了《国家疾病保险法案》、芬兰建立了失业救助和疾病保险法。挪威在1958年建立了普遍的工伤保险，并在1961年引入了伤残津贴（林卡，2011）。直至20世纪70年代中期，北欧国家建成了体现贝弗里奇社会福利“3U”思想的福利国家，即“普享性原则（universality）、统一性原则（unity）、均一性原则（uniformity）”。北欧国家成为西方福利国家的“橱窗”，成为贝弗里奇模式的典范。

北欧国家在战后实现经济高速增长的同时，又实现了社会和谐。为反驳西方经济学界所强调的效率与公平相对立，提供了有力的佐证。北欧国家福利制度的创立，并不是如现在一般流行的观点所认为的先把蛋糕做大再考虑如何分配，而是先确定了消除贫困、扶助弱势群体的公平分配原则，然后才带来了经济繁荣、社会和谐。同时，北欧福利国家制度的一个重要政策目标是通过充分就业以实现共同富裕。为了实现这一目标，北欧各国先后出台了诸多鼓励政策，形成了庞大的公共部门，吸纳了社会上众多的劳动力，尤其是女性劳动力，从事于公共部门活动，使得北欧各国的劳动参与率一直高于其他西方国家（刘玉安，2008）。

三、后福利国家时期西方国家促进经济社会协调发展政策

20世纪70年代中期，随着石油危机的爆发，西方国家经济社会发展进入“滞胀”阶段，即经济增长停滞与失业率上升并存的局面。面对经济社会发展困局，凯恩斯理论显得束手无策，新保守主义思想抬头，基于主流经济学坚持效率与公平、进而经济发展与社会福利之间的矛盾关系，将矛头指向了福利国家体制，传统的福利国家体制出现危机。以英国撒切尔夫人、美国里根为代表的保守党上台执政，主张削减社会福利支出，缩减政府财政支出规模。自此，西方进入后福利国家时期。

尽管自20世纪80年代以来，英美等西方发达国家进行公共服务市场化改革，削减社会福利支出，提高了享受养老、健康医疗等社会保险待遇的条件，延缓领取失业保险的时间间隔，但是自德国俾斯麦政府建立社会保险制度以来，经历20世纪初的社会立法、1929—1933年经济大危机、《贝弗里奇报告》及战后福利国家建设，西方资本主义国家已经构建了完善的公共服务与社会保障体系，涵盖了教育、健康医疗、养老、社会救助、住房、就业等内容。在社会保障体系方面，即使英、美、法、德以及北欧国家采用了社会福利享用资格不同的社会福利模式，以政府为主亦或高度依赖市场，在保障能力与水平上存在差异，但基本涵盖了养老、医

疗、失业等社会保险，以及相关的社会救助、特殊津贴等。长期的制度演化和路径依赖使社会公众对享有社会福利的资格、权利、义务等形成了共识。虽然在英、美、新西兰等国家实行较为强烈的市场化改革，但实际上并没有动摇资本主义国家所建立起来的社会福利制度。因此，在后福利国家时期，西方资本主义国家实质上是在对传统社会福利制度模式进行调适，特别是服务的供给方式。

从经济社会协调发展的角度分析，劳动力市场体制一直被西方理论界认为是经济与社会政策的交叉点。从理论上看，凯恩斯理论为资本主义国家经济繁荣所构建的二道防线，即充分就业和社会福利体制。在实践上，资本主义各国将解决失业问题作为政府一项重要的政策目标。因此，就业政策成为各国社会政策的中心，其他社会政策如社会保障也多通过就业政策来实现。其内在机理在于，西方资本主义国家在生产资料私有制背景下，出卖劳动力是产业工人赚取工资、养家糊口的唯一途径，失业便意味着工人失去了生活来源。在社会福利体制下转而依靠失业救助。在公共财政层面，支撑西方国家社会福利的财政支出主要来自于劳动者阶层所缴纳的税费，如美国的社会保障税。当经济景气，全社会实现充分就业时，政府征收社会保障税、个人所得税的税源基础扩大，能够提高社会福利的供给能力和保障水平；当经济不景气，出现大量失业人员时，政府的税源基础缩小，同时领域失业救济的人员数量增加，政府同时面临财政收入减少、财政支出增多的局面。因此，就业政策是连接经济社会发展的关键点，就业状况与社会保障资金的汲取和支出相连接。就业既是劳动者获得收入的重要途径，改善收入分配状况、调整社会财富分配集中化趋势，又是促进经济增长重要的资源要素。

根据国际劳工组织的定义，积极劳动力市场政策是指为追求公平和效率，政府有目的、有选择地进行干预，为劳动力市场弱势群体提供工作或提升自身就业能力的措施（于艳芳，2012）。传统的劳动力市场政策主要是针对失业人员提供失业保险、失业救济、提前退休等，是一种被动型的政策。而积极劳动力市场政策，是随着 20 世纪 60 年代西欧国家就业市场劳动力短缺，一些国家制定和实施的旨在增加就业人数的劳动力市场政策。到了 20 世纪 70 年代，产业结构调整和经济危机导致欧洲国家失业问题异常严重，劳动力短缺现象被结构性失业所代替。原先“积极的人力政策”中部分被证明能够有效增加就业人数的政策得以保留，如提供免费公共就业服务、对外来劳动力和非熟练工进行培训等。同时，政府改革传统的失业保险制度，创造就业岗位、实施创业就业计划、实行鼓励就业补贴等，以解决大规模失业问题（马永堂，2000）。积极劳动力市场政策使原先单纯接受政府失业保险救助的失业人口在接受政府救助的同时，积极参加职业培训，提高就业技能，寻求新的工作岗位。

实践上，为缓解长期和僵化的失业问题，欧洲国家尝试着从制度和政策层面，通过采取各种行动和政策措施，力求扭转劳动力市场的供需失衡状态。从北欧灵活保障模式的就业"金三角"，到欧盟的"里斯本战略"、"欧洲 2020 战略"，都将创造更多的就业岗位、提高劳动者就业参与率、降低失业率作为重要的战略目标，并采取有效的政策措施。一方面，欧盟各成员国实行积极的劳动力市场政策，如公共就业服务、劳动力市场培训、创造就业岗位和就业补贴项目（张敏，2009）。另一方面，在区域发展层面，从欧洲共同体到欧盟对于社会政策都给予高度关注，《欧洲共同体条约》和《罗马条约》对社会政策作出较为广泛的规定，并在其实施过程中集中围绕欧洲共同体层面上的就业问题来展开（马晓强，2008）。欧盟层面社会政策最为重要的就是促进就业政策。早在 1994 年 12 月，欧洲共同体理事会的埃森会议决定各成员在以下五个方面做出努力，以统一各国的社会政策措施和推动就业。具体包括：保证经济增长，以创造更多的就业机会；实施更有效的劳动力市场政策；降低间接劳动力成本；为受劳动力市场排挤的群体提供帮助；对职业培训加大投资。将 1960 年设立的欧洲社会基金作为从欧洲共同体到欧盟推行社会政策的主要财政措施，其主要宗旨是"促进共同体就业的便利和工人在地域上和职业上的流动性"，并由欧盟委员会就业和社会事务主管负责（周建明，2004）。欧盟共同就业政策的基本思路是协调，通过欧盟层面的共同就业政策来协调劳动力在欧洲范围内的配置和流动，推动就业增长，为巩固欧盟奠定基础。

然而欧盟的共同就业政策并未很好地适应欧盟扩大与欧盟国家经济社会发展的需要，这推动了"里斯本战略"的出台和实施。2000 年提出的"里斯本战略"希望通过鼓励创新和大力推动信息通信技术的应用与发展，探索面向下一代创新，即创新 2.0，其目标是使欧盟在 2010 年前成为"以知识为基础、世界上最有竞争力的经济体"。由于受金融危机的影响，从"里斯本战略"设定的目标看，实施效果并不理想，经济增长和就业指标不仅没有提升，甚至出现倒退。

2010年欧盟委员会公布了指引欧盟发展的“欧洲2020战略”，这是欧盟历史上第二份十年经济发展规划，相较于“里斯本战略”，“欧洲2020战略”将欧盟年经济增长率目标定位2%。提出未来十年的发展重点和具体目标，即三大发展重点、五大要实现的具体目标、七大框架计划。三大重点是：实现以发展知识经济为主的智能增长、以发展绿色经济为主的可持续增长、实现以提高就业和消除贫困为主的全面增长。五大目标是：使20—64岁的劳动人口就业率达到75%；增加研发投入，把研发经费在欧盟国内生产总值中所占比重从目前的1.9%提高到3%；将温室气体排放量在1990年的基础上削减20%，提高可再生能源在欧盟总能源消耗中的比例，使之占到20%；把未能完成基本教育的人数控制在10%以下，将30—34岁年轻人获得高等教育文凭的比例从31%提高到40%；将生活在贫困线以下的人数从8000万人降至2000万人。七项发展计划是：三项实施智能增长计划，即面向创新的“创新型联盟”计划、面向教育的“流动的青年”计划、面向数字社会的“欧洲数字化议程”；两项实施可持续增长计划，即面向气候、能源和交通的“能效欧洲”计划，面向提高竞争力的“全球化时代的工作政策”计划；两项实施全面增长的计划，即面向提高就业和技能的“新技能和就业议程”、面向消除贫困的“欧洲消除贫困平台”计划（见表8-1）。

表8-1　　欧洲2020战略目标及其实现程度

	2020目标值	2005年	2008年	2009年	2010年	2011年	2012年
20—64岁人口就业率（%）	75	68.00	70.30	69.00	68.50	68.60	68.50
R&D投入占欧盟GDP比重（%）	3	1.82	1.92	2.01	2.00	2.03	—
温室气体排放量占1990年排放量比重（%）	80	93.22	90.29	83.74	85.72	83.03	—
18—24岁未完成基本教育人口比重（%）	10	15.80	14.80	14.30	14.00	13.50	12.80
30—34岁人口获得高等教育比重（%）	40	28.00	31.00	32.20	33.50	34.60	35.80
生活在贫困线下人口数量（万人）	2000	79070	80661	80718	83413	—	—

数据来源：欧盟委员会网站，http://epp.eurostat.ec.europa.eu/portal/page/portal/europe_2020_indicators/headline_indicators。

第二节
拉美国家促进经济社会协调发展的政策选择

一、拉美国家经济发展战略演变及其带来的发展困境

拉美国家的工业化、城市化起步较早但道路曲折，在发展模式转型中走过一个之字形的弯路，即经历了初级产品出口导向的外向发展、进口替代工业化内向发展、经济改革的外向发展三个阶段，分别在20世纪30年代、80年代经历了两次转型，在此过程中受国内外发展环境影响，没有能够抓住历史机遇导致转型滞后，从而错失了发展良机。

拉美国家的工业化是在较为有利的情况下起步的。19世纪70年代，拉美国家的人口增长与城市化发展、交通基础设施建设与公用事业发展、外国资金涌入、初级产品出口带动购买力提高，使得人均实际收入有所提高。第一次世界大战前夕，拉美的资本密集型出口加工工厂在规模和结构上，可以与世界上任何地方的同类采掘业、加工企业相媲美，并建立了面向国内市场的工业企业组织（韩琦，2002）。第一次世界大战使西方国家对于初级产品的需求有所下降，拉美的出口导向战略受阻。此后在经济大萧条背景下，20世纪40年代拉美国家开始了进口替代发展战略的转型，但是与西方国家工业化发展的历史机遇相比，大约滞后了二十年的时间，经济增长较为缓慢。在进口替代工业化模式下，拉美国家保持了约三十年的经济快速增长期，即20世纪的50至80年代。

到了20世纪80年代，拉美国家经济发展陷入债务危机之中。如何化解债务危机、摆脱经济增长低迷状态，成为拉美国家发展转型中面临的重大难题。在新自由主义学说影响下，以美国政府、世界银行和国际货币基金组织为代表的西方国家和组织，围绕着拉美国家减少政府干预、促进贸易和金融自由化的经济改革，达成了十项共识，即“华盛顿共识”。提出的改革政策如加强财政纪律、把政府开支的重点转向经济效益高的领域和有利于改善收入分配的领域，开展税制改革、实施利率市场化、采取有竞争力的汇率制度、放松对外资的限制、实施贸易自由化、保护产权、在商

品和服务生产乃至公共服务供给中发挥私人部门作用。受“华盛顿共识”影响，拉美国家的经济增长在 20 世纪 90 年代有所恢复，至 21 世纪初经济增长率维持在 4% 左右，但低于世界经济增长水平。另外，公共产品和服务市场化供给，尤其是社会保障制度私有化改革加剧了拉美国家长期存在的社会不公平问题，经济增长与社会发展间没有形成良性互动机制。

拉美国家工业化进程中经历了两次发展转型，由于受外部国际环境影响，内部发展战略抉择迟滞，导致经济增长波动性大、社会发展滞后，人口快速城市化与城市配套基础设施容纳能力不足，大量失业人口带来的社会贫困、收入分配差距扩大化趋势，既是拉美经济增长难以持续的重要原因，又是经济社会不协调发展的外在表现，“拉美陷阱”成为反映经济社会不协调发展严重后果的典型。

拉美国家在经济发展过程中，忽视社会发展领域的资源投入和制度调节，使经济社会长期陷入不协调发展状态。典型的问题如经济增长难以有效地改善社会贫困，大量农村人口涌入城市，城市贫困问题日益严重。同时，拉美国家是世界上收入分配最不公平的地区。联合国拉丁美洲和加勒比经济委员会认为，自 20 世纪 50 年代以来，拉美国家的收入分配呈逐步恶化趋势。1970 年前后，拉美国家的收入分配呈现出非常集中的状态，基尼系数最低者 0. 44，最高者 0. 66。巴西是这种收入分配不公现象的典型，10% 的最高收入家庭占有总收入的 58. 7%，40% 的低收入家庭合计只得到总收入的 5. 6%，前者的平均收入是后者平均收入的 43 倍（苏振兴，2001）。随着新自由主义改革政策的实施，拉美国家收入分配不平等问题短期内难以得到有效改善。此外，就业作为个人获得收入的重要手段，凸显了经济增长成果能否为社会公众所分享。充分就业成为世界各国宏观经济政策的重要目标，是连接经济增长和社会发展的纽带。拉美国家发展过程中，就业方面的突出问题是难以实现充分就业与非正规经济并存现象。经济自立人口增长率快于经济增长率，大量劳动力流入生产率低的部门，平均劳动生产率低，长期存在劳动力就业困难问题。与此相应，劳动力在非正规部门就业现象突出。从社会发展角度分析，非正规部门就业为企业减轻生产成本提供了便利，但就业群体难以享有社会保障待遇，所获得的收入不能有效地改善他们所处的贫困状态。

二、拉美国家社会保障私有化改革及社会福利权利差异化

拉美国家在工业化、城市化发展过程中，较早地探索建立社会保障制度。受欧洲大陆的影响，拉美国家传统的社会保障体系以国家管理的社会保险模式为主导。当拉美国家人均 GDP 处于 1000—3000 美元阶段时，社会保障制度进入危机阶段，传统社会保障体系面临各种问题和矛盾日益加剧，从而引发了社会保障私有化改革。

按照时间顺序，拉美国家社会保障制度发展可划分为三个组别。一是最早建立社会保障制度的国家，包括巴西、智利、阿根廷和乌拉圭。20 世纪 30 年代社会保障制度开始出现，受“俾斯麦社会保险模式”的影响，属于欧洲大陆的“保守主义”模式①。其特点是社会保障资格与就业相关联，保护那些“具有良好组织的劳动职业阶层”。在拉美国家呈现的特征是：社会保障计划条块分割、碎片化分布，缺乏整体统一性。二是二战后开始建立社会保障制度的国家，包括墨西哥、哥斯达黎加、巴拉圭、秘鲁等，一定程度上受“贝弗里奇模式”影响，具有社会民主主义福利体制的特征，强调“普享型”的保障目标，社会保障通常由国家统一行政机构管理。但这些国家社会保障的覆盖面非常低。三是大部分于 20 世纪五六十年代开始建立社会保障制度的加勒比海地区国家（房连泉，2008）。

与经济发展转型相适应，20 世纪 70 年代开始，传统社会保障制度的弊端开始显现，财政收支失衡、收入分配上的不平等、社会保障覆盖率低、管理体制效率低下等。以美国、国际货币基金组织、世界银行为代表的国家和组织，以“华盛顿共识”所确立的原则推动拉美国家自由化市场经济改革。社会政策方面的突出特征是利用市场化途径进行供给，典型的如社会保障基金“私有化”改革，凸显了效率导向下对社会公平的忽视。

---

① 按照艾斯平—安德森的三分法，福利国家体制有三种类型：第一种类型是“自由主义”福利国家体制，在这种福利国家体制中，居支配地位的是家计调查式的社会救助，采用这一模式的典型代表是以英国和美国为代表的盎格鲁－撒克逊国家；第二种类型是“保守主义”福利制度，该制度类型的特点是保障资格以劳动就业为基础，社会保障的形式主义为社会保险计划，这种类型最初产生于德国，后扩至欧洲大陆；第三种类型是“社会民主主义”制度，它源于贝弗里奇的普遍公民权原则，资格的确认几乎与个人需求程度、工作表现无关，主要取决于公民资格或长期居住资格，以北欧国家为典型。

在拉丁美洲，智利皮诺切特领导下的军政府（1973—1989年）寻求更为激进的新自由主义经济和社会重构。1981年5月智利实行新的养老金制度，主要内容是：第一，为每个雇员建立养老金个人账户，缴费为雇员工资的10%，全部存入个人账户；第二，专门成立单一经营目标的养老金管理公司（AFP），由其负责缴费的收集、账户的管理以及基金的投资运作；第三，雇员自由选择AFP，退休时养老金给付由账户积累资产转化为年金或按计划领取；第四，成立养老金监管局（SAFP），负责对AFP的监管，并且由政府提供最低养老金保障；第五，养老金投资资本市场，政府采取严格的数量监管模式，防范养老基金的投资风险。法律规定，自1983年1月1日后参加工作的所有正式部门雇员（军人除外）都要加入新制度，自雇者和非正规部门的从业人员则可以自愿加入，改革前原体制内的老雇员可以自由选择加入（郑秉文，2006）。

在智利养老金改革的影响下，共有11个拉美国家进行了养老金改革，采取的改革模式有替代式、并行式、混合式三种类型。从二十多年的发展历程来看，养老金私有化改革，导致参保率下降，到2002年参加养老金改革的国家中，平均每个国家养老金总的缴费人口比率由改革前的38%下降到27%。养老金私有化改革的成效主要体现在经济效率上，通过养老金储蓄和投资，私营养老金积累了规模巨大的资产，对资本市场发展和宏观经济发展带来了正向的外部效应。但是社会政策的主要目标是改善人民福利和战胜贫困，而不是要加强资本市场。尽管强大的资本市场有助于经济迅猛增长，却未能形成这样一种发展模式，即通过提供安全和充分的工作以显著地减少大规模贫困。如果没有大规模的政府努力，提高劳动者技能并促进更高技能和更高工资的出口生产，以及工会组织的更强大保护，以确保生产增长后可以获得更好的利益分配，那么持续的经济增长不可能解决贫困问题（艾斯平-安德森，2010；苏振兴，2010）。

在拉美国家发展实践中，一些政治家或政策制定者在发展理念上主观地认为经济增长可以自动地推动社会发展、实现社会公平，从而片面地追求经济增长，没有正确处理好经济增长与社会发展间的关系，经济社会不协调发展的教训深刻。

第三节
促进经济社会协调发展的国际经验

社会政策、社会福利、社会发展等都是工业化发展的产物。只有在资本主义工场手工业、机器大工业生产方式下，摧毁了封建社会小农经济、农奴等西方农业时代的生产方式，出现了以出卖自己劳动力而谋生的无产者，深受剥削和压迫，才引起他们的罢工、斗争。为了缓和矛盾、维持资本主义社会的稳定，首先由劳工保护、工伤保险，以及俾斯麦的现代社会保险立法。随之，在整个资本主义发展的演进过程中，以工人社会保障、劳工立法、养老、医疗、相关的教育、社会救助（社会福利）等逐步在资本主义国家建立起来。

在资本主义发展过程和经济增长的同时，社会分化、收入分配的差距始终是存在的。在内源式工业化（现代化）发展模式下，资本主义国家得以成功的一个关键就是在发展过程中，逐步解决了以公民生存、发展为基础的人的基本需求。其解决社会问题、建立社会保障体系经历了一个逐步演进的过程，英、美、法、德和北欧国家在促进社会发展方面，都是通过社会政策供给领域渐进式制度建设、立法活动而实现的，至少有上百年的历史。重点是从 19 世纪初开始的，直至二战以后经济高速发展的同时，在社会发展领域进行福利国家建设，实现了“从摇篮到坟墓”的社会政策保护体系，为公民的社会发展构建了完整的制度体系。确保了社会成员维持基本生存发展的资源供给基础和制度保障能力，从而在一个相对稳定的环境下让更多的人来参与就业，既促进了经济增长，又解决了人的失业贫困问题。对于基本的养老、医疗、教育等问题，通过社会立法改革，逐步予以确立，保障了公民的基本生存权利。

因而，从结果来看这一时期也是西方经济社会处于良好发展阶段。此后，在经济危机这个资本主义内在矛盾的激化下，20 世纪 80 年代资本主义国家针对高福利带来的福利依赖，进行广泛的市场化、私有化等新自由主义改革，在政府的社会福利支出方面采取了一定程度的削减和改革。但是福利制度无论是英美自由主义社会福利制度、德法的保险型社会福利体制、北欧的制度型（普惠型）社会福利体制，都没有动摇20世纪以来西方国家工业化、现代化发展过程中所建立的养老、医疗、教育、社会救助、住房等福利制度立法。所以社会福利制度改革，仍然是在资本主义范围内、维持资本主义生产方式的前提下，进行的一种制度调适与改良，公民在养老、医疗卫生、教育、社会救助方面仍然享有广泛的权利。

但是在全球化背景下，西方资本主义国家社会发展（社会政策）面临的一个问题是居高不下的失业率。因为充分就业既是国家宏观经济调控的目标之一，也是公民提高收入、维持生计，参与社会财富分配的重要途径。从政府的财政资源汲取角度，就业扩大了西方国家以所得税、社会保险税为主的税收资源汲取机制，同时减少了政府在应对失业救济方面的财政压力。因而，在当前西方社会政策领域，充斥着以充分就业为主的社会政策改革，从被动型失业救助机制到积极劳动力市场政策。以就业政策为中心，对社会保障、医疗保险、社会救助等社会发展政策进行改革。

在对西方发达国家经济增长与社会发展关系的研究中得出的一个重要启示是：资本主义社会生产资料私有制与生产社会化之间有着内在的冲突机制，即个人生产有序化与社会生产无序化之间的矛盾。马克思主义认为这是资本主义社会的根本矛盾，也是资本主义经济危机爆发不可避免的根本原因所在。但2008年金融危机的爆发，已有学者提出生产过剩与社会有效需求不足是市场经济本身存在的问题，是自由市场调节无法克服的困难。在社会主义市场经济国家，同样存在产能过剩与社会有效需求不足的问题。从经济社会协调发展角度分析，资本主义国家始终没有处于一种稳定的协调发展状态，相反经济社会发展不协调现象以周期性爆发的经济危机为极点，一个重要表现就是工人阶级（中产阶级）的社会消费需求不足，不管是早期经济危机中的物质产品生产过剩（如资本家倒掉牛奶），还是近期金融危机中的次贷危机（房地产市场泡沫、中产阶级无力偿还贷款），表明资本主义国家发展过程中经济增长与社会发展同样处在协调与不协调的交错状态。值得思考的是资本主义国家能够在整个工业化发展过程中，通过逐步解决社会矛盾问题的方式使得社会发展、社会公平维持在一个相对合理的状态。社会政策、社会福利的确是推进以人为中心的社会发展的核心手段。社会立法、公民参与、公共服务均等化、公共财政制度等是确保西方社会和谐发展的重要因素。

反观拉美国家，自独立以来在工业化发展早期也进行了社会政策方面的探索，但20世纪50年代以来，虽然保持了近三十年的较高经济增长率，但是对于社会分化、社会贫困问题的忽视以及国家在经济发展战略转型上的错误判断，导致20世纪80年代以来经济发展迟缓、各种社会问题不断。在新自由主义影响下进行经济、社会领域的改革，结果导致过度的私有化、市场化，在恢复经济增长的同时，社会发展仍处于恶化状态。社会财富分配差距依然很大，社会贫困率依然较高。这一发展结果的出现，有拉美地区特殊的历史、政治和制度背景的影响，但是更重要的原因在于重视经济快速增长，忽视社会政策方面的供给。这些非常值得警示。

第九章

面向需求的我国经济社会协调发展的政策支撑体系构建

经济增长、社会进步是发展的两个核心要素，同时也是世界各国所追求的重要目标。在现代社会，政府主要通过公共政策的制定和执行来推动经济增长和社会进步。其中，经济政策是指国家为达到充分就业、价格水平稳定、经济持续增长、国际收支平衡等宏观目标，为增进经济福利而制定的指导原则和措施。具体而言，经济政策又有宏观和微观层面的划分，其中宏观经济政策包括财政政策、货币政策、收入政策等；微观经济政策则是指政府制定的一些反对干扰市场正常运行的立法以及环境保护政策。社会政策是国家通过立法和政府行政干预，解决社会问题、促进社会安全、改善社会环境、增进社会福利的一系列政策、行动准则和规定的总称，其核心是维护社会公平，降低市场经济体制下公民所面临的社会风险。

随着西方工业化、城市化的深入推进，经济增长与社会发展间的不协调日渐突出，典型表现即为周期性经济危机。为了缓解危机造成的经济迅速下滑、失业率攀升、社会需求不旺等发展困境，加强社会政策供给成为刺激社会消费能力，并在一定程度上改善社会财富分配不公平状态的重要手段。随着社会政策学大师 T. H. Marshall（1949）提出公民权的“社会权利”概念后，基于公民资格而享用社会福利思想获得了较高的认同，并助推了战后西方福利国家的建设历程。在市场经济体制下，经济增长主要依靠市场实现资源优化配置，财政政策、货币政策、产业政策等经济政策等进行宏观调控；在社会发展层面，无法克服的市场失灵必然要求政府在社会政策方面扮演重要角色。

就经济发展而言，2012 年我国人均国民总收入超过 6000 美元，已处于中等偏上收入国家水平，但是面临产业结构升级、转换经济增长方式的难题；社会发展方面，2003 年以来国家逐渐倡导“积极的社会政策”发展思路，但是教育、医疗卫生、社会保障、就业等领域仍然存在较大发展难题。因此，以科学发展观为指导，在国家“十二五”发展规划和《国家基本公共服务体系“十二五”规划》的框架体系下，基于公众政策需求调查基础上加强经济政策、社会政策的供给力度，以此实现经济发展、社会发展的良性互动、协调发展。

第一节 经济社会协调发展政策需求调查的理论分析

公共政策作为现代政府治理的重要手段，本质上是对社会资源进行调节分配，市场经济体制下，政策制定过程体现了多元利益主体间的博弈过程。从政策过程角度分析，在政策议题的提出、政策方案的制定、政策方案的选择与执行、政策绩效评估与政策终结等环节中，利益主体围绕着政策资源的分配与调整进行持续的利益诉求和利益表达。从政策作用机制分析，公共政策是公共权力机关经由政治过程所选择制定的为解决公共问题、达成公共目标，以实现公共利益的方案。政策制定主体是由国家权力机关、行政机关及其人员组成，辅之以智库、专家学者为咨询团体；政策客体（作用对象）包括社会公众、企业、社会组织等；政策载体则为法律法规、行政规定或命令、国家领导人口头或书面指示、政府规划等。从政策供给与需求角度分析，政策主体负责公共政策的供给，表现为制定并实施各项政策措施，政策需求主体（即政策客体）遵循公共政策的规范约束并接受政策资源分配。从绩效评价角度分析，政策评价就是在政策执行后，依据一定的标准对政策的效果、效益和效应所做的分析和判断，是政策运行过程中一个重要环节（王春福，1993）。

在上述公共政策理论、运行机制及效果分析中，政策需求主体占据怎样的地位、发挥怎样的作用，直接影响着政策方案的科学性、政策执行的有效性、政策结果的满意度。政策需求主体通过合法有效的途径表达政策需求偏好、参与政策方案制定、及时反馈政策执行中存在的问题，是影响公共政策绩效状况的重要方面。实践中，公众参与不足、缺少政策需求调查是我国公共政策制定与执行中一直存在的主要问题，政策供给与政策需求相脱节，不能将有限的资源用在公众最急需的政策服务领域，导致政策实施效果较差、公众的政策满意度低。

一、经济社会协调发展政策需求的内涵与要素

在心理学上，需要是指有机体感到某种“缺乏”而力求获得满足的心理倾向，是内外环境的客观要求在头脑中的反应。需要常以一种“缺乏感”体现，以意向、愿望的形式表现出来，最终发展为推动人进行活动的动机，并且总是指向某种东西、条件或活动的结果等。与需要密切相关的一个概念为需求，在经济学上，需求是指人们在欲望驱动下的一种有条件的、可行的，又是最优的选择，这种选择使欲望达到有限的最大满足，即人们总是选择能负担的最佳物品。形成需求要满足三个要素：对物品的偏好、物品的价格、手中的收入。需要相当于表达了对物品的偏好，而没有考虑支付能力等因素。具体到公共政策需求，既体现在心理层面上政策客体（公众、企业、社会组织）所面临的某种“缺乏感”，又体现在实践层面上对于所处的某种社会现状或问题的不满，通过各种途径向公共权力机关表达政策诉求，要求进行相应的政策供给或调整。政策需求调查则是以问题为导向，搜集政策客体对于各类政策的需求状况，重点是政策需求类型、政策需求偏好、政策需求强度等方面的行为表达。

人类的需求是多方面的，而且在不同的社会、不同的历史时期，不同人的需求是各不相同的。如根据人们需求的性质和特点可分为公共需求与个人需求，前者是社会公众具有普遍性的需求，后者是用于满足个体自身发展的特殊需求（范柏乃，2011）。在价值目标上，公共性是政府制定公共政策的理论前提，维护好、实现好公共利益是衡量公共政策绩效的重要标准。公共政策需求的出发点是社会公共利益，即满足社会公共需求。我国自 1978 年改革开放以来，在三十多年发展实践中实现了经济总量的快

速增长，跃居世界第二大经济实体，人均国民收入也迈进中等偏上收入国家行列。但是社会发展水平在快速经济增长的映衬下显得愈发落后，教育、医疗卫生、社会保障、住房、就业等方面的政策供给不足、社会性支出长期偏低，社会公众没有合理地分享改革成果。因此，促进经济社会协调发展政策需求构成要素，重点在以民生为导向的社会政策领域，同时结合当前我国转变经济发展方式、调整产业结构显现的发展难题，设计经济社会协调政策需求调查量表。政策需求结构要素包括教育公平类政策、医疗卫生与社会保障类政策、就业与收入改善类政策、社会组织发展类政策、环境保护类政策、城乡一体化政策、财政支出类政策、经济结构调整与产业升级类政策等。

二、经济社会协调发展政策需求量表的理论构建

在文献调研的基础上，基于当前我国社会发展滞后于经济发展的前提假设，以加强社会政策供给、调整经济发展为政策目标，结合经济学、公共管理学领域的专家访谈，重点从政策内容、政策保障、政策环境等维度，总结提炼出我国经济社会协调发展的第一轮政策需求条目。通过专家会议法，对第一轮政策需求条目进行讨论修改，形成由 18 个政策条目组成的经济社会协调发展政策需求量表。

（一）教育公平政策需求

教育是指人有意识地通过若干方法、媒介等形式向他人传递信息，期望以此影响他人的精神状态或心理状态，帮助或阻碍他人获得某种（些）观念、素质、能力的社会活动。处于前者角色的为教育者，处于后者角色的为教育对象。教育是提升国民素质、开发人力资源的根本途径，特别是处于初级教育阶段的义务教育，是具有较强正外部性的公共产品。自 1986 年《中华人民共和国义务教育法》颁布以来，我国义务教育的基本性质为公益性、统一性、强制性，即公民免费接受义务教育，全国实行统一标准的义务教育，政府和家长有义务让适龄儿童接受义务教育的责任。然而改革开放过程中，义务教育的财政投入长期以县（区）为主，导致义务教育的事权与财力不统一。一方面，在效率优先的“重点发展”理念指导下，义务教育资源向城市集中、向办学实力强的学校集中，城乡间、城市内部义务教育非均衡发展异常突出；另一方面，流入城市的农民

工子女在户籍制度约束下，很难享受城市的优质教育资源，严重违背了教育公平原则。2006 年国家修订了《中华人民共和国义务教育法》，明确义务教育公平导向的均衡发展战略，强调了中央和省级政府在义务教育中的财政投入责任，至 2008 年全面免除城乡义务教育阶段学生学杂费并提供困难补助，完善进城农民工子女接受公办学校义务教育的政策措施。设置“进一步优化义务教育小学资源配置，促进教育公平”政策条目，以此调查社会公众的政策需求。

（二）医疗卫生服务政策需求

医疗卫生服务具有纯公共产品、准公共产品属性，社会公众的健康水平不仅影响到个体自身的发展，也关系到国家人力资源供给的质量水平，政府有责任为社会公众提供基本医疗卫生服务。改革开放过程中，我国医疗卫生服务向市场化、营利性方向转变，政府逐渐缩减了医疗卫生服务领域的财政投入，个人承担的医疗费用不断增长。“看病难、看病贵”成为日益严重的社会问题，2009 年国家启动为期三年的医疗卫生体制改革，提出五项改革，即加快推进基本医疗保障制度建设、初步建立国家基本药物制度、健全基层医疗卫生服务体系、促进基本公共卫生服务逐步均等化、推进公立医院改革试点，旨在落实医疗卫生事业的公益性质，提高政府医疗卫生服务供给责任。但是医疗卫生服务供给存在的问题没有得到根本性改善，需设置“深入推进医疗卫生体制改革，促使医疗卫生服务回归公益性”政策条目。

（三）社会保障政策需求

社会保障是降低个人生存风险、发挥社会财富再分配作用的制度设计，我国自 20 世纪 90 年代中期开始推行社会保障制度建设，逐步建立了由养老保险、医疗保险、失业保险、生育保险、工伤保险组成的社会保险，辅之以社会救助、社会福利，涵盖了我国城镇职工、城乡居民等群体，其中已实现养老保险、医疗保险的制度全覆盖，增强了公众抗御社会风险的保障能力。但是社会保障水平处于低层次阶段，不同职业群体、城乡居民参加的养老保险、医疗保险模式不同，碎片化的社会保障制度导致不同群体享受的待遇差别巨大。需设置“逐步统一当前多种类别的养老保险制度，实现养老待遇公平”、“逐步统一当前多种类别的医疗保险制度，实现医疗保障待遇公平”的政策条目。

（四）住房政策需求

住房是人类的基本生存需求之一。新中国成立后，基于城乡不同的土地产权所有制度，在农村实行宅基地基础上农民自建房，城市实行单位制下的公有住房供给。改革开放后城市住房制度开始改革，1998 年城市停止实物分房后，建立住房公积金制度，工薪阶层主要购买商品房。政府建设少量的经济适用房用于满足低收入群体的住房需求。2000 年之后国家将房地产作为经济发展的支柱产业，助推了房价迅速上涨，住房难问题日渐凸显。一方面，2007 年 8 月《国务院关于解决城市低收入家庭住房困难的若干意见》（国发〔2007〕24 号）推动了我国保障性住房建设的步伐，将解决城市低收入家庭住房困难作为维护群众利益的重要工作和住房制度改革的重要内容，作为政府公共服务的一项重要职责（古俊青，2010）。另一方面，为抑制商品房价格过快上涨，国务院先后出台了一系列调控政策。但是在现行土地制度、财税制度的约束下，“土地财政”成为地方政府推动房地产发展的根本动力，商品房价格与社会公众可承受经济压力之间的差距依然很大。

（五）就业与收入改善政策需求

就业是民生之本，是个人获得劳动收入、改善生存环境的基本途径。就业政策是指政府或其他组织为劳动者提供就业机会、合理分配就业机会、解决失业问题和保护劳动者权利而采取的各种行动的总和。改革开放以来，农村富余劳动力向城市转移、国有企业改革产生的下岗工人、高校扩招后大学生就业群体数量增加，成为各级政府解决就业问题的重点。进入 21 世纪以来，我国每年新增城市就业人口 1000 万左右，城镇登记失业率维持在 4.3% 左右，加上农村中的隐性失业人口，全社会的就业形势依然严峻。实现充分就业是政府宏观经济政策的目标之一，20 世纪 80 年代以来西方国家普遍实施积极劳动力市场政策促进就业。我国于 2008 年颁布《中华人民共和国就业促进法》，为促进就业、实现经济发展与扩大就业相协调、维护社会和谐稳定提供法律保障，并就政府就业政策法律化、消除就业歧视、提供就业援助等作出规定。当前我国仍面临严重的大学生群体“就业创业难”，灵活就业群体收入低、社会保障水平低，农民工遭受就业歧视等问题。实现全社会充分就业既需要保持适度的经济增长，又需要破除阻碍劳动力就业的体制束缚，这些都需要政府进一步完善就业促进政策。

同时，与就业紧密相关的是收入分配问题。计划经济时期，我国城乡居民内部的收入分配处于绝对平均状态。中共十一届三中全会掀起了改革开放的序幕，收入分配改革始终是经济体制改革的重要内容，从农村家庭联产承包责任制到城市企业承包制，从价格改革、流通体制改革到政企分开、国有企业改革，调动了社会公众、企业的积极性，激发了经济增长的活力，推动了我国经济的长期持续增长（闫坤，2013）。在此过程中，收入分配差距日渐拉大。无论是衡量总体收入分配状况的基尼系数，还是城乡间、地区间、产业间的收入分配状况都处于高企状态，远超过国际警戒线。国家的发展主义理念、政府不当干预资源配置与权力寻租、市场化改革不彻底带来的要素价格扭曲、“金字塔型”社会结构使得贫富差距呈现阶层固化、代际固化现象。当前我国日渐拉大的社会贫富差距，一方面突出反映了经济增长与社会发展的不协调状态，另一方面也是深化经济社会体制改革、促进经济社会协调发展的突破口。收入分配改革成为社会各界高度关注的改革议题。

（六）社会组织发展政策需求

在现代民主社会，社会组织在公共事务方面扮演着越来越重要的角色地位。随着我国市场经济体制的确立和完善，政府职能转变与服务型政府建设的推进为公民社会组织的发育成长释放了较大的空间。近年来，我国各类社会组织从承接政府购买服务到参与灾难救援、开展公益慈善活动，都展现了较强的服务能力和服务精神。社会组织具有公益性、非营利、独立性等特征，其所开展的社会活动有效地替代或弥补了政府公共服务供给方面的不足。但社会组织的登记成立、日常活动需要接受政府主管部门的监督约束，其本身不具有资源汲取资格条件，依赖政府、企业等外部主体的资源输入。因此，公众对既受制于外界环境影响，又依赖于外部资源输入的社会组织发展具有怎样的政策需求？

（七）环境保护政策需求

持续三十多年的经济增长消耗了我国大量的资源，同时也带来日益严重的环境污染问题。“先污染，后治理”的经济增长模式严重破坏了我国的生态环境，空气、水资源污染严重威胁着社会公众的健康状况。近年来，加大环境保护力度、进行生态文明建设、走可持续发展道路成为政府和社会各界的共识。但在以 GDP 增长为主的政府绩效考核背景下，生态环境保护让位于经济增长，地方政府缺少加大环境保护的力度。因此，基于个体健康安全、社会可持续发展的考虑，公众对于生态环境保护具有怎样的政策需求？

（八）区域协调发展政策需求

区域协调发展的空间维度包括东中西三大地区间、城乡间的发展。在经济发展水平上，改革开放过程中实行非均衡化发展战略，导致东中西部经济发展水平依次减弱；新中国成立以来长期固化的二元体制，使得城乡之间的发展差距日渐拉大。地理区位上的矿产资源分布、水陆交通先天条件，加上国家非均衡经济发展战略下的政策偏向，必然带来地区间的发展不均衡。这种发展战略在改革开放初期，具有积极意义。而以户籍制度为根本的城乡二元体制，将依附于传统农业经济之上的亿万农民拒之于现代城市经济转型之外，农民为城市经济发展提供廉价劳动力却不能享受市民待遇。以公共财政为基础的政府公共服务供给也偏向于城市。在基本公共服务依赖地方财政供给的体制安排下，东中西地区发展差距与城乡发展差距交互重叠，实现区域协调发展需要进行制度体制改革，以基本公共服务均等化为基础，实现城乡一体化发展。在此基础上，推动东中西地区间协调发展。

（九）经济结构调整政策需求

经济增长是社会发展的基础，经济结构是指国民经济的组成和构造，包括产业结构、分配结构、交换结构、消费结构、劳动力结构等。当经济增长到一定程度时，以产业结构、分配结构为重点进行结构调整与优化，是推动国家经济持续增长的关键。当前我国是以重工业为基础的“二三一”产业结构，迈进中等收入水平国家后，劳动力、土地等要素成本上升导致传统比较优势逐步弱化。在同国际市场的竞争与合作中，我国企业所扮演的角色大多是产品制造者，即处于“产业微笑曲线”的中段，所获得的产品附加值最低，竞争力不强。经济增长是带动就业实现的前提，现代服务业吸纳就业能力最强。因而，转变经济发展方式的重点，一是需要调整产业结构由“二三一”向“三二一”转变；二是改变我国经济增长的动力由主要依靠投资、出口，向投资、出口、消费协调推进，重点在于促进消费。

（十）公共财政支出政策需求

公共政策的制定、执行、评估、终结等环节都依赖于一定的人力、物力和财力资源支撑。政府作为公共权力的行使者，制定和实施公共政策是履行职能的重要手段，而财政资源是政府各项政策活动的基础。公共财政的收入和支出活动是履行公共财政的经济稳定、收入分配、资源配置等职能的具体体现，公共财政资金的支出结构反映了特定时期政府的行为偏向。实践中，我国公共财政的经济性支出、维持性支出比重偏高，用于保障和改善民生的社会性支出偏低。1999 年提出建设“公共财政”任务之前，“生产建设型财政”突出反映了财政支出偏重于经济增长的现实。改革开放以来，我国社会发展滞后的根本原因之一就是用于教育、医疗卫生、社会保障、就业、住房等民生领域的社会性支出严重不足，在公共服务市场化改革背景下，财政的社会性支出不足，政府将公共服务的职责推向了市场和个人。“医疗、教育和住房”成为压在公众头上的“新三座大山”，反映了政府责任的缺失。2003 年以来，国家意识到社会发展领域存在的严重问题，加大了社会政策供给力度，提高财政社会性支出比重，一定程度上缓解了公众的生存压力，促进了社会发展。但是当前公众所享有的基本公共服务状况如何，是否需要进一步优化财政支出结构，增强社会性支出比重，为社会发展提供财政资源保障，为此进行公共财政支出需求调查。

基于上述方面的政策需求分析，编制了我国经济社会协调发展政策需求调查量表，见表 9－1。

表 9－1　我国经济社会协调发展政策需求内容

政策类别	序号	政策条目
教育	P1	进一步优化义务教育办学资源均衡配置，促进教育公平发展
医疗	P2	深入推进医疗卫生体制改革，促使医疗卫生服务回归公益性
社会保障	P3	统一当前多种类别的养老保险制度，实现养老待遇公平
	P4	统一当前多种类别的医疗保险制度，实现医疗保障待遇公平

续表

政策类别	序号	政策条目
住房	P5	强化政府保障性住房供给责任，纠偏房价上涨过快的体制因素
收入就业	P6	进一步加强积极就业政策，千方百计促进就业
	P7	进一步完善劳动力市场政策，消除非正规就业歧视现象
	P8	急需改革我国的收入分配政策，增加劳动者工资所得
社会组织	P9	政府应为社会组织的发展壮大提供良好的政策资源支持
	P10	政府应调整好与社会的关系，其职责重点在于公共服务
环境保护	P11	政府应加强环境保护政策供给，严惩危及生态环境的短视行为
区域协调	P12	急需破除户籍制度束缚，实现城乡一体化发展
	P13	制定基本公共服务均等化标准，实现区域协调发展
经济发展	P14	政府应增强经济宏观调控能力，实现经济健康持续增长
	P15	政府应以产业结构调整为契机，推进经济结构转型升级
	P16	政府应调整好与市场的关系，为市场经济发展提供环境支持
财政支持	P17	尽快理顺中央与地方财政关系，纠偏“土地财政”的消极影响
	P18	进一步优化公共财政支出结构，提高社会性支出比重

第二节

经济社会协调发展政策需求的实证调查与统计分析

一、经济社会协调发展政策需求实证调查

经济社会协调发展政策需求调查量表是根据我国经济社会协调发展政策需求的内涵和要素，并结合相关专家的建议编制的，集中体现了研究人员对经济社会协调发展的理论认识和主观判断。为了准备把握经济社会协调发展的政策需求，需要对社会公众进行实证调查。本书将经济社会协调发展政策需求印制成调查问卷，采用 Likert 7 点量表的形式：1 表示“很不需要此政策”，2 表示“不需要此政策”，3 表示“不太需要此政策”，4 表示“此政策可有可无”，5 表示“有些需要此政策”，6 表示“需要此政策”，7 表示“很需要此政策”。

问卷发放方面，采用三种途径：一是在浙江大学继续教育学院综合培训部、浙江大学 MPA 教育中心发放纸质问卷，这些学员是来自全国各地的公务员、事业单位人员、企业职员等；二是在杭州火车站、乔司镇周边服装厂发放纸质问卷，调查对象主要是来自全国各地的进城务工人员，大部分生活在城市边缘的社会底层劳动者；三是利用 Email、QQ 群、MSN 等发放电子版问卷，调查对象是具有一定知识水平的在校学生、企业职员、事业单位人员等。共发放问卷 500 份，涉及浙江、江苏、上海、安徽、山东、江西、河北、黑龙江、北京、贵州等省市。

问卷回收方面，采取现场填写回收、事后回收、电子文档传输等方式，共回收问卷 420 份，回收率 84%；有效问卷 395 份，有效率 79%。调查样本涵盖了社会公众的主要群体，涉及东中西部省份，具有一定的代表性，具体见表 9－2。

表 9－2　经济社会协调发展政策需求调查样本情况（N＝395）

属性	类别	数量（人）	占比（%）
性别	男	230	58.2
	女	165	41.8
年龄	25 岁及以下	78	19.7
	26—35 岁	104	26.3
	36—45 岁	125	31.6
	46 岁及以上	88	22.3
学历	高中及以下	68	17.2
	专科	26	6.6
	本科	215	54.4
	研究生及以上	86	21.8
职业	公务员	110	27.8
	事业单位人员	99	25.1
	企业员工	60	15.2
	农村居民	62	15.7
	学生	54	13.7
	其他	10	2.5

二、经济社会协调发展政策需求统计分析

深刻了解社会公众对经济社会协调发展的政策需求，为政府制定切合

公众实际需求的公共政策提供参考。按照社会公众对各项政策的不同需求强度，梳理需求最为迫切的政策，从而提供现阶段促进经济社会协调发展最为急需的政策。比较社会公众对促进经济社会协调发展不同政策类型的需求差异，揭示当前我国促进经济社会协调发展最迫切需要加强供给的政策类型。

统计分析方面，将调查问卷数据录入计算机，利用 SPSS 16.0 统计软件计算每一项政策条目的均值、标准差，5 分以上即表明达到了“有些需要此政策”的需求强度，标准差反应了不同调查群体对每一项政策条目需求的离散性；分别统计每一份调查样本各政策条目的得分，即政策需求 Likert 7 点量表中的“1—7”相应计为“1—7”分，然后加总求得该政策条目的所有调查样本得分，根据得分高低对政策条目进行排序，分值越高表明此政策需求强度越高（见表 9－3）。

表 9－3　我国经济社会协调发展政策需求排序（N＝395）

政策条目	均值	标准差	排序
P8：急需改革我国的收入分配政策，增加劳动者工资所得	6.3620	1.26574	1
P3：统一当前多种类别的养老保险制度，实现养老待遇公平	6.3342	1.15751	2
P12：急需破除户籍制度束缚，实现城乡一体化发展	6.2886	1.22485	3
P13：制定基本公共服务均等化标准，实现区域协调发展	6.2709	1.14663	4
P1：进一步优化义务教育办学资源均衡配置，促进教育公平发展	6.2152	1.28710	5
P2：深入推进医疗卫生体制改革，促使医疗卫生服务回归公益性	6.2152	1.42022	6
P18：进一步优化公共财政支出结构，提高社会性支出比重	6.2076	1.16960	7
P6：进一步加强积极就业政策，千方百计促进就业	6.1949	1.25645	8
P5：强化政府保障性住房供给责任，纠偏房价上涨过快的体制因素	6.1595	1.44699	9
P11：政府应加强环境保护政策供给，严惩危及生态环境的短视行为	6.1544	1.30363	10
P15：政府应以产业结构调整为契机，推进经济结构转型升级	6.1342	1.33471	11
P17：尽快理顺中央与地方财政关系，纠偏“土地财政”的消极影响	6.1266	1.30566	12
P9：政府应为社会组织的发展壮大提供良好的政策资源支持	6.0911	1.37298	13
P7：进一步完善劳动力市场政策，消除非正规就业歧视现象	6.0709	1.45840	14
P4：统一当前多种类别的医疗保险制度，实现医疗保障待遇公平	6.0380	1.44478	15
P16：政府应调整好与市场的关系，为市场经济发展提供环境支持	6.0025	1.38794	16
P14：政府应增强经济宏观调控能力，实现经济健康持续增长	5.9975	1.52392	17
P10：政府应调整好与社会的关系，其职责重点在于公共服务	5.9089	1.72818	18

（一）经济社会协调发展政策需求描述性分析

表9－3反映了我国经济社会协调发展政策需求偏好状况，调查结果表明：理论上构建的促进我国经济社会协调发展的18项政策需求的均值都达到了5分以上，即达到了“有些需要此政策”程度以上；16项政策需求达到了6分以上，即达到了“需要此政策”程度以上。总体来说，社会公众对促进经济社会协调发展政策需求体系中的政策需求强度是非常高的，具体分析如下。

（1）排在前两位的分别是“P8：急需改革我国的收入分配政策，增加劳动者工资所得”和“P3：统一当前多种类别的养老保险制度，实现养老待遇公平”。表明改革开放以来我国收入分配差距问题已经非常严重，按要素进行分配的劳动者所得收入比重呈下降趋势；而目前存在的公务员、事业单位人员退休后实行财政资金支付养老金，企业职工实行城镇职工养老保险制度，城镇居民和农村居民实行城乡居民养老保险，尽管在制度上构建了广覆盖、多层次的养老保险体系，但是不同养老保险的筹资方式和待遇标准差异导致不同老年群体所能享受的生活水平差异明显，与差距日渐拉大的收入分配状况相结合，进一步加剧了社会不公平状况。因此，如何加强此类政策供给，解决社会公平问题是最为迫切的政策需求。

（2）排在第三、第四位政策需求的分别是“P12：急需破除户籍制度束缚，实现城乡一体化发展”、“P13：制定基本公共服务均等化标准，实现区域协调发展”。一方面，长期以来，户籍制度将社会公众划分为城市居民和农村居民，在此基础上享受不平等的社会福利待遇和政府的公共服务。改革开放后，农村劳动力向城市流动，为城市的建设发展贡献了积极力量，但在户籍制度约束下，难以享受城市政府提供的各项公共服务，尤其是在子女义务教育、医疗卫生、养老保障、住房等方面。如何解决城乡发展失衡、走城镇化发展道路、实现城乡一体化发展是我国现代化、城市化发展过程中急需解决的难题。另一方面，基于地理区位因素，全国东中西部地区发展差距明显。基于公民权利观念，向社会公众提供基本公共服务是现代政府的基本职责之一，而社会公平则要求政府为每一位公民提供大致相等的基本公共服务，即均等化标准。在财政分权体制背景下，我国基本公共服务由地方政府负责供给，而各地财政收支状况差异明显，因而在基本公共服务供给方面水平不等。因此，制定基本公共服务均等化标准是促进城乡、区域协调发展，进而推进经济社会协调发展的重要手段。

（3）按政策条目的需求强度依次排第五至第十位的分别是“P1：进一步优化义务教育办学资源均衡配置，促进教育公平发展”、“P2：深入推进医疗卫生体制改革，促使医疗卫生服务回归公益性”、“P18：进一步优化公共财政支出结构，提高社会性支出比重”、“P6：进一步加强积极就业政策，千方百计促进就业”、“P5：强化政府保障性住房供给责任，纠偏房价上涨过快的体制因素”、“P11：政府应加强环境保护政策供给，严惩危及生态环境的短视行为”。排名集中反映了社会公众对具体基本公共服务的政策需求，以及优化财政支出结构，提高财政社会性支出比重等。2007 年起国家免除城乡义务教育学杂费，2012 年财政性教育经费支出占 GDP 比重首次达到 4%，2009 年起实行医疗卫生体制改革，制定《中华人民共和国就业促进法》，修订《中华人民共和国劳动合同法》，推进保障性住房建设、调控房价，成立环境保护部，加强环境污染监测，这些政策措施一定程度上缓解了长期以来我国社会发展方面的落后状态。但由于历史欠账太多，社会发展进步速度远远低于经济增长速度，短期内上述关涉民生的社会问题依然严重，急需政府加强政策供给，提高财政社会性支出水平。

（4）排在第十一位的是“P15：政府应以产业结构调整为契机，推进经济结构转型升级”、第十二位的是“P17：尽快理顺中央与地方财政关系，纠偏‘土地财政’的消极影响”、第十六位的是“P16：政府应调整好与市场的关系，为市场经济发展提供环境支持”、第十七位的是“P14：政府应增强宏观经济调控能力，实现经济健康持续增长”是经济发展方面的政策需求。当一国经济跨进中等收入国家行列后，传统的经济增长优势不断丧失，在国际和国内市场上都面临严峻挑战，而转变经济发展方式、调整经济结构是欧、美、日、韩等跨入发达国家行列的经验做法。与此相关，一是我国在政治集权体制下实行财政分权模式，1994 年实行分税制以后，中央与地方的财政收入与事权支出呈不均衡状态，地方政府面临财力不足、事权增多的矛盾，转移支付制度不健全导致地方政府财力不均，出让国有土地收入成为地方政府重要的财政收入来源。二是在政府与市场的关系上，政府始终没有理清与市场的界限，政府过多地干预经济领域的资源配置问题，同时在市场经济监管方面能力不足，导致经济发展效率低下。为了实现我国经济健康、持续发展，需要以经济结构调整为基础，理顺政府间、政府与市场的关系，公众的政策需求反映了任务目标。

（5）排在政策需求的第十三至第十五位的分别是“P9：政府应为社会组织的发展壮大提供良好的政策资源支持”、“P7：进一步完善劳动力市场政策，消除非正规就业歧视现象”、“P4：统一当前多种类别的医疗保险制度，实现医疗保障待遇公平”。社会组织是公民社会活动的载体，是承接政府购买公共服务的主体，但是社会组织的发展需要政府给予更多的发展空间和资源支持。虽然我国实行积极就业政策，促进大学生群体、农村转移劳动力、城市下岗失业人员就业，努力消除“零就业家庭”，但是在城乡统一的劳动力市场政策、正规就业与非正规就业方面存在就业歧视、待遇不公平问题。而与就业紧密相关的医疗保险政策，同样存在不同群体之间差异巨大的待遇水平，社会公众呼吁进行相应的改革。在政府与社会组织的关系方面，公众的政策需求最低，标准差也最大。之所以出现这种情况，有以下原因：从社会组织发展来看，其发育迟缓、服务供给能力较弱；从社会公众来看，高度依赖政府的公共服务供给，对社会组织的信任度较低，不同群体对社会组织的地位作用认知也存在争议等因素有关。

根据表 9－1 所划分的教育、医疗、社会保障、住房、收入就业、社会组织、环境保护、区域协调、经济发展、财政保障等十大政策类别，将 18 项政策需求按照每一政策维度划分，利用 SPSS 16.0 加权处理后形成十个新的政策类别变量。分析社会公众在不同政策类别上的需求强度（见图 9－1）。

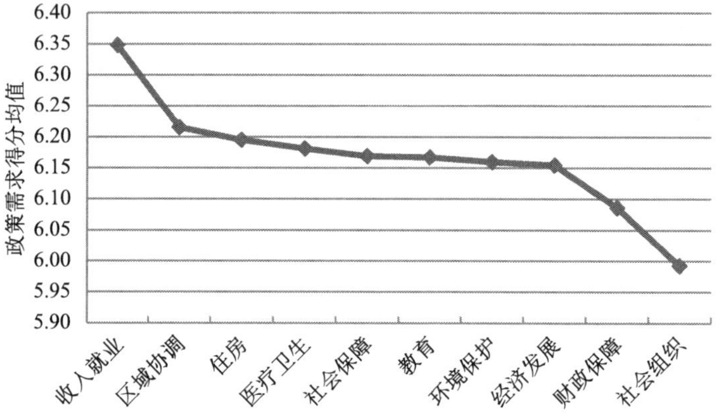

图 9－1 经济社会协调发展政策需求类型均值比较

如图 9－1 所示，促进经济社会协调发展的十类政策需求强度较高，除社会组织发展类政策略低于6分（需要此类政策）需求强度外，其他九类政策需求强度均在6分以上。收入就业类政策需求强度最高，就业是个人获得收入的基础，收入状况影响着个人及家庭的生活质量和发展前景；区域协调发展类政策居第二位，表明当前我国城乡发展差异、东中西部地区发展差异之大已为社会公众所感知，并切实要求实现区域协调发展；住房、医疗卫生、社会保障、教育、环境保护等公共服务类政策需求居中间位置，表明政府还需要进一步加强公共服务供给的政策力度和财政投入强度。实现经济发展、加大公共财政投入又是确保前述政策需求得以实现的前提，因而公众同样希望政府能够提高宏观经济调控能力，继续推进经济健康持续发展，增强政府财政资源的汲取能力和财政支出效益。

（二）经济社会协调发展政策需求单因素方差分析

从政策需求角度分析，经济社会发展过程中公众对于某项政策需求强度的高低，一定程度上反映了该领域的发展状态水平。当公众政策需求强烈时，表明政策供给不足，社会问题较严重，要求政府制定相应的政策措施和资源投入，以便有针对性地解决问题。经过对我国经济社会协调发展政策需求的描述性分析发现，公众对于十类政策都有较高的需求强度，表明加强这些领域的政策供给力度，是促进经济社会协调发展的重要途径。另外，公众个体受家庭背景、性别、受教育程度、职业等人口统计学特征变量影响，是否在促进经济社会协调发展政策需求上具有差异，这对于提高公共政策供给的针对性具有重要意义。因此，本书根据问卷调查样本，提出如下假设：

假设1：不同性别的社会公众在十类政策需求上具有显著性差异；

假设2：不同年龄的社会公众在十类政策需求上具有显著性差异；

假设3：不同学历的社会公众在十类政策需求上具有显著性差异；

假设4：不同职业的社会公众在十类政策需求上具有显著性差异。

统计数据主要是对经过加权处理后的教育、医疗、社会保障、住房、收入就业、社会组织、环境保护、区域协调、经济发展、财政保障等十类政策变量进行单因素方差分析。

1. 不同性别的被调查者政策需求方差分析

为了解不同性别的社会公众在促进经济社会协调发展政策需求上是否具有差异性，对不同性别的被调查者进行单因素方差分析。结果如表9－4

所示，不同性别的被调查者在十类政策需求上不具有显著性差异，各类政策的显著性概率 P 值均大于 0.05，表明社会公众对促进经济社会协调发展的政策需求不因性别而存在差异。

表 9－4　　不同性别被调查者的政策需求方差分析

政策	变异来源	平方和	自由度	均方	F 值	P 值
教育	组间变异	1.674	1	1.674	.799	.372
	组内变异	823.277	393	2.095		
	总和	824.952	394	—		
医疗卫生	组间变异	.007	1	.007	0.005	.946
	组内变异	621.983	393	1.583		
	总和	621.990	394	—		
社会保障	组间变异	.717	1	.717	.432	.511
	组内变异	651.857	393	1.659		
	总和	652.573	394	—		
住房	组间变异	.128	1	.128	.063	.801
	组内变异	794.581	393	2.022		
	总和	794.709	394	—		
就业收入	组间变异	1.781	1	1.781	.944	.332
	组内变异	741.196	393	1.886		
	总和	742.977	394	—		
社会组织	组间变异	.913	1	.913	.780	.378
	组内变异	459.894	393	1.170		
	总和	460.808	394	—		
环境保护	组间变异	3.966	1	3.966	2.341	.127
	组内变异	665.614	393	1.694		
	总和	669.580	394	—		
区域协调	组间变异	.044	1	.044	.037	.848
	组内变异	470.842	393	1.198		
	总和	470.886	394	—		
经济发展	组间变异	.488	1	.488	.453	.501
	组内变异	423.149	393	1.077		
	总和	423.637	394	—		
财政保障	组间变异	1.026	1	1.026	.867	.352
	组内变异	465.446	393	1.184		
	总和	466.472	394	—		

2. 不同年龄的被调查者政策需求方差分析

本书将被调查者的年龄分为四个等级，分别为：25 岁及以下、26—35 岁、36—45 岁、46 岁及以上。如表 9 - 5 所示，不同年龄段的被调查者在促进经济社会协调发展政策需求上具有差异性。对于具体每一项政策类别而言，教育、环境保护类政策的显著性概率 P 值大于 0.05，因而政策需求不具有显著性差异。不同年龄段的被调查者在医疗卫生（$F = 4.988$，$P < 0.05$）、社会保障（$F = 4.405$，$P < 0.05$）、住房（$F = 4.548$，$P < 0.05$）、就业收入（$F = 9.250$，$P < 0.05$）、社会组织（$F = 6.031$，$P < 0.05$）、区域协调（$F = 3.573$，$P < 0.05$）、经济发展（$F = 4.684$，$P < 0.05$）、财政保障（$F = 5.080$，$P < 0.05$）等维度具有显著性差异。表明处于不同年龄段的社会公众在经济增长、社会发展方面有着不同的政策需求。

表 9 - 5　不同年龄被调查者的政策需求方差分析

政策	变异来源	平方和	自由度	均方	F 值	P 值
教育	组间变异	5.797	3	1.932	.922	.430
	组内变异	819.155	391	2.095		
	总和	824.952	394	—		
医疗卫生	组间变异	22.928	3	7.643	4.988	.002
	组内变异	599.062	391	1.532		
	总和	621.990	394	—		
社会保障	组间变异	21.336	3	7.112	4.405	.005
	组内变异	631.237	391	1.614		
	总和	652.573	394	—		
住房	组间变异	26.794	3	8.931	4.548	.004
	组内变异	767.915	391	1.964		
	总和	794.709	394	—		
就业收入	组间变异	49.237	3	16.412	9.250	.000
	组内变异	693.740	391	1.774		
	总和	742.977	394	—		
社会组织	组间变异	20.380	3	6.793	6.031	.001
	组内变异	440.427	391	1.126		
	总和	460.808	394	—		

续表

政策	变异来源	平方和	自由度	均方	*F* 值	*P* 值
	组间变异	11.404	3	3.801		
环境保护	组内变异	658.175	391	1.683	2.258	.081
	总和	669.580	394	—		
	组间变异	12.564	3	4.188		
区域协调	组内变异	458.322	391	1.172	3.573	.014
	总和	470.886	394	—		
	组间变异	14.696	3	4.899		
经济发展	组内变异	408.941	391	1.046	4.684	.003
	总和	423.637	394	—		
	组间变异	17.500	3	5.833		
财政保障	组内变异	448.972	391	1.148	5.080	.002
	总和	466.472	394	—		

3. 不同学历的被调查者政策需求方差分析

本书将被调查者的学历划分为四个层次，分别为高中及以下、专科、本科、研究生及以上。如表 9－6 所示，不同学历的被调查者在医疗卫生、社会保障、住房、社会组织、区域协调、经济发展等六类政策需求上不具有显著性差异，表明这些领域存在的问题具有普遍性。在教育（$F=4.570$，$P<0.05$）、就业收入（$F=6.034$，$P<0.05$）、环境保护（$F=7.417$，$P<0.05$）、财政保障（$F=2.787$，$P<0.05$）四类政策上具有显著性差异，而这些领域的差异性正体现了不同受教育程度对个人的能力、素质、环保意识的影响。

表 9－6　　不同学历被调查者的政策需求方差分析

政策	变异来源	平方和	自由度	均方	*F* 值	*P* 值
	组间变异	27.948	3	9.316		
教育	组内变异	797.004	391	2.038	4.570	.004
	总和	824.952	394	—		
	组间变异	3.773	3	1.258		
医疗卫生	组内变异	618.217	391	1.581	.795	.497
	总和	621.990	394	—		

续表

政策	变异来源	平方和	自由度	均方	F 值	P 值
社会保障	组间变异	11.727	3	3.909	2.385	.069
	组内变异	640.846	391	1.639		
	总和	652.573	394	—		
住房	组间变异	11.243	3	3.748	1.870	.134
	组内变异	783.466	391	2.004		
	总和	794.709	394	—		
就业收入	组间变异	32.874	3	10.958	6.034	.001
	组内变异	710.103	391	1.816		
	总和	742.977	394	—		
社会组织	组间变异	1.038	3	.346	.294	.830
	组内变异	459.770	391	1.176		
	总和	460.808	394	—		
环境保护	组间变异	36.053	3	12.018	7.417	.000
	组内变异	633.527	391	1.620		
	总和	669.580	394	—		
区域协调	组间变异	5.871	3	1.957	1.646	.178
	组内变异	465.015	391	1.189		
	总和	470.886	394	—		
经济发展	组间变异	5.157	3	1.719	1.606	.187
	组内变异	418.480	391	1.070		
	总和	423.637	394	—		
财政保障	组间变异	9.766	3	3.255	2.787	.041
	组内变异	456.706	391	1.168		
	总和	466.472	394	—		

4. 不同职业的被调查者政策需求方差分析

本书将社会公众的职业分为六个类别，分别是公务员、事业单位人员、企业职员、农村居民、学生和其他。如表 9－7 示，不同职业的被调查者在十类促进经济社会协调发展的政策需求上都具有显著性差异，*P* 值均小于 0.05，表明职业不同，所能获得的收入、所能享受的公共服务和社会福利待遇存在着明显的差异，因而在具体的政策上需求各异。

表 9-7　　不同职业被调查者的政策需求方差分析

政策	变异来源	平方和	自由度	均方	F 值	P 值
教育	组间变异	68.337	5	13.667	7.027	.000
	组内变异	756.615	389	1.945		
	总和	824.952	394	—		
医疗卫生	组间变异	70.523	5	14.105	9.949	.000
	组内变异	551.467	389	1.418		
	总和	621.990	394	—		
社会保障	组间变异	77.992	5	15.598	10.560	.000
	组内变异	574.581	389	1.477		
	总和	652.573	394	—		
住房	组间变异	83.519	5	16.704	9.136	.000
	组内变异	711.190	389	1.828		
	总和	794.709	394	—		
就业收入	组间变异	98.646	5	19.729	11.911	.000
	组内变异	644.331	389	1.656		
	总和	742.977	394	—		
社会组织	组间变异	56.224	5	11.245	10.812	.000
	组内变异	404.584	389	1.040		
	总和	460.808	394	—		
环境保护	组间变异	64.183	5	12.837	8.248	.000
	组内变异	605.397	389	1.556		
	总和	669.580	394	—		
区域协调	组间变异	48.961	5	9.792	9.028	.000
	组内变异	421.925	389	1.085		
	总和	470.886	394	—		
经济发展	组间变异	47.811	5	9.562	9.897	.000
	组内变异	375.826	389	.966		
	总和	423.637	394	—		
财政保障	组间变异	61.096	5	12.219	11.726	.000
	组内变异	405.376	389	1.042		
	总和	466.472	394	—		

总体而言，经过对促进我国经济社会协调发展的公众政策需求调查分

析发现，问卷所设计的18项政策需求次序体现了当前我国发展过程中需要解决问题的轻重缓急程度。在对18项政策归结为十类政策需求的分析比较中，每一类政策的需求强度都达到了六分以上，表明公众对这些政策的需求强烈。通过对不同性别、年龄、学历和职业的被调查者政策需求方差分析发现，性别因素不具有影响作用，年龄和学历在一些政策上产生显著性差异，另一些政策上则不具有显著性差异，而职业因素对于社会公众的政策需求将有重要影响，十类政策均显现了显著性差异。因此，拒绝假设1、接受假设4，对于假设2和假设3则只能是部分接受。这些分析结果突出反映了政策制定与执行过程中需要考虑的重点。

第三节 促进我国经济社会协调发展的政策设计

经济增长、社会发展的终极目标都是促进人的发展。在具体的实现路径上，经济增长主要依赖于资本、劳动力、土地、技术等资源要素；社会发展主要依赖政府财政资源的投入，以及社会财富的再分配机制，而政策是调节经济增长、社会发展的重要工具，是资源分配的实现机制。在市场经济体制下，经济增长主要依赖市场的自发调节机制，政府的经济政策主要是靠财政政策、货币政策、产业政策等进行宏观调节；但是市场机制难以在社会发展领域进行有效的资源配置，只能依赖政府制定和实行社会政策进行调节。国内外发展实践表明，社会政策的供给状况及其水平是影响经济社会协调发展的重要因素，加强社会政策供给是促进经济社会协调发展的根本途径。2013年中央提出“宏观政策要稳住，微观政策要放活，社会政策要托底”，正确面对我国经济社会发展中面临的问题。同时，也要不断改善民生，依靠增加就业、鼓励创业来持续提高低收入群体的收入，扩大中等收入群体，更要织好一张覆盖全民的基本民生安全保障网。因此，本书以资源配置机制调整为理论前提，就加强社会政策供给，促进经济社会协调发展提出以下政策优化路径。

一、以社会权利为导向，重塑社会政策促进经济社会协调发展的地位作用

资本主义社会兴起以来，经济领域生产资料私有制与社会化大生产之间的矛盾、社会层面资产阶级与无产阶级的对立，决定了资本主义经济社会发展的波动性。工业化、城市化催生了大量产业工人为资本主义社会化大生产提供了人力基础，但产业工人维护自身的生存权利必然同资本家阶级展开斗争，争取各项权利。在实践中，工人罢工运动推动了社会立法改革，也为工人争取到较为广泛的政治经济权利。随着公民经济权利、政治权利的落实，基于公民身份的社会权利自 20 世纪 50 年代开始引起关注，其核心理念即在于强调社会公众享有政府提供的各项社会服务，并非基于身份地位和金钱，而是公民资格本身。

社会权利的观念是现代社会政策的基础，《贝弗里奇报告》强调了社会保险资格享有的普遍性，也即是说社会保险是国家为公民提供的保障其免遭社会风险而享有的各项待遇。社会保险将未成年人、有工作群体、妇女和老年群体全部囊括其中，并采用针对各自生活状态的保险类别。这种体现公民资格的社会福利制度在北欧国家能够得到较为彻底的贯彻落实。树立社会公正和社会权利的价值理念，正确认识并提高社会政策在国家经济社会发展中的地位作用，加强社会政策体系建设，提高社会政策的供给水平和保障能力，有力地推动社会发展，才能够使落后的社会发展能够快速地追赶经济发展的步伐。

二、以社会立法为基础，构建促进经济社会协调发展的法律支撑体系

社会立法是资本主义发展过程中，在 19 世纪初各种社会矛盾不断涌现、工人斗争运动高涨的情境下，资产阶级为了缓和社会矛盾，适当改善工人阶级的生存状况，在工伤、医疗、养老等领域逐步进行立法，最终形成了资本主义国家的社会福利制度，并催生了福利国家的出现，是促进资本主义社会工人阶级享受社会权利、促进社会发展的重要法律支撑体系。从俾斯麦政府颁布的《工人医疗保险法》（1883）、《工伤事故保险法》（1884）、《伤残和养老保险法》（1889）到 20 世纪初英国政府的社会改革立法，欧洲资本主义国家都初步构建了有关劳工生存发展的法律保护体系。直至 1935 年美国《社会保险法》的颁布，开启了现代社会保障制度建设的先河。受第二次世界大战影响，1942 年以《贝弗里奇报告》为标

志，掀起了社会保障制度改革的热潮，推动了英国政府 1945 年之后的社会立法运动及福利国家建设。此后，以英、美、法、德和北欧国家为代表的资本主义国家，在建设福利国家的背景下不断加强社会改革与立法，尤以 1964 年美国第 34 任总统林登·约翰逊的“伟大社会”立法为最。在西方资本主义国家的发展进程中，通过社会立法构建了完善的国家社会福利体系，涵盖了公民“从摇篮到坟墓”的社会福利供给，并为二战后福利国家的“黄金时期”提供了制度基础。

聚焦国内自改革开放以来的社会立法历程，在以经济增长为核心的改革初期，经济政策占据了主导地位和中心角色，社会政策处于缺失状况或附属地位。市场经济体制改革废除了计划经济时代所确立的普遍性福利模式，城乡居民的社会福利需求大多依靠市场途径实现。20 世纪 90 年代中后期社会保障建设也是以经济改革的配套措施提上政府的议事日程，且局限于正规就业人口。2003 年以后，在科学发展观、和谐社会建设等指引下，我国开始关注社会发展及社会政策供给，相应地开始了社会立法改革，为社会发展提供法律支撑。这一时期我国重要的社会立法主要有以下几部：《中华人民共和国职业病防治法》（2001）、《中华人民共和国安全生产法》（2002）、《中华人民共和国劳动合同法》（2007）、《中华人民共和国就业促进法》（2007）、《中华人民共和国劳动争议调解仲裁法》（2007）、《中华人民共和国社会救助法（征求意见稿）》（2009）、《中华人民共和国社会保险法》（2010）。其中，从社会政策角度来看，后两部法律是赋予公民社会权利、促进社会发展的重要法律保障，尽管这两部社会立法尚存在不足，但是其对于促进社会发展的重要意义不言而喻。《中华人民共和国社会保险法》是我国社会政策发展的里程碑，该法扩大了社会保险的适用范围，确立了城乡统筹的社会保险法律体系，明确了社会保险的国家责任（义务），提高了社会保险基金的统筹层次，明确了社会保险关系的转移接续制度，完善了基本养老保险的领取条件，并建立了不同养老保险制度的对接，规定了医疗保险基金和工伤保险基金先行支付和追偿权制度，规定了社会保险监督制度（林嘉，2011）。因此，随着国家经济社会发展改革的推进，需要不断加强社会立法改革，为社会资源分配、促进经济社会协调发展提供法律保障。

三、以缩小不平等为目标，构建促进经济社会协调发展的收入分配体系

收入分配是衡量一个社会公平状况的重要指标，合理的收入分配结构是经济社会协调发展的任务目标。改革开放以来，我国收入分配差距越来越大，城乡间、地区间、阶层间的差距都呈扩大化趋势，由改革前收入分配绝对公平的国家发展成为基尼系数超过国际警戒线的国家，收入分配不合理已经严重影响到我国的经济社会改革进程，对全面建设小康社会、特别是建设社会主义和谐社会带来诸多不利因素。党的十八大对我国收入分配改革提出新的要求，即实现 GDP 和城乡居民收入比 2010 年翻一番、使人民生活水平全面提高，促进经济发展更有效率、更加公平，完善社会保障体制，推动实现更高质量的就业。

针对上述目标，结合我国经济社会协调发展的要求，应以缩小不平等为目标，加强财政政策改革力度，努力形成合理的收入分配体系。

一是在财税制度改革方面进行突破。国家财政收入的主体依靠税收，税制结构既影响到国家财政资源的汲取能力，又是宏观调节个人及家庭收入分配差距的重要工具。从国外发展实践来看，根据公共产品的受益原则合理确定税种，并在各级政府间明确划分财力和事权，同时在税种设计上以直接税为主，辅之以间接税，较好地处理了政府间的财力与事权划分，又通过直接税调节了个人之间的收入分配差距。然而，我国没有明确划分各级政府间的财力与事权，且以间接税为主，如个人所得税税种，难以发挥收入分配调节作用。

二是提高劳动者报酬在国民收入初次分配中的比重。经历初次分配后形成的劳动者报酬、生产税净额、企业利润等三大部分，通常劳动报酬所占比重越高，初次分配越公平。市场经济发展成熟的国家，劳动者报酬所占初次分配的比重较高，通常在 60% 左右，美国甚至达到 70% 。改革开放以来，我国劳动者报酬在国民收入初次分配中所占比重呈下降状态，企业利润所占比重呈上升态势，政府财政收入也快速增长。显然这一结果是经济社会不协调发展的表现，需要政府部门在上述方面进行改革。

四、以降低社会风险为目标，构建促进经济社会协调发展的社会政策体系

在工业化、城市化发展模式下，公民个人面对的社会风险不断加大。风险社会成为世界各国所面临的一个共同难题，《2014 年世界发展报告》

就以“管理风险促进发展”为主题，聚焦于家庭、社区、企业和政府怎样能够帮助个人管理风险，从而促进人的发展。在社会政策体系中，尤以社会保障制度为核心。根据发展型社会政策理论，构建促进我国经济社会协调发展的社会政策体系，应突出两方面的政策供给。第一，能力提高型社会政策。个人在社会上的生存发展主要是通过就业目标实现，提高个人的能力水平，需要三个方面的政策支撑，即提高个人能力水平的教育政策、改善个人身体状况的医疗卫生服务政策、实现收入获取的就业政策。第二，生存保障型社会政策。作为工业化、城市化发展的产物——社会保障制度的重要作用就是降低个人所面临的风险，防止个人非自身原因而陷入贫困的境地。当前我国已构建以养老、医疗、失业、工伤、生育为主的社会保险制度，以城乡居民最低生活保障为最低层次的社会救助制度，以及对社会特殊弱势群体的社会福利制度，从制度上实现了养老、医疗保障的全覆盖。但是社会保障制度的碎片化、保障模式的“三元制”、“二元制”导致福利待遇差异明显，社会保障制度没有发挥社会资源再分配功能，因此需要改革完善现有的社会保障体系。

五、以财政资源分配为依托，构建促进经济社会协调发展的财政保障体系

经济社会发展的基础是资源支撑，财政资源则是推动经济增长、社会发展的基础，因此财政资源分配状况决定了二者的发展状况和水平。自1999年我国提出公共财政制度建设以来，调整和优化财政支出结构，增加政府的社会性支出、削减经济建设性支出成为改革目标。与国外财政支出结构相对应，我国自2007年起调整了财政支出的职能划分，其中以教育、卫生、社会保障与就业、公共住房、文化等方面的支出归结为社会性支出，而推动社会发展的重要衡量指标之一即为社会性支出在国家整个财政支出中的结构比例。近几年，国家财政尽管提高了社会性支出的比重，但是由于欠账太久、积累问题过多，社会发展领域的财政投入仍然显得不足，而且在以GDP为核心的政绩考核模式下，地方政府缺少提高社会性支出比重的动力，因而整个社会政策领域很多目标难以实现，缺少足够的财政资金支持。因此，从经济社会协调发展的角度，以财政资源分配为依托，加强社会政策领域的财政资源分配，不仅有利于改善初次分配的不合理结构，也是发挥政府财政再分配调节的重要途径。

第十章

结论与展望

经济社会协调发展是一个国家发展所追求的理想状态，而在实际发展过程中，经济发展与社会发展总会存在一定程度的偏离，当这种偏离突破了一定限度时，整个社会发展的稳定性将受到挑战，甚至会带来毁灭性的灾难。因此，把握经济社会协调发展水平、促进经济社会协调发展是值得研究者探索的永恒课题。本书在已有研究的基础上对我国经济社会协调发展的理论、我国经济社会协调发展的水平、我国经济社会协调发展政策供给演进及政策仿真模拟、促进经济社会协调发展的政策选择等相关问题进行了探索。由于研究者的资质以及研究条件的限制，本书也存在诸多缺憾，需要在以后的研究中进一步拓展和深入。

第一节 研究结论

在本书中，集中解决五个重要问题：一是建构一套较为科学的动态监测我国经济社会协调发展的指标体系；二是寻求合适的用于测度我国经济社会协调发展的模型；三是动态监测我国横向和纵向的经济社会协调发展水平；四是仿真模拟经济社会协调发展状态水平；五是基于国外经验借鉴、国内公众需求调查基础上，提出促进经济社会协调发展的政策优化路径。

为解决以上问题，本书采用定性与定量混合的研究路径对该问题进行研究。其中，定性研究主要用于梳理已有相关文献，并从系统论角度对我国经济社会协调发展进行理论解析，以及最后提出实现我国经济社会协调发展的对策建议；定量研究则主要用于我国经济社会协调发展指标体系的构建、我国经济社会协调发展水平的动态监测以及我国经济社会协调发展状态水平仿真模拟。在具体操作过程中，也采用了多种研究方法，其中资料收集方法包括问卷调查法、文献法以及头脑风暴法等；资料分析法包括频次分析、相关分析以及 Vensim PLE 模型分析等。

围绕五个关键问题，在一定方法论的指导下，对我国经济社会协调发展问题的研究取得了以下研究结论：

1. 界定了我国经济社会协调发展相关概念

认为经济发展是一种随着政治发展、社会变迁以及生态环境的变化而变化的经济成长过程，其基本的要素是经济总量的增长，除此以外，还包括经济结构的优化、自然资源的有效配置、经济发展的效率与潜力等内容。社会发展是指除经济发展领域之外的其他社会发展方面，比如科教文卫、人民生活、社会和谐等。社会发展的主体及目的都是人的发展，并且社会发展关注人的全面和可持续发展。经济社会协调发展是经济社会发展的协同作用，即包含协调度和发展度两个维度。

2. 构建了我国经济社会协调发展动态监测指标体系

采用头脑风暴法等遴选了 89 个评价指标组成了我国经济社会协调发展动态监测的理论指标体系；采用频次分析、相关分析等方法对理论指标进行实证筛选。最终构建了由 2 个监测维度、6 个监测领域和 26 个监测指标组成的我国经济社会协调发展动态监测指标体系，并通过了信度和效度的检验。

3. 构造了我国经济社会协调发展动态监测模型

通过对我国经济社会协调发展概念内涵的分析可知，经济社会协调发展是协调度与发展度的统一。因此，我国经济社会协调发展监测模型至少需要满足两个基本条件，也就是说该模型既要能测量经济社会发展程度，又要能测量经济社会协调程度。而离差系数仅用于测度变量之间离散趋势，为此，本书改造了离差系数模型，构造了较为科学的我国经济社会协调发展动态监测模型，并用数据验证了其可行性。

4. 动态监测了我国经济社会协调发展水平

以我国经济社会协调发展动态监测指标体系为基础，采集相关数据，运用所构造的协调模型工具，分别对1986—2013年我国经济社会协调发展水平以及2013年我国31个省、自治区、直辖市的经济社会协调发展水平进行了监测。1986—2013年时间序列上的我国经济社会协调发展指数表明，总体而言，我国经济社会协调发展水平处于不断上升趋势，协调等级也从失调向协调转变。从时间剖面上来看，2013年我国31个省、自治区、直辖市的经济社会协调发展指数差异较为明显；从协调等级来看，我国31个省、自治区、直辖市处于良好协调的有3个，处于中级协调的有6个，处于初级协调的有19个，处于勉强协调的有3个。

5. 提炼出经济社会协调发展政策供给演进轨迹

以经济增长、社会发展中的资源支撑为起点，公平与效率原则表现为公共政策对资源的调节机制以及政策供给水平。由于我国经济社会发展过程中始终是社会发展滞后于经济发展，因此重点从社会政策供给角度提炼政策演进轨迹。以改革开放前、改革开放至十六大、2003年以来三大时间跨度，可将我国社会政策供给划分为平均主义式、补缺型与市场化、制度化三个阶段四种类型。其中，改革开放前，我国在发展经济的同时建立了平均主义式的社会福利制度，凸显了社会公平；改革开放至十六大，在经济体制改革过程中，"以经济建设为中心"思想深入人心，凸显了效率优先原则下对经济增长的追求，借助市场的力量以提供公共服务，公平性遭到忽视且由改革初期的补缺型滑向过度市场化；2003年以来，深刻认识到经济社会不协调发展带来的严重问题，纠偏相关服务领域的过度市场化并向公益性回归，构建制度化的社会政策供给模式。政策供给显现了由非均衡性、效率性、市场化向协调性、公平性、制度化转变的特征。即在"公平导向→效率优先→回归公平"原则影响下形成经济社会协调发展政策供给演进轨迹。

6. 通过SD模型仿真模拟了我国经济社会协调的状态水平

基于系统动力学理论和Vensim PLE软件，在对经济社会协调发展系统性和结构性分析基础上，构建了我国经济社会协调发展的SD模型。设定了变量的方程和参数，模型通过检验后仿真了2000—2010年我国经济发展、社会发展、环境污染方面的系统行为状态。从人口与就业、固定资产投资与经济增长、环境污染与治理层面模拟了2011—2025年我国经济社会领域的发展趋势状态。从提高财政性教育经费比重、缩小城乡收入差距、提高劳动者报酬水平、提高居民消费能力等发展目标出发，通过改变表函数政策变量，得出了较为合理的系统发展状态。

7. 国外采取渐进式社会改革政策解决协调发展难题值得借鉴

西方资本主义国家、拉美国家也曾面临着经济增长与社会发展不协调的难题，但实践中发展结果迥异。西方国家在工业化、城市化过程中，面对经济增长与社会发展间的矛盾问题，采取渐进式社会改革运动，通过社会立法将经济增长中出现的问题逐个解决好，从而使得资本主义社会秩序稳定，长期保持较快的发展速度、较公平的收入分配状况。相反的，拉丁美洲国家在追求经济增长的同时，严重忽视社会发展问题，造成严重的收入分配失衡。经济增长过程中各项社会问题长期难以得到有效解决而积聚，最终使得经济社会发展陷入恶性循环，值得我国警示。

8. 以应对公众强烈政策需求为起点加强政策支撑体系构建

经济社会协调发展依赖于公共政策的调节和资源分配，当前以加强社会政策供给为核心的发展模式是我国加快社会发展、追赶实现经济社会协调发展的关键。科学、民主的公共政策是提高政策绩效的关键环节，政策供给与需求之间的脱节、错位是当前我国公共政策制定中存在的突出问题。本书从促进经济社会协调发展的角度出发，理论上构建了18项具体政策，通过问卷调查获得数据后进行描述性分析和方差分析，结果发现各项政策的总体需求强烈，但不同年龄、学历、职业的被调查者在政策需求强度上存在差异，这些分析在一定程度上回应了导论中有关公众政策需求的问题。本书认为经济社会协调发展是一个涵盖内容较多、涉及领域较广的复杂现实问题，以调整经济社会发展领域中的资源分配为前提，重点从发展理念价值导向、社会立法支撑、收入分配改善、社会政策体系构建、财政资源分配等方面，提出促进经济社会协调发展的政策优化路径。

第二节

研究创新点

在人类推进工业化、现代化的历史进程中，如何实现经济社会协调发展既是重要的理论命题，又是实践难题。随着一个国家经济的持续增长，能否有效地推动社会发展，是该国经济社会保持健康、可持续发展的关键。特别是在经济发展的几个重要关口，如人均国民收入 1000 美元以下、1000—3000 美元、3000 美元以上等阶段，既是社会发展矛盾的凸显期，也是实现经济社会协调发展的机遇期。

本书试图在已有的研究基础上，对我国经济社会协调发展问题研究进行深入系统的研究，可能的创新点体现在以下方面：

（1）以系统理论为观察视角，监测了经济社会协调发展水平，考察了市场 - 政府 - 社会作为经济社会系统的主体对我国经济社会协调发展的影响。

（2）区分了高效协调型和低效协调型。认为协调发展由协调和发展两个维度组成：有协调无发展，属于低效协调；有协调有发展，则属于高效协调。以往的研究并未对协调的类型进行区分，本书认为协调分为高效协调和低效协调。相对以往研究，本书的这种区分将使协调发展水平的测度更加具有解释力。

（3）编制了我国经济社会协调发展的动态监测指数。本书构建了我国经济发展度、社会发展度、综合发展度以及协调度的动态监测指标，计算得到了 1986—2013 年我国各年度的经济社会发展协调度。以 1986 年经济社会发展协调度为基期，编制了 1986—2013 年我国经济社会协调发展的动态监测指数。这是国内首次提出并测算经济社会协调发展的动态监测指数。

（4）运用 SD 模型仿真模拟经济社会协调发展状态水平及其政策选择。本书按照 GDP 的三种计算方法，即生产法、收入法、支出法，借用柯布 - 道格拉斯生产函数，通过经济增长与人口、固定资产投资、R&D

经费支出等要素之间的函数关系，模拟得出我国三大产值的状态水平。借助辅助变量将科技、教育、环境污染、消费与支出等子系统相关联，通过不断调试变量之间的函数方程，得出较为科学合理的仿真模型。在此基础上，仿真模拟了 2001—2025 年我国经济社会发展的状态水平，并提出相关的政策选择建议。采用 GDP 三种计算方法，通过 SD 模型研究经济社会协调发展在国内尚属首次。

（5）从政策需求调查角度，分析哪些政策将有力地促进经济社会协调发展，哪些政策的需求强度更高，表明与此相关的发展领域问题突出，亟待处理落实。不同群体的政策需求具有怎样的差异性，表明需要提高政策方案的针对性，为政府政策制定提供了参考。

（6）用多种方法控制指标体系质量。本书严格按照指标体系的构建程度发展我国经济社会协调发展动态监测指标体系，在构建过程中，使用了频次分析、相关分析以及信度效度检验来控制指标体系的质量。采用多种方法严格控制指标体系质量在已有研究中并不多见。

第三节
研究展望

本书在已有研究基础上对我国经济社会协调发展问题进行了进一步探索，但囿于主题的宏观以及研究水平的限制，对该主题的研究依然存在某些不足，这些不足表现在以下几个方面：

一是本书以系统理论为最基本的理论支撑，其新颖性和创新性稍显不足。

二是数据标准化的方法稍显不足。在本书中将已有年份中的最佳表现值作为标准化的参考值，这样使得标准化的数据会与理论假设有一定的出入，毕竟已有最佳值并不代表理论最优值，而本书标准化的参考值显然是需要理论最优值。

三是本书严格按照量表编制的程序，通过指标的理论筛选、实证遴选以及指标体系的信度效度检验构建了一套由 26 个指标组成的我国经济社会协调发展水平的测量指标体系，并以此为工具对我国经济社会协调发展水平进行了测量。虽然尽量能用科学的方法来保证所测量的事实接近客观，但由于数据采集的限制，不得已放弃一些重要指标。

四是主观感受与客观实在统一的问题。从客观数据来看，我国经济社会协调发展较为令人满意，但从主观测量来看，其结果则令人担忧，如何实现主客观的衔接是需要考虑的问题。

以上研究不足除了研究者本身的研究水平局限外，与研究主题也有很大关系。一是经济社会协调发展所涉及的范围极为广泛，很难从众多指标中选取合适的测量指标；二是社会发展表现形式多样且复杂，很难量化其发展成果。基于此，本书也仅只能视为对我国经济社会协调发展的问题进行的探索性研究。

研究总是在不断向前发展中完善，对于我国经济社会协调发展这一问题而言亦是如此。在该问题后续的研究过程中，可以从以下方面予以进一步深入，以求对该问题形成更深入的理解。

选择更好的研究视角来研究我国经济社会协调发展问题；致力于社会发展指标的开发，并对其进行有效概念化；借鉴其他学科的方法，构建更加科学的关于协调发展的测量模型；找出我国经济社会协调发展量表各指标的理想参考指标，以该指标为参考标准对其数据进行标准化；建立我国经济社会协调发展的预警系统，当我国经济社会协调发展达到一定限度是，该系统能对可能出现的问题进行预测，从而为提前干预提供契机和线索；设计促进我国经济社会协调发展研究及相应政策对策的实验，观察对策的可行性；建立我国经济社会协调发展的预警系统；尽早发现经济社会失调现象，了解经济社会协调发展程度，并以此为依据采取相关措施，纠正经济社会失调发展现象，为我国社会主义建设保驾护航。当然，除了研究者的努力之外，其他政府部门等也需要配合，如国家统计部门也应当密切关注社会发展，并将更多的社会发展指标纳入常态化的监测指标之列，以为研究者提供更丰富的社会发展数据。

当前，欧债危机的“幽灵”仍然继续对国际市场的发展产生影响，表现在金融市场持续动荡、原料价格跌宕起伏，这样的市场环境使得整个市场信心略显不足，世界经济整体增速下降，发展形势不容乐观。具体到我国，仍然不可避免地受到低迷的国际市场的影响，能源竞争加剧、贸易保护主义倾向愈加突出。2012 年我国出口增速明显降低，内需增长虽然也开始了由政策扩张刺激型向市场主导型转变，但是由于基础薄弱，内需弥补外需显得异常艰难，尤其是中小企业发展困境短期难以根本改变，制造业投资增速可能会显著降低。此外，我国的货币总供给量偏大，通货膨胀压力也日益明显。可见，我国所面临的国际发展环境以及宏观经济形势并不乐观。总之，为使我国充分利用“黄金发展期”，进而顺利进入更高发展阶段，就必须坚定不移地坚持经济社会协调发展的思路。在这一思路的引领下，着力构建充满活力、富有成效、更加开放的有利于我国经济社会科学可持续发展的体制机制，以此促进我国现代化建设中的各个环节、各个层面相互协调，进而促进生产关系与生产力、经济基础与上层建筑相协调，不断完善适合我国国情的发展道路与发展模式。

附录：调查问卷

问卷一　经济社会协调发展动态监测指标体系调查

尊敬的女士/先生：

您好！

“我国经济社会协调发展研究”课题组正在开展“我国经济社会协调发展动态监测指标体系”的研究。本调查的目的是构建比较科学的我国经济社会协调发展动态监测指标体系。本问卷采用匿名调查的方式，所获得的数据仅供研究之用。我们保证不以任何形式向任何人泄露您所提供的信息。

非常感谢您在百忙之中协助我们完成调查。

“我国经济社会协调发展研究”课题组

2013 年 6 月

【背 景 资 料】

1. 您的性别：A. 男　　B. 女
2. 您的学历：A. 高中及以下　B. 专科　C. 大学本科　D. 研究生及以上
3. 您的年龄：A. 25 岁以下　B. 26—35 岁　C. 36—45 岁　D. 46 岁以上
4. 您的政治面貌：A. 中共党员　B. 共青团员　C. 民主党派　D. 群众

【填写说明】请您根据自己的实际感受，从以下经济发展度指标体系和社会发展度监测指标体系中分别选择不少于 10 个和不少于 15 个认为最有代表性的指标，并在指标后“最具代表性”一栏打“√”。

评价领域	评 价 指 标	最具代表性（不少于 10 个）
经济发展度监测指标体系	1. GDP	
	2. 人均 GDP	
	3. 财政收入	
	4. 人均财政收入	
	5. 进出口额	
	6. 人均进出口额	
	7. 社会消费品零售总额	
	8. 流动资产周转次数	
	9. GDP 增长率	
	10. 固定资产投资增长率	
	11. 进出口增长率	
	12. 产品销售率	
	13. 商品零售价格指数	
	14. 规模以上工业企业利润	
	15. 高新技术产业增加值占工业增加值比重	
	16. 高新技术产品进出口占商品进出口额比重	
	17. 第三产业从业人员占工业人员比重	
	18. 百元固定资产原值实现利税	
	19. 全员劳动生产率	
	20. 第二产业增加值占 GDP 比重	
	21. 第三产业增加值占 GDP 比重	
	22. 高新技术产业增加值占 GDP 比重	
	23. 社会消费品零售额总额增长率	
	24. 实际利用外资增长率	
	25. 全社会固定资产投资总额	
	26. 规模以上工业企业总产值	
	27. 规模以上工业企业总资产贡献率	
	28. 原材料、燃料、动力购进价格指数率	
	29. 工业企业产品销售率	
	30. 人均实际利用外资额	
	31. 产值利税率	
	32. 万元 GDP 土地能耗	
	33. 电力消费弹性系数	
	34. 总资产贡献率	
	35. 成本费用利润率	
	36. 投资产出率	
	37. 规模以上工业企业总价值	
	38. 实际利用外资额	
	39. 外商直接投资	
	40. 第三产业贡献率	
	41. 规模以上工业企业资产负债	
	42. 能源生产与消费差额	

评价领域	评 价 指 标（不少于 15 个）	最具代表性
社会发展度监测指标体系	1. 人均科技经费	
	2. 农村居民人均纯收入	
	3. 城镇居民恩格尔系数	
	4. 农村居民恩格尔系数	
	5. 每万人有效发明专利数	
	6. 人口自然增长率	
	7. 人口平均预期寿命	
	8. 社会福利企业数	
	9. 人均教育经费	
	10. 公民平均受教育年限	
	11. 农村合作医疗普及率	
	12. 文盲率	
	13. 科技经费占 GDP 比重	
	14. 就业人员数	
	15. 社会保险基金收入	
	16. 工会基层组织数	
	17. 城镇居民人均可支配收入	
	18. R&D 经费占 GDP 比重	
	19. 人均 R&D 经费	
	20. 每万人发明专利申请量	
	21. 卫生总费用	
	22. 城乡居民人民币储蓄存款年底余额	
	23. 城镇登记失业率	
	24. 国家财政性教育经费占 GDP 比重	
	25. 离婚率	
	26. 失业保险参保人数	
	27. 每十万人拥有大专及以上人数	
	28. 城镇职工基本医疗保险参保人数	
	29. 参加城镇基本医疗保险职工和退休人数	
	30. 城镇人均住房建筑面积	
	31. 年末公共交通车辆运营数	
	32. 公共图书馆数	
	33. 每千人医院、卫生院床位数	
	34. 每千人执业医师	
	35. 每千人警察数	
	36. 城乡居民收入比	
	37. 5 岁以下儿童死亡率	
	38. 治理废气量	
	39. 治理废水量	
	40. 治理固体废弃物量	
	41. 环境空气质量达标率	
	42. 饮用水达标率	
	43. 城市噪声达标率	
	44. 人均公园绿地面积	
	45. 森林覆盖率	
	46. 农村人均住房面积	
	47. 用水普及率	

问卷二　促进我国经济社会协调发展公众政策需求调查

尊敬的女士/先生：

您好！

经历三十多年的改革开放，当前我国经济发展面临转型升级难题，社会发展凸显教育、医疗卫生、就业、社会保障等民生困难。为充分了解社会公众在上述发展领域的政策需求，以提高政府政策的科学性、有效性，请您根据实际感受对下列公共政策需求强度做出判断。数字 1、2、3、4、5、6、7 依次表示从“非常不需要”→“非常需要”需求递增程度，请在相应数字上打“√”。

问卷采用匿名的方式，所获数据仅供研究之用，不会对您产生任何不利影响。

感谢您的大力支持与协助！

“我国经济社会协调发展研究”课题组

2013 年 9 月

一、背景资料

1. 性别：A. 男　　B. 女
2. 您家庭（工作）所在的省（市）：
3. 您的职业：A. 公务员　　B. 事业单位人员　　C. 企业职员
   D. 农村居民　　E. 学生　　F. 其他
4. 年龄：A. 25 岁及以下　B. 26 — 35 岁　C. 36 — 45 岁　D. 46 岁及以上
5. 学历：A. 高中及以下　B. 专科　C. 大学本科　D. 研究生及以上

二、促进经济社会协调发展政策需求调查

序号	政策条目	政策需求程度判断 1(非常不需要)→7(非常需要)						
1	进一步优化义务教育办学资源均衡配置，促进教育公平发展	1	2	3	4	5	6	7
2	深入推进医疗卫生体制改革，促使医疗卫生服务回归公益性	1	2	3	4	5	6	7
3	统一当前多种类别的养老保险制度，实现养老待遇公平	1	2	3	4	5	6	7
4	统一当前多种类别的医疗保险制度，实现医疗保障待遇公平	1	2	3	4	5	6	7
5	强化政府保障性住房供给责任，纠偏房价上涨过快的体制因素	1	2	3	4	5	6	7
6	进一步加强积极就业政策，千方百计促进就业	1	2	3	4	5	6	7
7	进一步完善劳动力市场政策，消除非正规就业歧视现象	1	2	3	4	5	6	7
8	急需改革我国的收入分配政策，增加劳动者工资所得	1	2	3	4	5	6	7
9	政府应为社会组织的发展壮大提供良好的政策资源支持	1	2	3	4	5	6	7
10	政府应调整好与社会的关系，其职责重点在于公共服务	1	2	3	4	5	6	7
11	政府应加强环境保护政策供给，严惩危及生态环境的短视行为	1	2	3	4	5	6	7
12	急需破除户籍制度束缚，实现城乡一体化发展	1	2	3	4	5	6	7
13	制定基本公共服务均等化标准，实现区域协调发展	1	2	3	4	5	6	7
14	政府应增强经济宏观调控能力，实现经济健康持续增长	1	2	3	4	5	6	7
15	政府应以产业结构调整为契机，推进经济结构转型升级	1	2	3	4	5	6	7
16	政府应调整好与市场的关系，为市场经济发展提供环境支持	1	2	3	4	5	6	7
17	尽快理顺中央与地方财政关系，纠偏“土地财政”的消极影响	1	2	3	4	5	6	7
18	进一步优化公共财政支出结构，提高社会性支出比重	1	2	3	4	5	6	7

参考文献

[1] 斯米尔诺夫．生态世界观的转变［J]．学术月刊，1995（11）．

[2] 鲁扎文．系统的自组织与发展［J]．发展过程认识中的系统性原则，莫斯科，1986.

[3] 鲁扎文．协同学和系统方法［J]．哲学科学，1985（5）．

[4] 森．伦理学与经济学［M]．北京：商务印书馆，2000.

[5] 森．以自由看待发展［M]．北京：中国人民大学出版社，2002.

[6] 巴比．社会研究方法［M]．邱泽奇，译．北京：华夏出版社，2005.

[7] 鲍莫尔，奥茨．环境经济理论与政策设计［M]．严旭阳，译．北京：经济科学出版社，2003.

[8] 西尔斯．发展的含义［M］//亨廷顿．现代化的理论与历史经验再探讨．上海：上海译文出版社，1993.

[9] 佩鲁．新发展观［M]．张宁，丰子义，译．北京：华夏出版社，1987.

[10] 福格特．生存之路［M]．张子美，译．北京：商务印书馆，1981.

[11] 阿恩特．经济发展思想史［M]．唐宇华，吴良健，译．北京：商务印书馆，1997.

[12] 钱纳里．结构变化与发展政策［M]．朱东海，黄钟，译．北京：经济科学出版社，1991.

[13] 加来道雄．不可思议的物理：对光炮、力场、隐形传送和时间旅行世界的科学探索［M]．晓颖，译．上海：上海科学技术文献出版社，2011.

[14] 科布，里克斯福德．社会指标的历史教训［J]．宾建成，编译，经济社会体制比较，2011（5）．

[15] 帕森斯，斯梅尔瑟．经济与社会［M］．刘进，林午，李新，等译．北京：华夏出版社，1989.

[16] 萨多夫斯基．一般系统论原理［M］．贾泽林，刘伸，王兴成，等译．北京：人民出版社，1984.

[17] 邓恩．公共政策分析导论［M］．谢明，等译．北京：中国人民大学出版社，2002.

[18] 刘易斯．发展计划——经济政策的本质［M］．何宝玉，译．北京：北京经济学院出版社，1988.

[19] 刘易斯．经济增长理论［M］．周师铭，等译．上海：上海人民出版社，1994.

[20] 配第．政治算术［M］．北京：商务印书馆，1960.

[21] 莫法特．可持续发展——原则、分析和政策［M］．宋国君，译．北京：经济科学出版社，2002.

[22] 科普斯塔克．贫穷和排斥、资源和关系：关于经济与社会发展之间联系的理论探讨［J］．郭存海，译．拉丁美洲研究，2007（6）.

[23] 白雪梅．社会协调发展的测度方法［J］．统计决策．1998（1）.

[24] 白永秀，任保平．从传统发展观到科学发展观：发展观的创新［J］．福建论坛·人文社会科学版，2004（8）.

[25] 保建云．西方可持续发展概念论争［J］．经济学动态，2002（1）.

[26] 北京市委市政府理论学习中心组．用科学发展观指导首都经济社会协调发展［J］．求是，2005（18）.

[27] 曹荣．发展观的演变——从单纯的经济增长到可持续发展［J］．华中师范大学学报（人文社会科学版），1998（S2）.

[28] 曾国祥．市场经济条件下经济与社会的协调发展［J］．中国工业经济研究，1994（4）.

[29] 曾近义．加强可持续发展理论研究，促进我国社会经济协调发展［J］．自然辩证法研究，1995（6）.

[30] 曾珍香，等．可持续发展系统及其定量描述［J］．数量经济技术经济研究，1998（7）.

[31] 车冰清，朱传耿，孟召宜，等．江苏经济社会协调发展过程、格局及机制［J］．地理研究．2012（5）.

[32] 陈静，曾珍香．社会、经济、资源、环境协调发展评价模型研

究［J］. 科学管理研究，2004（3）.

［33］陈利根等. 耕地资源数量与经济发展关系的计量分析［J］. 中国土地科学，2007（8）.

［34］陈挺. 决策分析［M］. 北京：科学出版社，1987.

［35］陈伟华，杨曦. 世界观的转变：从人类中心主义到生态中心主义［J］. 科学技术与辩证法，2001（4）.

［36］陈文通. 科学发展观新论［M］. 南京：江苏人民出版社，2005.

［37］陈艳莹. 污染治理的规模收益与环境库兹涅茨曲线——对环境库兹涅茨曲线成因的一种新解释［J］. 预测，2002，21（5）.

［38］陈长杰，马晓微，魏一鸣，等. 基于可持续发展的中国经济——资源系统协调性分析［J］. 系统工程，2004（3）.

［39］陈长杰. 基于可持续发展的中国经济——资源系统协调性分析［J］. 系统工程，2004（3）.

［40］程明熙. 处理多目标决策问题的二项系数加权和法［J］. 系统工程理论与实践，1983（4）.

［41］迟景明，何晓芳，程文，等. 高等教育层次结构与经济发展关系的实证研究［J］. 教育与经济，2010（1）.

［42］储东涛. 从"区域共同发展"走向"区域协调发展"——对江苏区域经济社会协调发展的理性思考［J］. 江苏大学学报（社会科学版），2011（3）.

［43］崔满红. 金融资源理论［M］. 北京：中国财政经济出版社，2002.

［44］戴海崎，张锋，陈枫. 心理教育测量［M］. 广州：暨南大学出版社，2002.

［45］党秀云. 公民社会与和谐社会的构建［M］. 北京行政学院学报，2005（5）.

［46］党秀云. 论公共管理中的公民参与［J］. 中国行政管理，2003（10）.

［47］邓聚龙. 灰色控制理论［M］. 武汉：华中理工大学出版社，1985.

［48］邓志伟. 经济发展与社会发展［J］. 现代外国社会哲学社会科学文摘，1995（7）.

［49］丁荣生. 公民参与度是衡量民主发展程度的标尺［J］. 社会科学，1989（1）.

[50] 丁元竹. 从实践高度认识经济社会协调发展问题 [J]. 领导决策信息, 2003 (25).

[51] 董正信, 耿晓玉, 杨晶晶. 河北省经济发展方式转变进程评价 [J]. 统计与管理, 2011 (1).

[52] 樊华, 陶学禹. 复合系统协调度模型及其应用 [J]. 中国矿业大学学报, 2006 (7).

[53] 樊治平. 多属性决策的一种新方法 [J]. 系统工程, 1994 (1).

[54] 范柏乃, 蓝志勇. 公共管理研究与定量分析方法 [M]. 北京: 科学出版社, 2008.

[55] 范柏乃, 楼晓靖. 我国公共管理研究方法的统计分析及演进路径研究 [M]. 公共管理学报, 2013 (2).

[56] 范柏乃, 朱华. 我国地方政府绩效评价体系的构建和实际测度 [J]. 政治学研究, 2005 (1).

[57] 范柏乃. 政府绩效评估理论与实务 [M]. 北京: 人民出版社, 2005.

[58] 范泽孟, 牛文元. 社会系统稳定性的调控机理模型 [J]. 系统工程理论与实践, 2007 (7).

[59] 方创琳, 杨玉梅. 城市化与生态环境交互耦合系统的基本定律 [J]. 干旱区地理, 2006 (1).

[60] 风笑天. 社会学研究方法 [M]. 北京: 中国人民大学出版社, 2005.

[61] 冯立天, 戴星翼. 中国人口生活质量再研究 [M]. 北京: 高等教育出版社, 1996.

[62] 冯立天. 中国人口生活质量研究 [M]. 北京: 北京经济学院出版社, 1992.

[63] 冯年华. 中国社会可持续发展的内涵与战略框架 [J]. 中国人口·环境与资源, 2001 (11).

[64] 冯显威, 顾雪非. 健康政策的概念、范围及面临的挑战与选择 [J]. 中国卫生政策研究, 2011 (12).

[65] 高桦. 嫉妒: 一项社会发展指标——度赫尔穆特·舍克《嫉妒论》[J]. 公关世界, 2002 (9).

[66] 高洁, 徐洁. 关于经济增长、经济发展与社会发展的思考

[J]. 江汉论坛, 1994 (10).

[67] 顾莉. 论经济发展与社会发展"交融互生"的价值联动 [J]. 经济论坛, 2011 (10).

[68] 郭红玲, 黄定轩. 多属性决策中属性权重的无偏好赋权方法 [J]. 西南交通大学学报, 2007 (4).

[69] 郭江江, 戚巍, 缪亚军. 我国科技与经济社会发展协调度的测度研究 [J]. 中国科技论坛, 2012 (5).

[70] 郭敏, 倪超君, 强始学. 多元战略维度下新疆区域协调发展影响因素的实证研究 [J]. 新疆农垦经济, 2013 (1).

[71] 郭熙保, 张进铭. 论发展中国家的后发障碍与后发优势 [J]. 经济评论, 2000 (5).

[72] 郭熙保. 论发展观的演变 [J]. 学术月刊, 2001 (9).

[73] 郭亚军. 综合评价理论与方法 [M]. 北京: 科学出版社, 2002.

[74] 国际能源网. 中国经济网: 全球气候变化与中国绿色发展 [EB/OL]. (2010-04-25) [2015-04-25]. http://www.in-en.com/article/html/energy_1030103013631618.html.

[75] 国家发改委宏观经济研究院课题组. 我国国民经济和社会发展规划的指标体系研究 [J]. 经济学动态, 2008 (7).

[76] 国家统计局. 2012年中国统计年鉴 [M]. 北京: 中国统计出版社, 2012.

[77] 国家统计局综合司. 新世纪实现新跨域, 新征程谱写新篇章 [EB/OL]. (2012-08-15) [2015-08-15]. http://www.stats.gov.cn/tjfx/ztfx/sbdcj/t20120815_402827873.htm.

[78] 韩明谟. 社会系统协调论——关于社会发展机理的研究 [M]. 天津: 天津人民出版社, 2002.

[79] 韩瑞玲, 佟连军, 佟伟铭, 等. 经济与环境发展关系研究进展与述评 [J]. 中国人口·资源与环境, 2012 (2).

[80] 韩咏红. 社科院《社会蓝皮书》: 中国城镇实际失业率达9.4% [EB/OL]. (2008-12-16) [2015-12-16]. http://www.zaobao.com/special/us/pages9/fincrisis081216.shtml.

[81] 韩振峰. 持续发展战略初探 [J]. 长白论丛, 1996 (4).

[82] 何包钢. 协商民主和协商治理: 建构一个理性且成熟的公民社

会 [J]. 开放时代，2012 (4).

[83] 何桂林. 经济、技术、社会协调发展战略的几个问题 [J]. 社会学研究，1988 (1).

[84] 何清涟. 现代化的陷阱——当代中国的经济社会问题 [M]. 北京：今日中国出版社，1998.

[85] 何中华，张晓华. 当代发展观的演变及难题 [J]. 文史哲，1997 (2).

[86] 贺东航，孔繁斌. 公共政策执行的中国经验 [J]. 中国社会科学，2011 (5).

[87] 胡平仁. 政策评估的标准 [J]. 湘潭大学学报（哲学社会科学版），2002 (3).

[88] 胡庭吉，张洪麟. 用系统的方法驾驭全局，促进经济社会协调发展 [J]. 探索，1999 (1).

[89] 胡学勤. 经济增长方式与经济发展方式的联系与差别 [J]. 经济纵横，2008 (1).

[90] 黄国平. 财政分权理论对中国经济与社会发展失衡的解释及反思 [J]. 经济纵横，2013 (2).

[91] 黄荣清. 社会发展指标——人口平均识字寿命 [J]. 人口科学，1997 (5).

[92] 黄祥志，佘成学. 基于可拓理论的围岩稳定分类方法的研究 [J]. 岩土力学，2006 (10).

[93] 惠益民. 管理科学中交叉协同论的新探索 [J]. 科学学研究，1989 (3).

[94] 贾高建. 关于社会发展评价及其指标体系的几个问题 [J]. 改革与战略，1996 (4).

[95] 贾西津，中国公民社会发育的三条路径 [J]. 中国行政管理，2003 (3).

[96] 江红莉，何建敏. 区域经济与生态环境系统动态耦合协调发展研究 [J]. 软科学，2010 (3).

[97] 蒋佳林. 公共财政：统筹经济社会协调发展的有效途径 [J]. 财政研究，2007 (2).

[98] 蒋影明. 论社会发展测量指标的重构 [J]. 学海，1999 (4).

[99] 蒋正华，张羚广．可持续发展与世界的未来［J］．中国软科学，1999（2）．

[100] 金乐琴．中国国家发展战略：30年变迁及成效［J］．中共长春市委党校学报，2008（10）．

[101] 柯健，李超，等．基于DEA聚类分析的中国各地区资源、环境与经济协调发展研究［J］．中国软科学，2005（2）．

[102] 孔淑红．国际投资学［M］．北京：对外经济贸易大学出版社，2005.

[103] 孔祥毅．金融票号史论［M］．北京：中国金融出版社，2003.

[104] 李滨肖．人与自然和谐相处是实现经济社会协调发展的重要基础［J］．工业技术经济，2005（8）．

[105] 李国兴，江文富，邓坤金．哲学视阈中的科学发展观［J］．哲学研究，2006（11）．

[106] 李义平．论经济增长与社会发展的失衡［J］．经济理论与经济管理，2011（6）．

[107] 李柞泳，甘刚，沈仕伦．社会经济与环境协调发展的评价指标体系及评价模型［J］．成都信息工程学院学报，2001（3）．

[108] 梁晨溪．崇明县社会发展指标体系的构建［J］．首都师范大学学报（自然科学版），2012（8）．

[109] 廖重斌．环境与经济协调发展的定量评判及其分类体系——以珠江三角洲城市群为例［J］．热带地理．1999（2）．

[110] 刘传宝．促进收入公平分配的税收政策建议［J］．税务研究，2011（2）．

[111] 刘翠宵．社会保障制度是经济社会协调发展的法治基础［J］．法学研究，2011（3）．

[112] 刘复兴．我国教育政策的公平性与公平机制［J］．教育研究，2002（10）．

[113] 刘桦，杨婷．工业园区能源、经济、环境协调发展的影响因素研究［J］．区域经济，2013（3）．

[114] 刘炯忠，叶险明．经济增长与经济发展关系刍议［J］．经济理论与经济管理，1990（1）．

[115] 刘瑞．社会发展：经济发展不可替代的领域［J］．发展，1996

(6).

[116] 刘伟，张巧龄，孙辉伟．社会发展指标体系及其实证研究[J]．科技进步与对策，2005（8）.

[117] 刘小军．社会发展指标体系与我省经济社会的协调发展[J]．福建论坛（经济社会版），1991（12）.

[118] 刘艳清．区域经济可持续发展系统的协调度研究[J]．社会科学辑刊，2000（5）.

[119] 鲁奇等．流动人口分布与区域经济发展关系若干解释[J]．地理研究，2006（9）.

[120] 陆明生．多目标决策中的权系数[J]．系统工程理论与时间，1986（4）.

[121] 陆学艺．经济和社会要协调发展[J]．宏观经济研究，2003（9）.

[122] 陆学艺．树立和落实科学发展观，促进经济社会协调发展[J]．云南民族大学学报（哲学社会科学版），2004（6）.

[123] 吕斐宜，陈静．国民幸福总值应成为衡量社会发展的新指标[J]．理论月刊，2006（7）.

[124] 吕彤．基于协调的区域"经济－资源－环境"系统混沌控制[J]．系统工程理论与实践，2002（3）.

[125] 马彪．提高经济社会协调发展的能力[J]．宏观经济管理，2004（11）.

[126] 马敏，陆汉文．建构国民时期（1912—1949）社会发展指标体系的几点思考[J]．华中师范大学学报（人文社会科学版），2001（1）.

[127] 毛汉英．山东省可持续发展指标体系初步研究[J]．地理研究，1996（12）.

[128] 孟庆松，韩文秀．复合系统协调度模型研究[J]．天津大学学报，2000（4）.

[129] 孟庆松，韩文秀．复合系统整体协调度模型研究[J]．河北师范大学学报，1999（2）.

[130] 孟庆松等．科技－经济系统协调模型研究[J]．天津师范大学学报（自然科学版），1998（4）.

[131] 莫勇波．提升地方政府政策执行力的路径选择[J]．云南行

政学院学报，2005（6）.

［132］聂春霞，何伦志，甘昶春．城市经济、环境与社会协调发展评价——以西北五省会城市为例［J］．干旱区地理，2012（5）.

［133］牛月翰．中国经济增长和社会发展失调的原因探析［J］．社科纵横，2007（9）.

［134］潘理权．论科学发展观与我国经济社会的协调发展［J］．四川行政学院学报，2005（5）.

［135］漆国生．公共服务中的公众参与能力探析［J］．中国行政管理，2010（3）.

［136］齐城．社会系统有序发展的结构条件及演化动力分析［J］．郑州大学学报（哲学社会科学版），2008（7）.

［137］钱兆华．社会系统协调论［J］．系统辩证学学报，1999（4）.

［138］乔标，方创琳．城市化与生态环境协调发展的动态耦合模型及其在干旱区的应用［J］．生态学报，2005，25（11）.

［139］清华大学社会学系社会发展研究课题组．“维稳”新思路：利益表达制度化，实现长治久安［N/OL］．南方周末，2010－04－14［2015－04－14］．http：//www.360doc.com/content/10/0418/22/114824_23710186.shtml.

［140］邱耕田．发展观的变革［J］．江海学刊，1995（5）.

［141］社会发展和社会指标课题组．建国四十年社会发展指标的评价［J］．社会学研究，1989（6）.

［142］汝言．社会蓝皮书2009年中国社会形势分析与预测［M］．北京：社会科学文献出版社，2008.

［143］沈殿忠．信用水平是市场经济成熟的标志［N］．辽宁日报，2007－05－21（9）.

［144］沈露莹．上海转变经济发展方式的评价指标体系与阶段评估［J］．上海经济研究，2010（6）.

［145］施祖辉．社会发展指标体系研究——历史变迁与现实思考［J］．外国经济与管理，1997（09）.

［146］石畅，赵展慧．全民焦虑：现代化路上的阵痛［N］．人民日报（海外版），2011－10－21（06）.

［147］宋松柏，蔡焕杰，等．区域水资源－社会经济－环境协调模

型研究 [J]. 沈阳农业大学学报, 2004 (1).

[148] 苏少之, 刘文斌. 经济与社会协调发展: 历史实践与现实路径 [J]. 中南财经政法大学学报, 2013 (2).

[149] 隋映辉. 协调发展论 [M]. 青岛: 青岛海洋大学出版社, 1990.

[150] 孙见荆. 科技、经济和社会协调发展模型研究 [J]. 中国管理科学, 1996 (2).

[151] 孙倩, 汤放华. 基于欧式距离协调发展度聚类模型的区域协调发展状况研究——以湖南省为例 [J]. 城市发展研究, 2012 (1).

[152] 谭明芳. 社会与经济"发展协调性"视角的社会管理研究 [J]. 社会科学研究, 2012 (1).

[153] 汤铃, 李建平, 余乐安, 覃东海. 基于距离协调度模型的系统协调发展定量评价方法 [J]. 系统工程理论与实践, 2010 (4).

[154] 唐钧. 中国的社会保障政策评析 [J]. 东岳论丛, 2008 (1).

[155] 唐龙. 发展观的历史演进述评 [J]. 财经科学, 2005 (6).

[156] 陶传进. 市场经济与公民社会的关系: 一种批判的视角 [J]. 社会学研究, 2003 (1).

[157] 袁军宝. 提升非公经济地位, 打破垄断备受期待 [EB/OL]. (2013-11-19) [2015-11-19]. http: //news. 163. com/13/1119/11/9E1Q0F0U00014JB5. html.

[158] 田大庆, 王琦, 叶文虎. 三生共赢: 可持续发展的根本目标与行为准则 [J]. 中国人口资源与环境, 2004 (2).

[159] 汪和建. 社会系统分析模型: 马克思与帕森斯的比较 [J]. 社会学研究, 1992 (1).

[160] 汪玉凯. 市场、社会、政府: 均衡博弈视阈下的社会管理, [EB/OL]. (2011-09-06) [2015-09-06]. http: //theory. southcn. com/c/2011-09/06/content_ 29460876. htm.

[161] 王爱苓, 严永路, 尹菘, 等. 经济、社会、资源、环境复合系统协调发展研究——以保定市为例 [J]. 中国农学通报, 2012 (23).

[162] 王步征. 社会发展水平评价与建立社会指标体系 [J]. 福建学刊, 1990 (4).

[163] 王地宁, 唐钧. 社会发展指标体系的建构和应用 [J]. 中国社会科学, 1991 (1).

[164] 王锦国，周志芳，袁永生．可拓评价方法在环境质量综合评价中的应用［J］．河海大学学报，2002，30（1）．

[165] 王思斌．社会发展与经济发展的关系［J］．中国人口·资源与环境，1995（3）．

[166] 王伟光．树立科学发展观，统筹经济社会协调发展［J］．中国党政干部论坛，2004（3）．

[167] 王新华．灰色系统理论：区域经济社会协调发展程度测度方法［J］．中共青岛市委党校青岛行政学院学报，2011（4）．

[168] 王雅林．经济发展与人为、社会发展［J］．社会学研究，1996（1）．

[169] 王一鸣．"十一五"时期促进经济社会协调发展的对策建议［J］．宏观经济研究，2005（12）．

[170] 王毅平．坚持科学发展观，推动经济社会协调发展［J］．理论学刊，2006（11）．

[171] 王应明，傅国伟．运用无限方案多目标决策方法进行有限方案多目标决策［J］．控制与决策，1993，8（1）．

[172] 王应明，傅国伟．主成分分析法在有限方案多目标决策中的应用［J］．系统工程理论方法应用，1993，2（2）．

[173] 王应明，运用离差最大化方法进行多指标决策和排序［J］．系统工程与电子技术，1998，20（7）．

[174] 王重鸣．心理学研究方法［M］．北京：人民教育出版社，2001.

[175] 魏伟，黄亚玲．当代中国经济社会协调发展研究综述［J］．南京社会科学，2007（11）．

[176] 温庆云．扶持社会组织发展的几点思考［J］．社团管理研究，2011（11）．

[177] 吴殿廷，何龙娟，任春艳．从可持续发展到协调发展——区域发展观念的新解读［J］．北京师范大学学报（社会科学版），2006（4）．

[178] 吴明隆．结构方程模型——AMOS 的操作与应用［M］．重庆：重庆大学出版社，2009.

[179] 吴晓灵．合理使用金融杠杆与财政杠杆促进社会经济协调发展［J］．中央财经大学学报，2005（7）．

[180] 吴玉鸣，张燕．中国区域经济增长与环境的耦合协调发展研

究［J］. 资源科学，2008（1）.

［181］吴元梁. 论科学发展观的基本要求及其现实依据［J］. 哲学研究，2007（2）.

［182］吴跃明等. 环境－经济系统协调度模型及其指标解释［J］. 中国人口·资源与环境，1996（2）.

［183］吴跃明等. 新型环境经济协调度预测模型及应用［J］. 南京大学学报（自然科学版），1996（3）.

［184］武晟. 人类社会发展观的演变［J］. 理论与改革，1997（12）.

［185］徐景春. 摆脱贫困与环境恶化的怪圈——反贫困：中国世纪末的大决战［J］. 中国行政管理，1997（9）.

［186］徐佩华. 论经济增长与经济发展［J］. 求实，2007（12）.

［187］徐荣华，高敏雪. 符合科学发展观的经济社会统计指标体系框架研究［J］. 统计研究，2008（11）.

［188］徐泽水，达庆利. 多属性决策的组合赋权方法研究［J］. 中国管理科学，2002，10（2）.

［189］许桂娟. 论经济增长与经济发展之间的异同［J］. 经济纵横，1992（12）.

［190］宣家骥. 多目标决策［M］. 湖南：湖南科技出版社，1989.

［191］薛晓源. 前沿问题前沿思考，贝克教授访谈录［M］. 上海：华东师范大学出版社，2001.

［192］严鸿和，陈玉祥. 专家评分机理与最优综合评价模型［J］. 系统工程理论与实践，1989，9（2）.

［193］严艳. 西部地区经济可持续发展指标体系探讨［J］. 西北大学学报（自然科学版），2000（3）.

［194］阎海玉. 发展观的演变与可持续发展的涵义［J］. 理论与探索，1999（5）.

［195］杨汉奎，杨斌. 论区域可持续发展的协调度［J］. 贵州科学，1996（4）.

［196］杨俊等. 高等教育与我国地区经济发展关系的实证研究［J］. 西北人口，2007（6）.

［197］杨磊. 从"中等收入陷阱"谈中国的经济增长与经济发展［J］. 生产力研究，2012（7）.

[198] 杨立群．目前我国社会经济发展失调的根本原因浅析［J］．齐齐哈尔社会科学，1989（1）．

[199] 杨士弘，廖重斌，郑宗清．城市生态环境学［M］．北京：科学出版社，1996.

[200] 杨士弘．广州城市环境与经济协调发展预测及调控研究［J］．地理科学，1994（5）．

[201] 杨小军，张建民．从传统发展观到科学发展观：思维方式的变革［J］．科学管理研究，2006（6）．

[202] 杨宜勇，池振合．我国社会保障政策回顾与评价［J］．经济纵横，2009（11）．

[203] 杨志勋．科学技术、经济、社会协调发展急需解决的几个问题［J］．科学经济社会，1983（2）．

[204] 尹伊文．小国不丹的启示：用国民幸福总值替代GDP［N］．南方周末，2009－5－7.

[205] 于海．行动论、系统论和功能论——读帕森斯《社会系统》［J］．社会，1998（3）．

[206] 于建嵘．中国社会已经进入到“风险社会”［N/OL］．南方日报，（2012－06－10）［2015－06－10］．http：//www.71.cn/2012/0610/676547.shtml.

[207] 于学东．经济增长方式与经济发展方式的内涵比较与演进［J］．经济纵横，2007（12）．

[208] 于长革．财政分权、政府间竞争与经济社会发展失衡［J］．地方财政研究，2010（8）．

[209] 俞可平．中国公民社会：概念、分类与制度环境［J］．中国社会科学，2006（1）．

[210] 俞可平．中国公民社会研究的若干问题［J］．中共中央党校学报，2007（6）．

[211] 喻小军，周宏，罗荣桂．湖北经济－资源－环境协调发展研究［J］．运筹与管理，2000（1）．

[212] 岳晓燕，周军．城市经济、社会与环境系统协调发展研究——以15个副省级城市为例［J］．江淮论坛，2011（5）．

[213] 张宝宇．巴西经济发展与社会发展关系问题［J］．拉丁美洲

研究，2005（2）.

［214］张风波．试论交通货运量与经济发展水平的关系［J］．中国社会科学，1987（1）.

［215］张宏．哲学层面上的社会协调观［J］．东岳论丛．1994（2）.

［216］张坤民，温宗国，彭立颖．当代中国的环境政策：形成、特点与评价［J］．中国人口·资源与环境，2007（2）.

［217］张敏杰．社会政策及其在我国社会经济发展过程中的取向［J］．浙江社会科学，1999（11）.

［218］张培刚．新发展经济学［M］．郑州：河南人民出版社，1991.

［219］张前进，周孝．区域持续土地利用趋势与协调性评价——以蒙城县为例［J］．山西农业大学学报（自然科学版），2003（3）.

［220］张为付．我国对外直接投资与经济发展水平关系的实证研究［J］．南京大学学报，2008（2）.

［221］张向达，李宏．社会保障与经济发展关系的思考［J］．江西财经大学学报，2010（1）.

［222］张晓东，朱德海．中国区域经济与环境协调度预测分析［J］．资源科学，2003（2）.

［223］章建刚．环境伦理学中的一种“人类中心主义”的观点［J］．哲学研究，1997（11）.

［224］赵景柱，梁秀英，张旭东．可持续发展概念的系统分析［J］．生态学报，1999（5）.

［225］赵彦云．我国“十五”经济社会发展指标体系研究［J］．经济理论与经济管理，2000（6）.

［226］镇常青．多目标决策中的权重调查确定方法［J］．系统工程理论与实践，1987，7（2）.

［227］郑杭生，李路路，李强．试论“以人为中心”的社会发展指标体系［J］．社会学研究，1988（5）.

［228］郑杭生，李强，李路路．我国社会指标研究的几点探索［J］．中国人民大学学报，1987（2）.

［229］中国21世纪议程管理中心．中国21世纪议程［M］．北京：中国环境科学出版社，1994.

［230］中国社科院．中国经济体制改革报告2012［D/OL］．（2012 -

12－14) [2015－12－14]. http://news. xinhuanet. com/fortune/2012－12/14/c_ 114034120. htm.

[231] 钟荣丙．从传统发展观到科学发展观：社会系统的整合与演化 [J]. 系统科学，2008 (1).

[232] 周建平，王华东．浙江开化华埠地区工业——环境系统的协调发展 [J]. 北京师范大学学报 (自然科学版)，1993 (3).

[233] 周书焕．公民社会成熟的政治标志 [J]. 郑州航空工业管理学院学报 (社会科学版)，2009 (6).

[234] 周云峥．协同学——一门崭新的综合学科 [J]. 兰州学刊，1984 (4).

[235] 朱翠华，张晓峒．经济发展与环境关系的实证研究 [J]. 生态经济，2012 (3).

[236] 朱俊福．调整税收优惠政策，促进经济社会的协调发展 [J]. 税务研究，2006 (8).

[237] 朱庆芳．从社会指标体系看改革开放以来中国社会发展 [J]. 当代中国史研究，1996 (3).

[238] 朱庆芳．我国社会发展指标体系初探 [J]. 社会学研究，1987 (4).

[239] 朱庆芳．增加社会发展投入——经济社会协调发展的前提 [J]. 中共党政干部论坛，2004 (1).

[240] 朱华，范柏乃．我国经济社会发展协调度的影响因素与应对策略研究 [J]. 软科学，2009 (1).

[241] 赵海利．中外公共教育资源分配公平性比较研究 [J]. 教育研究，2013 (8).

[242] 詹宏伟．当代国外发展观的演进述评 [J]. 毛泽东邓小平理论研究，2008 (3).

[243] 张俊山．关于当前我国收入分配理论研究的若干问题思考 [J]. 经济学家，2012 (12).

[244] 郑磊．资源分配对贫富分化的影响及对策 [J]. 思想战线，2011 年人文社科专辑．

[245] 张敏．欧盟劳动力市场政策创新与变革 [J]. 国外社会科学，2009 (4).

[246] 朱天彪．发展型国家的衰落 [J]．经济社会体制比较，2005 (5).

[247] 周为民．让市场决定资源配置 [J]．中国党政干部论坛，2013 (12).

[248] 张菀洺．我国教育资源配置分析及政策选择 [J]．中国人民大学学报，2013 (4).

[249] 周业安．地方政府竞争与市场秩序的重构 [J]．中国社会科学，2004 (1).

[250] SMITH A. The wealth of nations [M]. London: Strahan and T. Cadell Press, 1776.

[251] SU A K. Development as freedom [M]. New York : Oxford University Press, 2001.

[252] RAYMOND A, BERTF H. Social development. congreset colloquies VII [M]. Paris: Mouton and Unesco Press, 1965.

[253] BAUER R A. Social indicators [M]. London: The M. I. T. Press, 1966.

[254] BENNETT M K. International disparities and consumption levels [J]. American economic review, 1951, 41 (4).

[255] BERRY W D, FELDMAN S. Multiple regression in practice [M]. Beverly Hills, CA: Sage, 1985.

[256] SEKHAR C S C. Economic growth, social development and interest groups [J]. Economic and political weekly, 2005, 40 (50).

[257] CARMINES E G, ZELLER R. Reliability and validity assessment [M]. Beverly Hills, CA: Sage, 1979.

[258] CUMBER J H A. A regional interindustry model for analysis of development objectives [J]. Papers in regional science, 1966, 17 (1).

[259] DALY H E, COBB J B. For the common good: redirecting the economy towards the community, the environment and a sustainable future [M]. Boston: Beacon Press, 1989.

[260] DALY H E. On economics as a life science [J]. Journal of political economy, 1968, 76 (2).

[261] ADAMS D, ADAMS J. Education and social development [J].

Review of educational research, 1968, 38 (3).

[262] MEADOWS D H, MEADOWS D L, RANDERS J, et al. The limits to growth [M]. New York: Universe Books, 1972.

[263] DWYER J H. Statistical models for the social and behavioral science. New York: Oxford University Press, 1983.

[264] STOCKWELL E G. The measurement of economic development [J]. Economic development and cultural change, 1960, 8 (4).

[265] ROBERT F E, GRANGER C W J. Co – integration and error correction: representation, estimation and testing [J]. Econimetrica, 1987 (55).

[266] ESTES T. A comprehensive corporate social reporting model [J]. Federal accountant, 1974 (10) .

[267] FLAMMANG R A (1979), Economic growth and economic development: counterparts or competitors [J]? Economic development and cultural change, 1979, 28 (1).

[268] UgoPapi G. A theory of economic development [J]. Weltwirtschaftliches archiv, 1960 (85).

[269] GOLDSTEIN J S. Basic human needs: the plateau curve [J]. World development, 1985, 13 (5).

[270] GRANGER C W J. Investing casual relations by econi – metrica models and cross – spectral method [J]. Econimetrica, 1969 (4).

[271] GRANT JP. Development: the end of trickle down [J]? Foreign policy, 1973 (12).

[272] BRUNDTLAND G H. Our common future [M]. New York: Oxford University Press, 1987.

[273] GROSSMAN G M, KRUEGER A B. Economic growth and the environment [J]. Quarterly journal of economics, 1995 (110).

[274] HAGEN E E. The economics of development homewood [M]. IL: Richard D. Irwin, 1980.

[275] LEIBENSTEIN H. Economic backwardness and economic growth [M]. New York: John Wiley & Sons, 1957.

[276] HICKS N L. Growth vs. basic needs: is there a trade off [J]?

World development, 1979, 7.

[277] HICKS N L. Is there a tradeoff between growth and basic needs [J]? Finance and development June, 1979, 17 (2).

[278] HOPKINS M, HOEVAN R V D. Policy analysis in a socioeconomic model of basic needs applied to four countries [J]. Journal of policy modeling, 1982, 4 (3).

[279] SCHUMPETER J A, The theory of economic development [M]. Cambridge, MA: Harvard University Press, 1934.

[280] KERKA G V, MANUEL A R. A comprehensive index for a sustainable society: the SSI – the sustainable society index [J]. Ecological economics, 2008, 66 (3).

[281] DAVIS K. Population and the further spread of industrial society [J]. Proceedings of the american philosophical society, 1951, 95 (1).

[282] BITHAS K, NIJKAMP P. Environmental economic modeling with semantic insufficiency and factual uncertainty [J]. Environmental system, 1996, 12 (2).

[283] LONDON B, Williams B A. Multinational corporate penetration, protest and basic needs provision in non – core nations: a cross – national analysis [J]. Social forces, 1988, 66 (30).

[284] LUCAS R. On the mechanics of economic development [J]. Journal of monetary economics, 1988, 22 (1).

[285] MORRIS M D. The physical quality of life index [J]. Dev Dig, 1980, 18 (1).

[286] MANSELL R, WEHN U. Knowledge societies: information technology for sustainable development [M]. New York: Oxford University Press, 1998.

[287] MCNAMARA R. Address to the board of governors of the world bank [M]. Washington, D. C.: The World Bank, 1971.

[288] MENARD S. Longitudinal research [M]. Newbury park. CA: Sage, 1991.

[289] ORSHANSKY M. Counting the poor: another look at the poverty profile [J]. Social security bulletin, 1988, 51 (10).

[290] Noll H H. Social indicators and quality of life research: background, achievements and currenttrends [J]. VS verlag für sozialwissenschaften, 2004.

[291] NORDHAUS W D, TOBIN J. Is growth obsolete? The measurement of economic and social performance [M]. London: Cambridge University Press, 1973.

[292] OKUN B, RICHARDSON R W. Economic development: concepts and meanings [M] //OKUN B, RICHARDSON R W. Studies in economic development. New York: Holt, Rinehart and Winston, 1962.

[293] EISMONT O. Economic growth with environmental damage and technical progress [J]. Environmental and resource economics, 1994, 4 (3).

[294] O'SULLIVAN A, SHEFFRIN S M. Economics: Principles in action [M]. Upper Saddle River : Pearson Prentice Hall, 2003.

[295] PEZZEY J. Sustainable development concepts – an economic analysis [J]. Paper, 1992, 150 (1).

[296] HAUSERP M. Demographic indicators of economic development [J]. Economic development & cultural change, 1959, 7 (2).

[297] CARSON R. Silent spring [M]. Boston: Houghton Mifflin, 1962.

[298] RAM R. The role of real income level and income distribution in fulfillment of basic needs [J]. World development, 1985, 3 (5).

[299] CLOWER R W, DALTON G, HARWITZ M, et al. Growth without development: an economic survey of liberal [M]. Evanston: Northwestern University Press, 1966.

[300] ROSTOW W W. The stages of economic growth [M]. Cambridge: Cambridge UP, 1966.

[301] SCHUMPETER J, BACKHAUS U. The theory of economic development [M] //BACKHAUS J. Joseph alois schumpeter. Boston: Kluwer, 2003.

[302] SEN A. Development: which way now [J]? Economic journal, 1983, 93 (372).

[303] LIPEST S M. Some social requisites of democracy: economic de-

velopment and political legitimacy [J]. American political science review, 1959, 53 (2).

[304] LIPEST S M. Political man [M]. New York: Doubleday & Company, 1960.

[305] SRINIVASAN T N. Development poverty and basic human needs: some issues [J]. Food research institute studies, 1977, 16 (2).

[306] FINKEL S E. Causal analysis with panel date [M]. Beverly Hills, CA: SAGE Publications, 1995.

[307] STREETEN P. The distinctive features of a basic needs approach to development [J]. International development review, 1977, 3 (2).

[308] STREETEN P. First things first [M]. London: Oxford UP, 1981.

[309] UNDP. Human development report 1990 [M]. New York and Oxford: Oxford University Press, 1990.

[310] MILLERW L, WADSWORTH H A. Improving measures of economic development [J]. Journal of farm economic, 1967, 49 (5).

[311] LUTS W. Literate life expectancy, proposing a powerful new indicator of social development [J]. Popnet, 1994 (26).

[312] LEWIS W A. The theory of economic growth [M]. Irvin: Homewood, 1955.

[313] PETTY W. Political arithmetick [M]. Nottingham, 1960.

[314] ZUVEKAS C, Jr. Economic development [M]. New York: St. Martin's Press, 1979.